미국 리츠 설명서

미국 리츠에서 배우는 리츠 분석과 투자 기술

미국 리츠 설명서
미국 리츠에서 배우는 리츠 분석과 투자 기술

지은이
스테파니 크루슨-켈리, 글렌 R. 뮬러

옮긴이
강신영

감수자
이승환

챠밍시티

미국 리츠 설명서
미국 리츠에서 배우는 리츠 분석과 투자 기술

지은이	스테파니 크루슨-켈리(Stephanie Krewson-Kelly), 글렌 R. 뮬러(Glenn R. Mueller)
옮긴이	강신영
감수자	이승환

펴낸곳	차밍시티
등록번호	제2022-000136호
연락처	02-857-4875, chelomincho@gmail.com
홈페이지	https://www.facebook.com/making.charmingcity/
초판 1쇄 발행	2024년 12월 26일

차밍시티
값 25,000원
ISBN 979-11-979966-7-2 (93320)

차밍시티 도서의 순수익 10%는 도시의 문제 해결을 위해 기부됩니다.

Educated REIT Investing:
The Ultimate Guide to Understanding and Investing in Real Estate Investment Trusts by Stephanie Krewson-Kelly, Glenn R. Mueller, Merrie S. Frankel and Calvin Schnure
Copyright © 2021 by Stephanie Krewson-Kelly, Chapters 1, 2, 4, 5, 6, 8, 9, 10 and 11. All rights reserved.
Glenn R. Mueller, Ph.D., Chapter 3. All rights reserved.
Calvin Schnure, Chapter 7. All rights reserved.
Merrie S. Frankel and Glenn R. Mueller, Ph.D., Chapter 9. All rights reserved.
This Korean edition was published by CharmingCity in 2024 by arrangement with the original publisher, John Wiley & Sons, Inc. through KCC(Korea Copyright Center Inc.), Seoul.

이 책은 (주)한국저작권센터(KCC)를 통한 저작권자와의 독점 계약으로 차밍시티에서 출간되었습니다. 저작권법에 의해 한국 내에서 보호를 받는 저작물이므로 무단전재와 복제를 금합니다.

3R, reading(읽기), writing(쓰기), REITs(리츠)에
열정을 쏟을 수 있도록 배려해 준, 아들 윌리엄과 남편 매튜에게
- 스테파니 크루슨-켈리

지난 44년 동안 성격 타입 A인 남편과 함께 살면서 사랑을 아끼지 않은 얀에게
- 글렌 R. 뮬러

목차

추천사 9
서문 11

파트 I. 리츠 입문 23
   1 장. 리츠란 무엇인가? 25
   2 장. 리츠 투자의 혜택 50
   3 장. 부동산 펀더멘탈 62
   4 장. 리츠 배당금 75
   5 장. 리스 96
   6 장. 부동산 유형에 따른 리츠의 분류 113
   7 장. 모기지 리츠 147

파트 II. 리츠 투자 기술 ··· **167**

    8 장. 기술적인 이해 ··· 169

    9 장. 부동산 채무와 고정소득증권 ······························· 192

    10 장. 다양한 시장 상황에서 리츠의 수익률 ················· 206

    11 장. 리츠 분석하기 ··· 237

마치는 글 ·· **286**

부록 리츠 목록 – 회사명순 ·· **292**

용어집 ·· **299**

찾아보기 ·· **313**

추천사

스티븐 A. 웩슬러(Steven A. Wechsler) - Nareit 회장

리츠는 1960년 미국 의회에 의해 세상에 나왔습니다. 대규모 자본을 가진 기관 전유물이었던 상업용 부동산 투자의 문이 모든 투자자에게 열리게 되었습니다. 오늘날, 8,700만 명 이상의 미국인이 401(k), 또는 퇴직 자금으로 리츠에 투자합니다.

리츠는 이제 약 1조 달러의 주식 시가총액에 달하며 투자업계에서 필수적인 위치로 올라섰습니다만, 리츠가 제공하는 모든 이점에 대한 깊이 있는 통찰이 더 필요합니다. 여러분들이 이 책을 읽으신다면 소유 자본의 규모나 투자 경험에 상관없이 부동산 투자에 대한 리츠의 방식을 잘 이해할 수 있게 될 것입니다.

이 책에는 리츠의 형성 과정에서부터 리츠 주식 분석을 위한 기초에 이르기까지 리츠 전반에 대한 스테파니 크루슨-켈리(Stephanie Krewson-Kelly)와 글렌 뮬러(Glenn Mueller)를 비롯한 여러 전문가들의 통찰이 고스란히 담겨 있습니다.

먼저, 리츠 투자의 이점들을 설명합니다. 리츠 주식이 투자 포트폴리오의 변동성은 줄이면서 성과는 높인다는 점을 포함해서 말입니다. 게다가, 독자들에게 광범위한 리츠 시장의 부문들을 소개하고 이 부문들의 비즈니스 모델을 설명할 뿐 아니라 다양한 시장 상황에서 성과가 어떠했는가를 담았습니다.

수년간 알아온 스테파니와 글렌은 리츠의 실제 사례들과 리츠 투자에 있어 해박한 전문가들입니다. 스테파니는 명망 높은 투자 은행가이자 리츠 분석가로서의 경험을 살려 NYSE에 상장된 메이저 오피스 리츠인 Corporate Office Properties Trust에서 투자자 관계 부서를 이끌고 있습니다.

글렌은 Nareit 부동산 투자 자문 위원회의 오랜 멤버로서 부동산업계에서 40년이 넘는 경험을 쌓아왔습니다. 부동산 시장 사이클과 리츠에 관한 연구, 공공 및 민간 시장 투자 전략 및 자본 시장에 대한 그의 분석은 국제적으로 명성이 높습니다.

이 책을 리츠와 부동산 투자를 잘 이해하고 싶은 모든 이들에게 추천합니다. 리츠를 처음 접하는 투자자는 리츠 전반에 대한 포괄적인 이해를, 경험있는 투자자는 특정 주제에 대한 보다 심도 깊은 이해에 도달하실 수 있을 겁니다.

저자 서문

지분형 리츠와 모기지형 리츠에 대해 모르는 투자자들이 아직 적지 않습니다. 지분형 리츠는 오피스, 창고, 소매점, 아파트 또는 호텔과 같이 수익을 창출하는 부동산을 소유하는 세계 최대의 부동산 회사에 해당합니다. 그리고 모기지형 리츠는 부동산 기반 (모기지) 대출에 투자합니다.

리츠 구조를 만든 법안은 1960년에 미국 의회에서 제정되었습니다. 소액 투자자들도 수백만에서 수십억 달러에 이르는 대규모 부동산에 투자할 수 있도록 하기 위해서였습니다. 2016년에는 스탠다드앤푸어스(S&P)의 다우존스 지수와 MSCI Inc.(MSCI)에 의해 '부동산'이라는 새로운 글로벌 산업 분류 표준(GICS) 섹터가 생겨났습니다. 이전의 리츠는 금융 섹터였으나 S&P와 MSCI가 부동산을 은행 및 금융 기관과 다른 별개의 자산군으로 간주하는 결정을 내린 것이었습니다. (모기지 리츠는 여전히 S&P의 금융 섹터에 속해 있습니다.) 부동산 GICS 섹터의 존재로 개인과 기관 투자자의 리츠에 대한 인식과 관심은 커졌습니다.

이 책은 리츠에 대한 필수 정보를 제공하면서 복잡하고 독특한 개념 이해를 쉽게 할 수 있도록 그래프, 일러스트레이션, 예제를 활용했습니다. 투자 초보자도 이 책에서 제시한 관련 산업 배경과 간단한 예들을 읽어나가면서 리츠 시장에 대해 잘 이해할 수 있게 될 것입니다. 파트 I에서는 리츠에 대해 소개했습니다. 투자자가 리츠에 대해 재무 상담사와 이야기할 때 좀 더 정보에 입각한 대화를 나눌 수 있도록, 리츠가 무엇인가를 빠르게 이해하기 위한 기본 정보를 담았습니다. 파트 II에서는 리츠 투자에 대한 보다 기술적인 측면에 대해 설명했습니다. 투자자가 특정 리츠에 투자하려면 분석과 평가 방법에 대해 알아야 합니다. 이 책이 내용 면에서는 다른 리츠 책들과 상당히 차별화됩니다만 여러분들이라면 하루에 독파할 수도 있을 것입니다.

그러면 시작에 앞서 리츠업계에 대한 배경지식을 알아봅시다.

- 리츠 산업계의 총 시가총액은 1990년 초 87억 달러에서 2019년 말 1조 3천억 달러로 기하급수적으로 증가했습니다(표 1.1 참조).

- 리츠 구조의 혁신 결과, 경영진과 주주 간의 이권 충돌이 배제되며 업계의 성장이 촉진되었습니다. 지분형 리츠는 2001년에 S&P 500 지수에 편입되었습니다. 이후로 리츠 주식으로 자금관리자, 연기금, 헤지펀드, 개인투자자 등 점점 더 많은 투자자들이 유입되었습니다. 리츠의 월 평균 달러 거래량은 2000년 약 3억 5천만 달러에서 2019년 약 80억 달러로 증가하였습니다. 결과적으로, 투자자들 모두에게 상당한 유동성이 공급될 수 있었습니다.

- 거래량 증가와 함께 리츠 주가의 변동성도 급격히 커졌습니다. 주식시장은 보통 단기적으로는 감정적으로 움직이나 장기적으로는 논리에 의해 움직입니다. 그래서 변동성이 클수록 단기로는 위험이 커지나 장기로는 더 큰 잠재적 수익을 낼 수 있습니다. 따라서 펀더멘탈 분석을 잘 적용하는 일은 매우 가치가 높으며 큰 보상을 기대할 만합니다.

- 리츠의 장기 성과가 역사적으로 다른 주식보다 뛰어났음에도 불구하고 대부분의 투자자 포트폴리오에서 부동산 증권은 과소할당되어 있습니다. 기관 투자자들의 부동산에 대한 할당 비중은 5%에서 20%로, 평균적으로 10%에 가깝습니다. 부동산 자산 클래스가 그들이 가진 투자 가능 자산의 20%를 할당하는 것에 비하면 낮은 비율입니다. 여기서 주거용 주택은 소득을 창출하는 부동산이 아님을 알 필요가 있습니다. 사람은 자신의 집에서 거주해야 하지만 은퇴 후에는 투자를 통해 생활해야 합니다.

60주년을 맞이했고 지난 30년 동안 급속히 성장했는데도, 리츠에 대한 기본 정보를 찾기 어렵다는 것은 놀라운 일입니다. Nareit®는 전 세계적으로 리츠를 대표하고 옹호하는 워싱턴 D.C.에 기반을 둔 조직입니다. 이곳 웹사이트(www.reit.com)는 풍부한 정보를 무료로 제공하며, 매일 이메일로 업계 이벤트 관련 정보를 발송합니다. 또한 분기별로 Nareit T-Tracker를 통해 분기별 실적 정보(https://www.reit.com/data-research/reit-market-data/nareit-t-tracker-quarterly-operating-performance-series)를 발표하고 있습니다.

그러나 투자자가 Nareit와 이러한 온라인 자료에 대해 알지 못하면 개별 리츠 및 업계에 관한 정보를 얻기 어렵습니다. 증권회사는 일반적으로 연구 부서에서 집중하는 리츠 정보에만 접근할 수 있기 때문에 투자자가 재무 상담을 할 때도 불완전한 정보를 얻을 수 있을 뿐입니다. 본문에서는 필요한 부분을 원하는 만큼 읽으실 수 있도록 점진적인 방식으로 정보를 넣었습니다. 리츠의 세계에 오신 것을 환영합니다.

이 책에는 리츠업계 전문가 수십여 명의 경험과 기술적인 전문 지식을 담겨 있습니다. 그분들의 기여가 없었다면 이 책이 부동산투자신탁에 관한 이해와 투자 분야에서 탁월하고 귀중한 자료가 될 수 없었을 것입니다.

선별된 자료 복제와 기술적인 내용 편집에 많은 시간과 노력을 내어 주신 여러분들께 깊은 감사를 드립니다.

- Nareit의 John D. Worth 박사, Calvin Schnure, John Barwick, Christopher T. Drula
- S&P Global Market Intelligence의 Keven Lindemann
- Robert A. Stanger & Company, Inc.의 Kevin T. Gannon과 Nancy T. Schabel
- Green Street Advisors

- SunTrust Robinson Humphrey equity research의 Michael Lewis(CFA)와 Ki Bin Kim(CFA)

　　Corporate Office Properties Trust(NYSE: OFC)의 많은 동료분들께 특별한 감사의 말을 전하지 않을 수 없습니다. 8장과 11장의 기술적인 편집에 큰 도움을 준 잭 로페즈(Jack Lopez)와 그렉 토르(Greg Thor)에게 특별한 감사를 드립니다. 전체 원고를 편집하며 완벽한 파워포인트 실력을 발휘해 준 미셸 레인(Michelle Layne)에게 감사합니다. 6장 작성에 도움을 준 BTIG의 REIT 주식 리서치팀에게 감사드립니다. 리츠에 대해 처음 배우면서 "신선한 시각"을 발휘해 편집에 도움을 준 덴버대학교 대학원의 조교인 윌 아자(Will Aza)에게 찬사를 남기고 싶습니다.

　　CPA인 데이비드 M. 픽(David M. Fick)은 파트너십 유닛 운영의 진화, 이점 및 위험(8장)을 위한 기술적인 편집과 지침을 제공해 주었습니다. 감사드립니다.

　　수개월에 걸쳐 작업하는 동안 사랑과 인내, 지원과 지지를 아낌없이 베풀어 준 가족들과 친구들에게도 진심을 담아 감사의 마음을 전합니다.

　　마지막으로, 7장과 9장에 사용된 데이터를 제공했을 뿐만 아니라 원고 전체에 대한 의견과 조언을 아낌없이 준 Nareit의 캘빈 슈누어(Calvin Schnure)와 메리 프랭클(Merrie Frankel)에게도 진심으로 감사의 말씀을 전합니다. 두 분과 함께 일하게 되어 정말 즐거웠습니다.

역자 서문

책의 번역을 맡았을 때만 해도 AI 검색 엔진들이 막 회자되기 시작하던 시점이었습니다. 이제는 AI 검색 엔진에 리츠에 대해 질문하는 누구라도 요약 설명을 접할 수 있습니다. 그러나 넓고 얇은 지식이 흔해질수록 깊고 두터운 전문가적 통찰이 더욱 절실해집니다. 이 책을 통해 여러분은 리츠의 기본에 대한 단편적인 지식뿐 아니라 미국 리츠 전반에 관한 혜안을 얻으실 수 있을 것입니다.

리츠는 보통의 시민들이 큰 자본 없이도 부동산에 투자하여 안정적이고 높은 수익을 얻을 수 있도록 고안된 미국 금융 분야의 다소 파격적인 발명품이었습니다. 경제 위기와 신용 몰락의 시기를 거치면서도 재정적 건전성을 갖춘 미국의 리츠는 살아남아 투자의 투명성과 신뢰성을 키우며 꾸준히 이익을 거둬왔습니다. 이 책은 리츠야말로 안정성과 수익성 모두를 잡는 좋은 투자처였다는 사실을 입증하는 많은 정보들을 제시합니다. 리츠가 언제 어떻게 미국에서 도입될 수 있었는지, 이후 어떻게 기하급수적인 성장을 거듭하여 가장 중요한 투자 수단으로 자리잡을 수 있었는지를, 초보자라도 이해할 수 있도록 차근차근 기술합니다.

이 책을 통해 제가 리츠를 주목하게 된 까닭은 미국의 리츠에서 민주적 자본주의의 실현 가능성을 엿보았기 때문이었습니다. 정부의 세금 혜택을 받기 위해 리츠는 구조적으로 일반 기업과는 달리 자본의 축적 대신 배분을 통한 이익 공유화를 실현합니다. 리츠는 부동산 자산의 실제 사용자와 투자자 모두를 만족시키면서 성장과 발전을 도모합니다. 리츠는 경제 위기 시기에 개인 투자 포트폴리오의 다각화에 도움이 될 뿐 아니라 사회 자본의 지나친 집중과 불평등을 완화시키는 수단이 되어줄 수 있습니다.

한국의 리츠는 1997년 외환위기 이후 기업 구조조정의 일환으로 출발했습니다. 기업 보유 부동산의 유동화를 목적으로 2001년의 부동산투자회사법 제정으로 시작되어서인지, 아시아에서 가장 먼저 리츠를 도입했던 싱가포르에 비하면 GDP 대비 시가총액 규모도 상당히 작고 수익률도 낮습니다. 투자의 투명성과 신뢰성 면에서도 일반 투자자들의 기대에 못 미치고 있어 성장발전이 부진한 편입니다.

거의 매일 아침, 한국 언론에서는 부동산 관련 소식들이 보도됩니다. 부동산에 관한 이처럼 뜨거운 관심과 이 책이 결합되어서 한국형 리츠에 대한 깊이 있는 고민과 성찰, 그리고 실현으로 이어지기를 소망합니다.

강신영

감수자의 말

리츠가 미국의 투자자들을 사로잡은 이유

　　부동산 투자를 주식화한 리츠는 자산 관리에 커다란 혁신을 가져다 주었습니다. 일반 투자자들이 대규모 부동산 투자를 수행하기는 불가능에 가까우며, 설사 가능하다고 해도 전문 운용 능력의 부재는 투자 효율을 저하시킵니다. 부동산을 전문으로 하지 않는 기관투자자라고 해도 상황은 크게 달라지지 않습니다. 주식을 통해 부동산에 투자할 수 있는 리츠가 등장하면서 단지 일반 투자자뿐만 아니라 기관투자자들의 포트폴리오에서도 투자의 어려움으로 인해 비어 있던 부동산의 비중을 채울 수 있게 되었습니다.

　　위험을 낮춤으로써 수익을 높이는 방법이 소수의 헤지펀드들에 국한된 투자 테크닉에서 일반 펀드들의 기본 투자 상식으로 바뀌는 계기는 1990년 노벨 경제학상을 수상한 윌리엄 샤프의 위험대비 수익에 대한 이론의 확산이었습니다. 이후 자산의 비중을 최적화해서 위험을 상쇄시킴으로써 수익을 높이는 프레임은 현대 포트폴리오 운용의 기본 틀로 자리잡습니다. 기업과 상쇄되는 위험 프로파일을 가진 부동산이 주식기반 포트폴리오의 위험을 낮추는 최적의 자산으로 각광을 받게 되는 배경입니다.

　　위험 상쇄의 테크닉이 도입되기 전에는 주식 포트폴리오에서 부동산은 주목을 받지 못했습니다. 투자 집행의 어려움이 없다고 해도, 미국처럼 부동산 투자의 장기 수익률이 주식에 비해 현저히 낮은 시장에서 거주의 목적이 아닌 투자 목적 부동산 구매는 투자의 수익률을 낮춘다고 인식되었던 것입니다. 그러나 주식기반 포트폴리오에 리츠를 포함시키자 펀드의 위험이 감소했고, 위험이 감소한 펀드는 더 높은 수익을 실현할 수 있게 됩니다. 수익률이 낮은 리츠를 포함했지만, 포트폴리오의 수익률은 오히려 증가한 것입니다.

사실 더 낮은 수익의 자산을 포함했는데 어떻게 포트폴리오의 수익이 높아질 수 있는지에 대해 많은 개인 투자자들은 이해에 난색을 보이고는 합니다. 그러나 그러한 투자자들이라도 주식에 모든 자본을 배정하는 것보다 수익률이 0에 가까운 안전한 현금의 비중을 어느 정도 유지하는 쪽이 최종 수익률을 높일 수 있다는 사실에는 동의합니다. 워렌 버핏의 포트폴리오에는 상당히 높은 비중이 현금으로 유지되고 있는데, 이는 주가 폭락시 손실을 낮춥니다. 단지 손실만 낮추는 것이 아니라 이렇게 보존된 현금은 폭락 상황에서 저가 매수를 실현할 수 있는 밑천이 되어 수익률을 높이게 되는 것입니다.

위의 예에서 현금의 비중을 부동산으로 바꾼다면 우리는 양방향으로 저가 매수를 통한 이익을 취할 수 있습니다. 부동산이 폭락하면 주식을 일부 팔아 부동산을 저가매수하고, 주식이 폭락하면 부동산을 일부 팔아 주식을 저가 매수하는 전략이 만들어지는 것입니다. 위험이 감소한 만큼 레버리지를 높여 수익률을 높이는 본래의 이론은 직관적 이해가 힘들지만 위의 단순한 비중 유지 리밸런스 전략이 수익률을 높일 수 있다는 데에는 많은 사람들이 고개를 끄덕일 것입니다. 사실 이 단순한 전략 속에는 가장 위험한 시기에 폭락하는 자산에 투자함으로써 눈에 보이지 않게 위험한도 대비 투자금액을 높이는 레버리지 효과가 숨어 있습니다. 즉 원래대로라면 투자액을 줄일 위험한 시기에 투자금을 유지할 수 있게 함으로써 숨겨진 레버리지를 만들어 내는 것입니다.

이렇게 리츠를 통한 간접 부동산 투자가 투자자들의 수익을 높일 수 있는 획기적 혁신을 가져왔음에도 한국 대부분의 개인투자자들에게 부동산은 아직 직접투자의 대상으로만 여겨집니다. 많은 사람들은 그 원인으로 한국에 공모리츠가 상장된 지가 불과 몇 년 되지 않았기 때문이라고 생각합니다. 그러나 한국 투자자들의 간접투자 기피 현상은 단지 리츠에 그치지 않습니다. 주식에서도 펀드를 통한 간접 투자를 기피하는 경향이 매우 높은데, 이러한 간접 투자 기피 현상은 신뢰가 성숙하지 못한 금융 후진국에서 일반적으로 일어납니다.

간접투자가 정착하기 위해서는 운용사에 대한 투자자들의 신뢰가 전제되어야만 합니다. 상품에 내재한 위험을 숨기고 높은 수익률을 과대 선전하는 운용사가 시장에서 활보하는 한 투자자의 신뢰는 정착하지 못합니다. 신뢰가 정착되지 못한 시장에서는 신뢰를 지키는 운용사가 도리어 손실을 입게 됩니다. 장기적으로 더 높은 수익률을 실현하는 높은 품질의 운용사들이 아니라 단기적 수익률을 위험하게 증폭시켜 투자를 받은 후 투자자들에게 손실을 전가하는 운용사들이 투자를 받기 때문입니다. 무리한 수익률 경쟁은 결국 투자자들의 손실로 끝남을 모르는 운용사는 없지만 투자를 받기 위해서 어쩔 수 없이 수익률을 경쟁하는 악순환이 지속되는 것입니다. 결국 거대한 손실을 실현한 투자자들은 리츠 시장 자체를 떠나고 맙니다.

그러나 이를 해결할 방법은 있습니다. 우리는 시장이 신뢰를 상실하고 붕괴하게 되는 원인이 정보 비대칭이라는 것을 2001년 노벨경제학상을 수상한 애컬로프로부터 배웠습니다. 운용사들의 정보가 효율적으로 투자자들에게 전달될 수 있다면, 간접투자가 직접투자를 완전히 압도하는 미국처럼 운용사들의 신뢰를 높여 간접투자 시장을 확대할 수 있는 것입니다. 물론 부정적 뉴스를 숨기고 축소하고, 긍정적 뉴스를 과대포장함으로써 더 높은 이익을 취하겠다는 근시안적 욕망이 시장에서 사라지도록 하는 것은 결코 쉬운 일이 아닙니다. 아무리 규제기관이 처벌을 강화한다고 해도 처벌만으로 이를 억누르는 것은 불가능에 가까운 일입니다.

궁극적으로는, 리츠에 투자하는 개인 투자자들과 기관투자자들, 그리고 투자자들에게 정보를 전달하는 정보전달자들이 투자정보의 왜곡을 이해하는 눈을 가져야만 하는 이유입니다. 투자자가 자신의 투자이익을 보호할 수 있는 눈을 가지고 신뢰를 저버린 운용사들을 가려낼수록 시장은 성숙하게 됩니다. 이 책에서 논의되는 깊이있는 분석의 프레임이 더 많은 투자자들과 더 많은 정보전달자들에게 공유되어 한국에도 리츠 시장이 자신의 정당한 몫을 찾을 수 있기를 기대합니다.

이승환

펴낸이의 말

　　상업용 부동산 시장에서 리츠와 관련된 다양한 업무를 수행해 왔습니다. 국내 및 싱가포르 리츠 정보 시스템을 출시하였습니다. 해외 국부펀드에 국내 리츠 투자를 위한 데이터를 공급하고 관련된 자문을 수행했습니다. 미국 리츠 개별 종목들을 DCF 현금흐름할인 모델링을 통해 밸류에이션 했습니다. 그리고 리츠에 특화된 스마트베타 인덱스를 개발하고 있습니다.

　　리츠에 애정을 갖고 여러 일들을 하고 있습니다. 그러면서 리츠와 관련된 양질의 교과서가 국내에 소개되었으면 하는 바람을 갖게 되었습니다. 그동안 미국에서 발간된 리츠 관련 도서들을 여러 권 읽었고 그중에서 단연 돋보이는 양서를 발견했습니다. 바로 이 책인 'Educated REIT Investing'입니다. 현업에서 수십 년간 애널리스트이자 학자로 활동한 저자들의 실무적 감각과 학문적 깊이가 균형 있게 어우러진 책입니다.

　　이 책은 세계적인 학술 전문 출판사인 WILEY에서 출간한 책입니다. 지금까지 출간된 리츠 관련 영문, 국문 도서 중 가장 잘 쓰여진 책 중 하나라고 생각합니다. 강신영 번역가께서 유려한 솜씨로 번역해 주셨습니다. 그리고 미국과 싱가포르에서 오랜 기간 퀀트로 활동하신 이승환 대표께서 감수를 맡아 주셨습니다. 덕분에 완성도 높은 결과물로 국내 독자 여러분께 해당 책을 소개할 수 있게 되었습니다.

　　리츠 투자를 통해 전 세계 주요 도심에 위치한 상업용 부동산을 소유해 보시길 바랍니다. 미국 리츠의 경우 데이터 센터, 물류 네트워크, 통신 타워, 대도시 임대주택, 웰니스 시설, 헬스케어 시설, 친환경 건축물 등 다가오는 도시의 인프라를 건설하고 있습니다. 장기적 관점으로 꾸준히 투자하면 안정적인 현금 흐름을 확보할 수 있을 것입니다. 이 책이 리츠 투자에 관심 있는 모든 분들께 유익한 길라잡이가 되길 바랍니다. 감사합니다.

펴낸이 차밍시티 조철민

파트

I

리츠 입문

　파트 I은 리츠 관련 사전 지식이 거의 없거나 전혀 없는 분들에게 도움이 될 만한 가장 기본적인 정보로 구성되어 있습니다. 1장에서는 리츠 산업의 규모와 리츠의 분류에 대해 알아보고, 관련 산업 및 개별 회사들에 대한 자세한 정보가 담긴 온라인 자료들을 소개하겠습니다. 2장에서는 투자자가 리츠 투자를 통해 얻을 수 있는 혜택에 대해, 3장에서는 리츠 소유 부동산에 관한 기본 사항들이 논의될 것입니다. 4장에서는 임대료와 비용의 수익률을 계산하고 투자자 관점에서 배당금의 안전성을 빠르게 평가할 수 있는 방법과 배당금에 대한 일반 과세를 알아보겠습니다. 5장에서는 리츠가 소유한 부동산 유형에 따라 다양하게 나타나는 리스의 구조에 대해, 그리고 6장에서는 Nareit®가 추적하는 리츠 소유 부동산 부문 및 하위 부문에 대해 살펴볼 것입니다. 7장에서는 모기지 리츠에 대해 보다 자세히 알아보겠습니다.

　파트 I을 통해 투자 자산으로서의 부동산과 다양한 유형의 부동산을 소유한 리츠 및 리츠 배당금에 대한 기초적인 정보를 이해할 수 있게 될 것입니다. 이러한 기본 지식을 토대로 파트 II에서는 리츠가 발행하는 보통주 및 채권을 분석하고 투자하기 위한 보다 기술적인 측면들을 알아보겠습니다.

1장

리츠란 무엇인가?

부동산투자신탁(Real Estate Investment Trust: REIT, 'reet'로 발음)은 소득을 창출하는 부동산을 소유하거나 부동산에 자금을 조달하여 수익을 얻는 기구를 말합니다. 여타 업계처럼 리츠는 사모(private) 기업이나 공모는 되었으나 거래되지 않는(public but not traded) 혹은 공모 후 상장되어 거래 가능한(publicly traded) 기업으로도 존재합니다. 뮤추얼 펀드에서처럼 상장 리츠를 통하면 부동산에 대한 구매 관리와 자금 조달을 직접 하지 않고도 투자자가 부동산 소득이라는 혜택을 누릴 수 있습니다.

상장되어 거래 가능한 리츠는 다른 상장기업의 주식처럼 사고 팔립니다. 리츠만의 독특한 점은 세금 혜택이 있다는 점입니다. 1960년 부동산투자신탁법(Real Estate Investment Trust Act of 1960)에 의해 리츠의 구조가 마련되었습니다. 이 법에 의해 리츠로서 자격을 갖춘 회사가 (뮤추얼 펀드처럼) 과세소득을 배당금으로 분배하는 경우 법인 소득세 납부가 면제됩니다. 물론 국세청(IRS) 기준에 적합한 리츠의 자격을 갖추기 위해서는 상당히 구체적인 기준들을 만족시켜야 합니다. 가장 널리 알려진 기준으로는 일반적으로 세금이 부과될 소득의 최소 90%를 주주에게 배당금으로 주어야 한다는 규정입니다. (리츠 과세 자격을 갖추기 위해 기업이 해결해야 할 기술적 장애들을 8장에서 집중적으로 살펴봅니다.)

Nareit®(구, National Association of Real Estate Investment Trusts)는

전 세계적으로 리츠와 미국 부동산, 자본 시장에 관련되어 있는 상장 비거래 회사들도 대변하고 있습니다. Nareit의 웹사이트인 www.reit.com에 들어가면 투자자들을 위한 업계 뉴스와 정보뿐 아니라 교육 자료들과 리서치, 데이터 및 지수 정보를 얻을 수 있습니다.

리츠 산업의 규모

Nareit가 추적한 정보에 따르면, 2019년 12월 31일 시점 공개적으로 거래되고 있는 총 226개의 상장 지분형 리츠의 시가총액은 1조 3천억 달러였습니다. 표 1.1은 리츠 산업 자본의 연말 데이터를 1971년부터 기술한 것입니다. 시가총액에서 REIT의 보통주와 유사하지만 상장되지 않는 OP(Operating Partnership) 유닛은 제외되어 있습니다. (OP 유닛에 대해서는 8장에서 자세히 다룹니다.) 대상이 되는 총 226개 리츠 중 219개가 FTSE Nareit All REITs 지수에 포함되어 있는데, 184개 리츠는 뉴욕증권거래소(NYSE)에 상장되어 있고, 나머지 35개는 나스닥(NASDAQ) 또는 뉴욕증권거래소 아메리칸(NYSE MKT, 이전의 미국증권거래소 [AMEX])에 상장되어 있습니다. 이상의 리츠 회사들이 어떻게 범주화되어 있는지와 각각에 대한 정보를 어떻게 알아볼 수 있는지에 관한 기본 사항들을 투자자가 숙지하고 있어야 리츠 투자의 이점을 제대로 파악할 수 있습니다.

리츠의 범주

리츠의 두 가지 커다란 범주인 지분형과 모기지형은 투자 유형과 수익의 특성을 기반으로 나눈 것입니다. 지분형 리츠는 2016년부터 S&P의 Real Estate Global Industry Classifications Standart(GICS®) 섹터의 인덱스에 포함되어 있으나, 모기지 리츠(mREITs)는 여전히 금융 섹터에 속해 있습니다. 또한 리츠는 소유하고 있는 부동산 유형(type of property), 즉 사무실인지 아파트 건물인지에 따라, 또는 앞으로 논의될 다른 수단에 의해 범주화되기도 합니다. 어떤 주식이건 간에 그것을 사거나 팔기 전에 투자자는 그 리츠가 지분형 리츠인지 아니면 모기지형 리츠인지, 그리고 어떤 유형의 부동산을 소유하고 있는지를 확인해야 합니다. Nareit는 지분형 리츠에 대해서는 소유 부동산의 유형을, 모기지 리츠에 대해서는 투자 대상인 담보 부동산이 주거용인지 상업용인지를 추적합니다. 투자자가 자신의 포트폴리오 목표에 적합한 리츠를 찾는 데 도움을 주기 위한 추가 정보를 6장과 7장에서 볼 수 있습니다.

지분형 리츠

지분형 리츠(에쿼티 리츠) 수익의 대부분은 리츠(부동산 주인 혹은 임대인)와 거주자(임차인) 사이의 임대 계약에 따라 임차인이 지불하는 임대료에서 발생합니다. 이러한 리츠는 일반적으로 부동산에 대한 완전 소유권(fee simple interest)을 가지고 있습니다.[1] 그리고 구매 가격의 일정 비율을 부채로 조달합니다. 이같은 투자 접근 방식은 대개 일정 금액의 부채를 이용하고 현금(자본)으로 나머지 금액을 지불한다는 점에서 개인이 주택을 구입하는 방식과 비슷합니다. 부동산에 대한 완전 소유권이란 구매자가 토지와 건물 및 토지 상에 존재하는 모든 구조물을 포함하는 개량물에 대한 소유권(title)을 가지고 있음을 의미합니다. 부동산 비용의 일부 조달을

---

1 역주. 오랜 관습에 의해 형성된 외국의 토지소유권은 단순히 글자 그대로의 뜻과는 전혀 다른 의미를 가질 때가 많습니다. 완전 소유권(fee simple interest)은 부동산의 토지와 건물을 모두 소유하는 가장 포괄적 권리입니다. fee simple interest와 같은 단어의 어원은 한국에는 존재하지 않는 유럽식 중세 봉건시대의 경제 구조로부터 기원합니다. 이를 이해하는 것은 서양의 부동산을 이해하는 문화적 배경지식으로 중요합니다. 중세 봉건시대 봉토(fief)라는 단어에서 비롯된 'fee'는 국왕이나 영주(Lord, 이로부터 landlord, 즉 집주인이라는 단어가 나왔습니다)에게 서비스를 제공한 대가로 토지를 받은 하위 기사에게 주어진 토지 권리를 의미했습니다. 특정한 의무나 서비스를 대가로 주어진 것이므로 권리가 제한적이었습니다. 예를 들어 영주의 군대에 복무하는 의무를 다하지 못하면 토지를 빼앗기는 것이지요. 이러한 봉토 fee에 대한 제한 조건들이 붙어 있지 않을 경우 이를 simple이라고 하는 것입니다. 완전 소유권 이외의 다른 소유권 형태에는 여러 가지가 있습니다. 임차권(leasehold interest)은 임차인이 일정 기간 동안 부동산을 사용할 권리이고, 생활권(life estate)은 특정 인물의 생전 동안만 부동산을 소유하고 사용할 권리이며, 조건부 소유권(fee simple defeasible)은 특정 조건이 발생하면 소유권이 종료되는 형태의 소유권이고, 이해권(easement)은 다른 소유자의 부동산에 대한 특정 사용 권리이고, 사용권(usufruct)은 부동산의 이익을 얻을 권리(특히 농작물 등의 수익)를 의미합니다.

위해 리츠는 단순 모기지(부동산 부채)로부터 공개 거래되는 회사채(선순위채권 혹은 무담보 부채)에 이르기까지의 부채를 이용합니다. 9장에서 부동산 채권에 대해 자세히 살펴보겠습니다.

지분형 리츠가 토지 임대권이라고도 불리우는 임차권(leasehold interest)을 통해 부동산을 소유하기도 합니다. 이 경우 리츠가 건물이 위치한 토지는 소유하는 것은 아닙니다. 이같은 리츠는 건물 운영 지원에 필요한 토지 사용 권리의 대가로 토지 소유자에게 보통 수십 년에 이르는 합의 기간 동안 매월 이용료를 지불합니다.

본래는 리츠도 뮤추얼 펀드에서처럼 외부 자문을 받아야 했습니다만, 1986년의 세제법 개혁 이후 외부 자문을 받을 필요가 없어졌습니다. 특히 1999년에 리츠 현대화에 관한 법 제정이 이루어졌는데, 지분형 리츠는 점점 더 다양한 부동산 관련 비즈니스 활동으로 수익을 창출하는 완전히 통합된 부동산 회사들로 운영하게 되었습니다. (리츠 구조의 법률적인 개선에 대한 자세한 내용은 10장을 참고하시기 바랍니다.) 2019년 12월 31일 시점, Nareit가 186개의 지분형 리츠를 검토했습니다. 이 중 179개가 FTSE Nareit All REITs Index에 속해 있고 시가총액이 1조 2천억 달러(OP 유닛 제외)에 달하여 미국에서 가장 큰 리츠 군임을 확인했습니다. 소유하고 있는 상업용 부동산의 유형에 따른 지분형 REIT에 대한 자세한 사항은 6장에서 살펴보겠습니다.

모기지 리츠

모기지 리츠(mREITs)에서는 부동산 소유자에게 돈을 빌려주는데, 모기지를 발행하여 직접 빌려주거나, 또는 기존 대출이나 모기지 담보부 증권을 취득하여 간접적으로 빌려줍니다.

모기지 리츠 수익은 대부분 사업용 모기지 대출에서 받는 이자나 주거용 혹은 상업용 부동산 상품에 대한 투자에서 얻습니다.

모기지 리츠는 상업용 부동산 개발 업체와 임대인에게만 대출을 주는 은행과 유사합니다. 대출을 위한 고객 예치금이 없다는 점에서 다를 뿐입니다. 모기지 리츠는 민간이나 공공 자본 시장에서 부채와 주식을 발행함으로써 자본을 조달합니다. 수익은 투자로부터 얻어지는 원금과 이자 지불에서 얻습니다.

2019년 12월 31일 시점으로 FTSE Nareit All REITs 지수에 40개의 모기지 리츠가 등재되어 있었는데, 시가총액이 829억 달러(OP 유닛 제외)였습니다. 2010년 7월에 도드-프랭크 월스트리트 개혁 및 소비자 보호법(Dodd-Frank Act)이 제정되었는데, 이후 상장된 모기지 리츠의 수는 2010년 말의 27개 기업에서 2019년 말의 40개로 48% 증가했습니다. 같은 기간 동안 모기지 리츠의 시가총액은 304억 달러에서 830억 달러로 두 배 이상 증가했습니다. 모기지 리츠의 이러한 새로운 성장은 도드-프랭크법이 전통적인 은행과 대출 기관에 대한 규제를 강화한 데에 어느 정도 기인한 것입니다. 이 법안과 다른 법안으로 말미암아 발생한 신용 공백을 모기지 리츠가 채운 셈이었습니다. 모기지 리츠에 대한 자세한 설명과, 2019년 상장된 모기지 목록에 대한 Nareit의 연구, 경제 분석 담당 수석 부사장인 캘빈 슈누어(Calvin Schnure)의 저술에 대해 7장에서 이어서 설명하겠습니다.

하이브리드 리츠

2011년 이전에는 하이브리드 리츠라고 하는 세 번째 범주의 리츠가 존재했습니다. 이 회사들은 지분형과 모기지형 리츠의 소유 전략을 투자 가능 기회에 따라 결합하여 채택했습니다. 역사상 하이브리드 리츠는 업계에서 가장 작은 리츠 범주였으며, Nareit가 2010년 12월에 남아 있던 네 회사를 모기지 리츠로 편입시켰습니다.

부동산 유형의 분류

대부분의 경우 투자자는 오피스, 아파트, 소매점, 호텔, 물류센터 등, 투자하려는 상업용 부동산 유형에 따라 리츠를 구분합니다. 그런데 2008-09년의 대침체기를 지난 몇 년 후 IRS가 전통적이지 않은 부동산 유형의 임대 소득도 리츠의 양호

표 1.1 과거 리츠 산업 시가총액 및 총수익률*

Year Ended	All REITs			All Equity REITs		
	# of REITs	EMC[a] ($MMs)	Total Return[b]	# of REITs	EMC[a] ($MMs)	Total Return[b]
1971	34	$1,494	-	12	$332	-
1972	46	$1,881	11.2%	17	$377	8.0%
1973	53	$1,394	-27.2%	20	$336	-15.5%
1974	53	$712	-42.2%	19	$242	-21.4%
1975	46	$900	36.3%	12	$276	19.3%
1976	62	$1,308	49.0%	27	$410	47.6%
1977	69	$1,528	19.1%	32	$538	22.4%
1978	71	$1,412	-1.6%	33	$576	10.3%
1979	71	$1,754	30.5%	32	$744	35.9%
1980	75	$2,299	28.0%	35	$942	24.4%
1981	76	$2,439	8.6%	36	$978	6.0%
1982	66	$3,299	31.6%	30	$1,071	21.6%
1983	59	$4,257	25.5%	26	$1,469	30.6%
1984	59	$5,085	14.8%	25	$1,795	20.9%
1985	82	$7,674	5.9%	37	$3,270	19.1%
1986	96	$9,924	19.2%	45	$4,336	19.2%
1987	110	$9,702	-10.7%	53	$4,759	-3.6%
1988	117	$11,435	11.4%	56	$6,142	13.5%
1989	120	$11,662	-1.8%	56	$6,770	8.8%
1990	119	$8,737	-17.4%	58	$5,552	-15.4%
1991	138	$12,968	35.7%	86	$8,786	35.7%
1992	142	$15,912	12.2%	89	$11,171	14.6%
1993	189	$32,159	18.6%	135	$26,082	19.7%
1994	226	$44,306	0.8%	175	$38,812	3.2%
1995	219	$57,541	18.3%	178	$49,913	15.3%

All Mortgage REITs			Hybrid REITs		
# of REITs	EMC[a] ($MMs)	Total Return[b]	# of REITs	EMC[a] ($MMs)	Total Return
12	$571	-	10	$592	-
18	$775	12.2%	11	$729	11.4%
22	$517	-36.3%	11	$540	-23.4%
22	$239	-45.3%	12	$232	-52.2%
22	$312	40.8%	12	$312	49.9%
22	$416	51.7%	13	$483	48.2%
19	$398	17.8%	18	$592	17.4%
19	$340	-10.0%	19	$496	-7.3%
19	$377	16.6%	20	$633	33.8%
21	$510	16.8%	19	$847	42.5%
21	$541	7.1%	19	$920	12.2%
20	$1,133	48.6%	16	$1,094	29.6%
19	$1,460	16.9%	14	$1,329	29.9%
20	$1,801	7.3%	14	$1,489	17.3%
32	$3,162	-5.2%	13	$1,241	4.3%
35	$3,626	19.2%	16	$1,962	18.8%
38	$3,161	-15.7%	19	$1,782	-17.6%
40	$3,621	7.3%	21	$1,673	6.6%
43	$3,536	-15.9%	21	$1,356	-12.1%
43	$2,549	-18.4%	18	$636	-28.2%
28	$2,586	31.8%	24	$1,596	39.2%
30	$2,773	1.9%	23	$1,968	16.6%
32	$3,399	14.6%	22	$2,678	21.2%
29	$2,503	-24.3%	22	$2,991	4.0%
24	$3,395	63.4%	17	$4,233	23.0%

(뒤에서 계속)

표 1.1 (앞에서 이어서)

Year Ended	All REITs			All Equity REITs		
	# of REITs	EMC[a] ($MMs)	Total Return[b]	# of REITs	EMC[a] ($MMs)	Total Return[b]
1996	199	$88,776	35.8%	166	$78,302	35.3%
1997	211	$140,534	18.9%	176	$127,825	20.3%
1998	210	$138,301	-18.8%	173	$126,905	-17.5%
1999	203	$124,262	-6.5%	167	$118,233	-4.6%
2000	189	$138,715	25.9%	158	$134,431	26.4%
2001	182	$154,899	15.5%	151	$147,092	13.9%
2002	176	$161,937	5.2%	149	$151,272	3.8%
2003	171	$224,212	38.5%	144	$204,800	37.1%
2004	193	$307,895	30.4%	153	$275,291	31.6%
2005	197	$330,691	8.3%	152	$301,491	12.2%
2006	183	$438,071	34.4%	138	$400,741	35.1%
2007	152	$312,009	-17.8%	118	$288,695	-15.7%
2008	136	$191,651	-37.3%	113	$176,238	-37.7%
2009	142	$271,199	27.5%	115	$248,355	28.0%
2010	153	$389,295	27.6%	126	$358,908	28.0%
2011	160	$450,501	7.3%	130	$407,529	8.3%
2012	172	$603,415	20.1%	139	$544,415	19.7%
2013	202	$670,334	3.2%	161	$608,277	2.9%
2014	216	$970,428	27.2%	177	$846,410	28.0%
2015	223	$938,852	2.3%	182	$886,488	2.8%
2016	224	$1,018,730	9.3%	184	$960,193	8.6%
2017	222	$1,133,698	9.3%	181	$1,065,948	8.7%
2018	226	$1,047,641	-4.1%	186	$980,315	-4.0%
2019	226	$1,328,806	28.1%	186	$1,245,878	28.7%

[*] 1971년 이전 정보는 제공되지 않습니다.
[§] Nareit는 2010년 FTSE Nareit Hybrid REIT 지수 제공을 중단했습니다.
[a] 표시된 주식 시가총액(EMC) 수치는 연말 주가를 기준으로 한 것이며, 상장되지 않은 운영 파트너십 유닛 (OP 유닛: 8장에서 설명)는 포함되어 있지 않습니다.
[b] 총수익률은 FTSE Nareit All REITs Index, FTSE Nareit All Equity REITs Index, FTSE Nareit Mortgage REITs Index를 종합한 것입니다. 2019년 12월 31일 기준, FTSE Nareit All REITs 및 All Equity REITs 지수는 거래 빈도가 낮은 7개의 스몰캡(소형주) 지분형 리츠 지수를 산출 대상에서 제외했습니다.
출처: Nareit®의 승인 하에, 9항 포함 (단, 이에 국한되지 않음) Nareit 웹사이트에 명시된 이용 약관에 따라 복제 및 제공.

All Mortgage REITs			Hybrid REITs		
# of REITs	EMC[a] ($MMs)	Total Return[b]	# of REITs	EMC[a] ($MMs)	Total Return
20	$4,779	50.9%	13	$5,696	29.4%
26	$7,370	3.8%	9	$5,338	10.8%
28	$6,481	-29.2%	9	$4,916	-34.0%
26	$4,442	-33.2%	10	$1,588	-35.9%
22	$1,632	16.0%	9	$2,652	11.6%
22	$3,991	77.3%	9	$3,816	50.8%
20	$7,146	31.1%	7	$3,519	23.3%
20	$14,187	57.4%	7	$5,225	56.2%
33	$25,964	18.4%	7	$6,639	23.9%
37	$23,394	-23.2%	8	$5,807	-10.8%
38	$29,195	19.3%	7	$8,134	40.9%
29	$19,054	-42.3%	5	$4,260	-34.8%
20	$14,281	-31.3%	3	$1,133	-75.5%
23	$22,103	24.6%	4	$741	41.3%
27	$30,387	22.6%	§	-	-
30	$42,972	-2.4%	§	-	-
33	$59,000	19.9%	§	-	-
41	$62,057	-2.0%	§	-	-
39	$61,017	17.9%	§	-	-
41	$52,365	-8.9%	§	-	-
40	$58,537	22.9%	§	-	-
41	$67,750	19.8%	§	-	-
40	$67,326	-2.5%	§	-	-
40	$82,928	21.3%	§	-	-

한 소득이 될 수 있다고 판정했습니다. (8장에서 리츠의 좋은 소득과 나쁜 소득 개념에 대해 설명하겠습니다.) 그 결과, 이제 리츠업계에는 광고판, 휴대폰 기지국, 가스 및 전기 송전선, 그리고 다른 고도로 전문화된 부동산을 소유하고 있는 리츠들이 있습니다. Nareit는 이처럼 새로운 회사들을 스페셜티 리츠(Specialty REITs)로 분류합니다. 과거에는 여러 유형의 부동산을 소유하고 있었던 많은 리츠들이 이제는 한 유형의 부동산만을 취급하고 있습니다. 이러한 진화가 광범위하게 이루어진 데는 투자자들이 서로 다른 부동산 유형을 소유하는 리츠를 매입하여 포트폴리오의 다각화를 도모하고, 투자에 있어 명확한 초점과 전문성을 갖춘 매니지먼트팀을 선호하기 때문입니다. 6장과 7장에 제공될 정보와 함께 부록에서 2019년 말 FTSE Nareit All REITs 지수에 편입된 219개 리츠에 대한 추가 요약 정보를 보기 바랍니다.

리츠의 규모와 지수 편입

리츠를 분류함에 있어 규모는 중요한 투자 기준 중 하나입니다. 규모가 큰 회사들(시가총액으로 매겨지는)은 규모가 작은 회사와 다르게 거래하기 때문입니다. 11장에서 리츠의 시가총액(에퀴티 마켓 캡 또는 EMC)과 다른 중요 지표들을 계산하는 방법에 대한 설명이 구체적으로 제시될 것입니다.

리츠 데이터를 볼 때 명심해야 할 중요한 세부 사항은, 대부분의 리츠가 일반 주주들이 보유하는 보통주 말고도 OP라고 불리우는, 즉 상장되지도 거래되지도 않는 소유권 단위를 발행한다는 점입니다. 리츠에서의 OP는 리츠의 지분율을 나타낸다는 점에서 보통주와 유사합니다(8장 참조). 일반적으로 OP는 리츠의 보통주와 일대일로 교환할 수 있으며 동일한 배당금을 받을 수 있습니다. OP와 보통주가 다른 점은 OP는 상장되거나 거래되지 않습니다. 즉, 유동성이 없습니다. 명시적 언급이 없다면 야후 파이낸스나 블룸버그 같은 금융 서비스 매체의 리츠 시총에 OP는 포함되지 않습니다.

대형주와 소형주 리츠는 다르게 거래되는데, 그 이유 중 하나는 대형 리츠가 증권거래소에 매매 가능한 보통주를 훨씬 더 많이 공급할 수 있다는 점에서 기인합니다. 발행된 보통주의 숫자는 회사의 유동성으로 간주됩니다. 유동성이 큰 대형주 리츠는 일평균 거래량이 많고 기관투자자들에 의해 선호되는 편입니다. 그리고 소유권 제한을 초과할 가능성이 대형주 리츠에서는 적습니다. (소유권 제한에 대해서는 8장을 참조해 주십시오).

2019년 말 기준 상장 리츠의 약 50%에 해당하는 118개 리츠가 주요 주가지수에 편입될 자격을 갖춘 정도의 시가총액과 일평균 거래량 수준을 보이고 있습니다. 2019년 말 S&P 500 지수에 포함된 30개의 대형주 리츠를 표 1.2에, S&P 400 중형주 및 600 소형주 지수에 포함된 리츠를 각각 표 1.3 및 1.4에 표기하였습니다. 지수에의 편입은 장기 리츠 성과에 상당한 영향을 주는 중요 요인입니다. 자산관리자는 벤치마킹하는 광범위한 지수의 일부인 주식 투자에 자본금을 할당합니다. 벤치마킹이란 이러한 지수를 표준으로 투자 전략의 성과를 단순 측정한다는 의미입니다. 예를 들어, FTSE Nareit All Equity REITs 지수를 벤치마킹하는 자산관리자라면 이 지수 펀드의 연간 수익률 초과를 목표로 하여 투자 자금을 관리할 것입니다.

S&P 500, 400 또는 600 지수에 편입된 리츠는 투자자와 자산관리자에게 보다 잘 노출될 수 있고, 따라서 리츠가 투자 클래스로 낙점받았을 때 지수에 속해 있지 않은 기업보다 더 높은 수익률을 거두는 경향을 보입니다. 반대로, 투자자들이 리츠를 꺼리는 상황에서는 지수에 편입되어 있지 않은 리츠에 비해 지수에 편입된 기업들이 일시적이긴 해도 종종 부적절하게 하락하는 경우도 발생합니다. (10장에서 어떻게 리츠가 하나의 산업으로서 다양한 시장 상황에서 형성되어 왔는가에 대해서와 이러한 성과들을 가져온 몇 가지 요인들을 설명할 것입니다.)

표 1.2 S&P 500 지수 편입 리츠 구성종목

회사명	티커	핵심 자산	EMC*
American Tower Corporation	AMT	인프라-무선	$101,586
Crown Castle International Corp.	CCI	인프라-무선	59,098
Prologis, Inc.	PLD	산업	56,229
Equinix Inc.	EQIX	데이터센터	49,777
Simon Property Group	SPG	소매-쇼핑몰	46,027
Public Storage	PSA	셀프 스토리지	37,166
Welltower, Inc.	WELL	헬스케어	33,116
Equity Residential	EQR	주거-아파트	29,984
AvalonBay Communities	AVB	주거-아파트	29,233
SBA Communications - Class A	SBAC	인프라-무선	27,292
Digital Realty Trust	DLR	데이터센터	24,940
Realty Income Corporation	O	독립형 소매	23,997
Weyerhaeuser Company	WY	목재	22,493
Ventas, Inc.	VTR	헬스케어	21,513
Boston Properties	BXP	오피스	21,302
Essex Property Trust	ESS	주거-아파트	19,772
Alexandria Real Estate Equities	ARE	오피스	18,606
Healthpeak Properties, Inc.[a]	PEAK	헬스케어	16,929
Mid-America Apartment Communities	MAA	주거-아파트	15,032
Extra Space Storage Inc.	EXR	셀프 스토리지	13,679
UDR, Inc.	UDR	주거-아파트	13,676
Host Hotels & Resorts	HST	숙박/리조트	13,304
Duke Realty Corporation	DRE	산업	12,744
Vornado Realty Trust	VNO	다각화	12,686
Regency Centers Corporation	REG	소매-쇼핑센터	10,569
Federal Realty Investment Trust	FRT	소매-쇼핑센터	9,643
Iron Mountain, Inc.	IRM	스페셜티	9,143
Kimco Realty Corporation	KIM	소매-쇼핑센터	8,741
Aimco	AIV	주거-아파트	7,687
SL Green Realty Corp.	SLG	오피스	7,361
S&P 500 지수에 포함된 30개 REIT의 총계			$773,319

* 주식 시가총액은 2019년 12월 31일 기준, 백만 달러 단위.

[a] 이전 명칭은 HCP, Inc.(뉴욕증권거래소: HCP).

출처: Nareit®의 승인 하에 재가공되었으며, Nareit 웹사이트에 명시된 이용 약관(제9항 포함, 이에 국한되지 않음)에 따라 사용.

표 1.3 S&P 400 미드캡(중형주) 지수의 리츠 구성종목

회사명	티커	핵심자산	EMC*
Medical Properties Trust	MPW	헬스케어	$10,923
Camden Property Trust	CPT	주거-아파트	10,258
Liberty Property Trust[a]	LPT	산업	9,384
Omega Healthcare Investors, Inc.	OHI	헬스케어	9,254
National Retail Properties, Inc.	NNN	독립형 소매	9,203
Kilroy Realty Corporation	KRC	오피스	8,894
Douglas Emmett, Inc.	DEI	오피스	7,694
Lamar Advertising Co. (REIT)	LAMR	스페셜티-광고판	7,638
CyrusOne, Inc.	CONE	데이터센터	7,405
American Campus Communities, Inc.	ACC	주거-아파트	6,455
Brixmor Property Group	BRX	소매-쇼핑센터	6,440
Park Hotels & Resorts	PK	숙박/리조트	6,202
Cousins Properties Inc.	CUZ	오피스	6,036
EPR Properties	EPR	스페셜티-시네플렉스	5,542
JBG SMITH Properties	JBGS	다각화	5,349
First Industrial Realty Trust	FR	산업	5,251
EastGroup Properties, Inc.	EGP	산업	5,096
Highwoods Properties	HIW	오피스	5,072
Life Storage	LSI	셀프 스토리지	5,049
Spirit Realty Capital Inc.	SRC	독립형 소매	4,905
PS Business Parks	PSB	산업	4,520
Healthcare Realty Trust Inc.	HR	헬스케어	4,463
Rayonier Inc.	RYN	목재	4,247
CoreSite Realty Corporation	COR	데이터센터	4,226
Sabra Health Care REIT, Inc.	SBRA	헬스케어	4,134
Weingarten Realty Investors	WRI	소매-쇼핑센터	4,019
Service Properties Trust[b]	SVC	숙박/리조트	4,001
Macerich Company	MAC	소매-쇼핑몰	3,802
Pebblebrook Hotel Trust	PEB	숙박/리조트	3,502
Corporate Office Properties Trust	OFC	오피스	3,288
PotlatchDeltic Corporation	PCH	목재	2,925
Urban Edge Properties	UE	소매-쇼핑센터	2,309
Mack-Cali Realty Corporation	CLI	오피스	2,090
CoreCivic[c]	CXW	스페셜티-교도소	2,069
GEO Group Inc.	GEO	교도소	2,013

(뒤에서 계속)

표 1.3 (앞에서 이어서)

회사명	티커	핵심자산	EMC*
Diversified Health-care Trust[d]	DHC	헬스케어	$2,006
Taubman Centers, Inc.	TCO	소매-쇼핑몰	1,902
Alexander & Baldwin	ALEX	다각화	1,512
Tanger Factory Outlet Centers, Inc.	SKT	소매-쇼핑센터	1,368
39개 REIT의 총계			$200,445

* 주식 시가총액은 2019년 12월 31일 기준, 백만 달러 단위.
[a] Prologis(NYSE: PLD), 2020년 1월 Liberty Property Trust(NYSE: LPT) 인수.
[b] 이전 명칭: Hospitality Properties Trust(NASDAQ: HPT).
[c] Corrections Corporation of America에서 회사명 변경, 티커 심볼 동일.
[d] 2019년 Senior Housing Properties Trust, NASDAQ: SNH에서 회사명 및 티커 심볼 변경.

출처: Nareit®의 승인 하에 재가공되었으며, Nareit 웹사이트에 명시된 이용 약관(제9항 포함, 이에 국한되지 않음)에 따라 사용.

표 1.4 S&P 600 스몰캡(소형주) 지수의 리츠 구성종목

회사명	티커	핵심자산	EMC*
Agree Realty Corporation	ADC	독립형 소매	$2,976
Apollo Commercial Real Estate Finance	ARI	상업용 mREIT	2,808
American Assets Trust Inc.	AAT	다각화	2,741
Lexington Realty Trust	LXP	다각화	2,632
Xenia Hotels & Resorts Inc.	XHR	숙박/리조트	2,434
Invesco Mortgage Capital	IVR	주거용 mREIT	2,378
Washington REIT	WRE	다각화	2,335
Acadia Realty Trust	AKR	소매-쇼핑센터	2,255
DiamondRock Hospitality Company	DRH	숙박/리조트	2,232
Retail Opportunities Investments Corp.	ROIC	소매-쇼핑센터	2,049
PennyMac Mortgage Investment Tr	PMT	주거용 mREIT	2,028
Essential Properties Realty Trust	EPRT	독립형 소매	2,010
National Storage Affiliates Trust	NSA	셀프 스토리지	1,994
CareTrust REIT Inc.	CTRE	헬스케어	1,972
Four Corners Property Trust	FCPT	독립형 소매	1,928
Redwood Trust	RWT	주거용 mREIT	1,864
Global Net Lease	GNL	다각화	1,814

(뒤에서 계속)

표 1.4 (옆에서 이어서)

회사명	티커	핵심자산	EMC*
LTC Properties, Inc.	LTC	헬스케어	$1,779
Easterly Government Properties	DEA	오피스	1,760
Kite Realty Group Trust	KRG	소매-쇼핑센터	1,639
New York Mortgage Trust	NYMT	주거용 mREIT	1,636
Safehold, Inc.	SAFE	스페셜티	1,630
Universal Health Realty Income Trust	UHT	헬스케어	1,613
Uniti Group Inc.	UNIT	인프라-무선	1,586
Office Properties Income Trust	OPI	오피스	1,546
Industrial Logistics Properties Trust	ILPT	산업	1,459
Getty Realty Corp.	GTY	독립형 소매	1,348
Summit Hotel Properties, Inc.	INN	숙박/리조트	1,297
Independence Realty Trust Inc.	IRT	주거-아파트	1,280
Saul Centers, Inc.	BFS	소매-쇼핑센터	1,219
RPT Realty	RPT	소매-쇼핑센터	1,209
KKR Real Estate Finance Trust	KREF	상업용 mREIT	1,172
ARMOUR Residential REIT	ARR	주거용 mREIT	1,058
Armada Hoffler Properties Inc.	AHH	다각화	1,017
Granite Point Mortgage Trust	GPMT	상업용 mREIT	1,008
Franklin Street Properties Corp.	FSP	오피스	918
iStar Inc.	STAR	상업용 mREIT	902
Innovative Industrial Properties Inc.	IIPR	산업	899
Community Healthcare Trust Inc.	CHCT	헬스케어	865
Chatham Lodging Trust	CLDT	숙박/리조트	854
Capstead Mortgage Corporation	CMO	모기지-주거용	749
Urstadt Biddle Properties	UBA	소매-쇼핑센터	743
Ready Capital Corp.	RC	주거용 mREIT	695
Washington Prime Group Inc.	WPG	소매-쇼핑몰	679
Hersha Hospitality Trust	HT	숙박/리조트	562
Whitestone REIT	WSR	다각화	548
Pennsylvania REIT	PEI	소매-쇼핑몰	413
Cedar Realty Trust, Inc.	CDR	소매-쇼핑센터	263
CBL & Associates Properties	CBL	소매-쇼핑몰	182
49개 REIT의 총계			$72,977

* 주식 시가총액은 2019년 12월 31일 기준, 백만 달러 단위.

출처: Nareit®의 승인 하에 재가공되었으며, Nareit 웹사이트에 명시된 이용 약관(제9항 포함, 이에 국한되지 않음)에 따라 사용.

지역적 집중

리츠는 일반적으로 지역이나 국가별로 고유한 포트폴리오를 소유하고 운영합니다. "미국 오피스 시장" 투자에 관심이 있는 투자자는 보스턴, 로스앤젤레스, 뉴욕, 샌프란시스코, 워싱턴 DC 등 미국 5개 주요 도시에 오피스 빌딩을 소유하고 있는 Boston Properties, Inc.(NYSE: BXP) 같은 리츠 회사에 투자할 수 있습니다. 반대로 서부 해안 시장에서 오피스 공간에 대한 수요 증가를 수익화하려는 투자자라면 Kilroy Realty Corporation(NYSE: KRC) 같은 주식에 집중할 수 있습니다.

어떤 대형 미국 리츠들은 보유 부동산을 미국 이외의 지역으로 확장했습니다. 투자자는 Prologis, Inc.(NYSE: PLD) 같은 주식을 통해 글로벌 시장의 창고/유통 공간을 소유할 수 있는 기회를 갖게 되었습니다. Simon Property Group, Inc.(NYSE: SPG) 주식 매수로 개개인은 전 세계적으로 다각화된 고급 쇼핑몰에 투자할 수 있습니다.

지역적 집중의 위험 및 보상

각각의 리츠는 지역적 집중의 정도와 부동산 시장과 연관된 수요-공급 특성에 따른 위험과 보상을 동반합니다. (11장에서 리츠의 지역적 집중도 평가 방법을 살펴볼 것입니다.) 뉴욕 맨해튼 시장의 아파트 건물을 소유한 임대인은 텍사스 주 댈러스의 아파트 임대인과는 다른 수준으로 임대료의 인상률, 점유율, 주주 환원 수익을 창출할 가능성이 큽니다. 어떠한 경우라도 주주 가치를 높이기 위한 리츠의 능력을 좌우하는 핵심이자 결정적 요인은 회사의 고위 경영진과 자산관리팀의 결정과 그들의 역량, 그리고 규율일 것입니다. 해당 국가의 특정 부동산 유형, 지역, 혹은 시장이 경제적으로 다른 곳보다 더 좋거나 더 나쁜 시기를 경험할 것이라는 확신이 든다면 투자자는 그러한 자산과 지역적 집중의 특징을 가진 리츠에 투자하거나 혹은 매도함으로써 자신의 신념을 자본화할 수 있습니다.

수익 증대 전략

리츠를 분류하는 방식으로, 일반적이지는 않지만 (적어도 투자 목적을 위해서는) 중요한 방법으로, 수익을 늘리기 위한 전략에 따른 분류가 있습니다. (리츠의 '수익(earning)'은 산업별 지표인 운영 수익[FFO](11장에서 추후 논의)으로 측정합니다.) 다음은 재무 성과를 뒷받침하기 위해 모든 리츠가 하는 세 가지입니다.

① **내적 성장**

내적 성장은 리츠가 이미 소유하고 있는 자산에 대한 입주 또는 임대를 늘리거나 운영 비용을 절감하는 관리를 통해 이루어집니다. 내적 성장을 유기적 성장이라고도 부릅니다.

② **외적 성장**

외적 성장은 추가로 자산을 취득하거나 개발함으로써 얻어집니다.

③ **자금 조달**

새로운 부채나 지분 발행 또는 자산 매각을 통한 내외적 성장을 위한 자금을 조달할 수 있습니다. 부채 비용과 위험(양의 레버리지(positive leverage)라고도 함)을 낮추는 조처도 이에 해당합니다.

리츠가 수익을 늘리는 데 있어 단 하나의 '맞는 방법'은 존재하지 않습니다. 회사는 자본비용으로 경영진이 자본을 활용할 수 있는 기회를 만듭니다. 자본비용(cost of capital)은 회사의 가중평균자본비용(WACC)이라고도 하며, 회사의 보통주(OP를 포함하는)와 우선주, 그리고 부채를 합한 비용입니다. 일반적으로 기대수익이 회사의 자본비용을 초과하는 경우에만 관리팀의 새 개발이나 인수 시도가 이루어집니다. 자본비용에 대해서는 10장과 11장에서 보다 자세히 다루겠습니다. 이 장에 해당하는 규칙은 다음과 같습니다.

자본비용이 낮은 회사는 자본비용이 높고 경쟁력이 약한 회사보다 더 빠르게 성장할 수 있으며 보다 양질의 투자를 보여줄 수 있습니다.

리츠 관리팀은 해당 회사가 선택한 자산 유형, 부동산 시장, 주어진 기회, 그리고 자본비용에 최적이라고 여겨지는 전략을 찾고자 합니다. 다음은 투자에 앞서 개별 기업을 평가하기 위해 유용한 공식입니다.

성장 전략에 대한 위험 공식

개발 = 자산 취득보다 높은 위험

취득 = 기존 자산에 대한 적극적인 관리보다 높은 위험

더 많은 부채* = 더 높은 위험

*이 전략은 지분 보유자에게 더 높은 수익을 가져다 줄 수도 있습니다만 이는 단기간에 한합니다.

- **개발:** 부동산 자산을 개발하여 수익을 늘리는 것은 이미 존재해 있는 자산을 인수하는 것보다 감수해야 할 위험이 더 큰 경향이 있습니다. 특히 건설에 1년 이상의 시간이 소요되는 부동산 유형에서는 더욱 그러합니다. 건설이 진행되고 있는 동안 신규 부동산에 대한 수요가 사라져 버렸다면 개발업체는 꽤 비어 있는 (또는 완전히 빈) 상태로 건물을 인도받게 됩니다. 개발 관련 위험 부담 때문에 회사는 개발에 투자한 자본에 대해 더 높은 수익률 또는 수익을 기대합니다. (리츠가 유사 자산을 인수하는 때의 자본환원율에 비추어 보통 최소 100bp 또는 1% 잉여의 추가 수익이 개발 프로젝트에 필요하다고 합니다.) 보다 높은 수익은 잠재적인 실패의 높은 위험을 보상해 주는데, 이 실패의 위험은 신규 개발 프로젝트의 인도 시점이나 그 직후 임대가 얼마나 잘 이루어질 수 있는가로 측정됩니다.

성공적인 개발 전략을 수행해 온 많은 리츠들은, 위치 선정에 극도로 주의를 기울이고, 건설 시작 전에 일정 수준의 사전 임대를 달성하고(미래 임차인에게 100% 사전 임대되는 맞춤 주문형 포함), 운용 비용을 낮출 수 있는 고효율 건물을 짓고, 부채 수준을 낮추는 방향으로 사업을 운영하고, 부채를 낮은 수준으로 유지하는 방향을 견지해 왔습니다. 경기 확장 시기의 개발은 비교적 덜 위험하지만 경기 하강기나 침체기엔 손실의 위험성이 큽니다.

- **취득:** 자산의 취득에는 리츠가 이미 소유한 자산의 관리에서보다 수반되는 위험이 큽니다. 리츠가 부동산을 매입하고자 할 때 관리자는 해당 자산 주변의 상권과 부동산 시장에 대한 평가를 수행합니다. 공간에 대한 수요가 과대평가되면 취득 부동산으로 성과를 내기가 어려워집니다. 동일한 맥락에서, 새 공간에 대한 공급을 과소평가하거나 다른 임대업자가 이미 대등한 건축물들을 너무 많이 개발했어도 취득 부동산의 성과는 떨어집니다. 리츠가 입주율을 늘리고 임대료를 올리기 어렵기 때문입니다. 일반적으로, 기존 자산을 관리하는 차원에서 건축물을 재개발하여 시장에 내놓는 것이 자산 취득보다 덜 위험합니다. 리츠 획득을 위해 새로운 지역에서 자산을 취득하려는 경우 특히 그렇습니다.

- **자금 조달:** 리츠가 기존 운영 및 어떤 수준의 외적 성장을 위해 자본을 얻는 방법을 살펴보았을 때 부채가 너무 적어서 파산한 리츠나 회사는 없었습니다. 여타 회사와 마찬가지로 리츠에서도 레버리지라고 부르기도 하는 부채가 더 많을수록 자본 대비 더 많이 수익을 얻을 수 있다고 여기는 경향이 존재합니다. 그러나 보다 큰 부채는 더 큰 위험의 증가, 미래 수익 및 현금흐름의 확실한 감소와 동격임을 명심해야 할 것입니다.

> 이제껏 부채가 너무 없어서 파산한 리츠는 하나도 없었습니다.

양의 레버리지: 레버리지를 사용하여 에쿼티로 얻을 수 있는 수익은 간단한 수학을 이용해 계산 가능합니다. 임대인이 어떤 부동산을 구입한다고 가정해 봅시다. 현금 환원 수익률은 6%이고 투자액의 절반을 연이율 4%의 부채로 조달할 경우 에쿼티 대비 수익은 8%가 됩니다. 이에 대한 계산은 다음과 같습니다.

- 6% 현금 수익 × 1달러 투자금 = 6센트(레버리지를 쓰지 않았을 경우의 수익)
- 1달러의 절반을 부채로 빌렸으므로 50센트에 대한 이자 비용으로 2센트를 지불(50% 부채 × 1달러 투자금 × 4% 이자율 = 2센트의 이자 비용)
- 6센트의 현금 수익 더하기 이자 비용으로 인한 2센트 빼기 = 50센트 에쿼티로 얻은 수익은 4센트이고, 따라서 에쿼티로 얻은 수익은 8퍼센트(4센트 레버리지 수익률 ÷ 50센트 투자한 에쿼티)

부채를 이용하여 투자에 필요한 자금을 일정 부분 조달함으로써 높은 에쿼티 수익을 얻는 능력 또한 양의 레버리지라고 불리긴 합니다만, 이때의 레버리지 또한 위험과 동격입니다. 적어도 리츠가 떠안은 부채의 양이 시장에서의 기회 활용 능력에 영향을 미칩니다. 예를 들어 총장부가치 대비 부채비율이 40%인 리츠가 60% 부채비율의 리츠에 비해 재정적인 유연성을 더 발휘할 수 있습니다. (총장부가치의 정의는 4장과 11장을 참고해 주시기 바랍니다.) 리츠가 레버리지를 줄여야 보통주의 배당을 낮추거나 헐값에 자산을 넘기지 않고 경제가 악화되는 시기를 성공적으로 헤쳐 나갈 수 있습니다. 레버리지가 낮은 회사들은 2008-09년의 대침체기 같은 경제 역행의 시기에 시장에 나온 전략적 프리미엄급 자산들을 매입할 수 있습니다. 게다가 부채 수준이 낮은 회사들이 레버리지가 높은 회사들보다 부채 및 에쿼티 자금이 필요할 때 더 높은 가격으로 책정되어 평균자본비용(WACC)을 성공적으로 낮출 수 있다는 점을 마지막으로 언급하겠습니다.

리츠에 대한 정보 제공처

Nareit 웹사이트(www.reit.com)에는 광범위한 산업 및 회사별 정보가 있습니다. Nareit 사이트에 들어가면 Nareit T-Tracker®로 리츠 운영 성과에 관해 폭넓게 집계된 데이터를 볼 수 있는데, 이 장의 논의에서 나타났던 많은 지표들, 예를 들어 순운영이익(NOI), 입주율, 배당금 지급, 수익(FFO) 데이터, 레버리지 정보(장부가치와 시장가치 모두로 측정된 총자본 대비 부채), 부채의 평균 만기 등의 데이터 요소들이 있습니다. (참고: T-Tracker의 데이터는 달러 금액의 합계이거나 장부 자산 가중치로서 시장 자본금 가중치가 아님을 밝혀둡니다.)

Nareit의 웹사이트 외에도 업계와 개별 리츠에 대한 추가 정보를 확인할 수 있는 여러 자료들이 있습니다. 이하에 제시될 자료들에서 2019년 말 상장된 대부분의 리츠 분석에 필요한 충분한 정보를 얻을 수 있을 것입니다.

회사별 웹사이트

각 리츠의 웹사이트를 통해 보도자료, 연례 보고서, 증권거래위원회(SEC)에 제출된 분기별 보고서 및 기타 투자에 유용한 정보를 포함한 가장 완전하고 시기적절한 정보를 제공받을 수 있습니다.

2015년 12월, 국제인터넷주소관리기구(ICANN)는 Nareit에게 상위 도메인 레지스트리인 닷리츠(.REIT)의 운영을 위임했습니다. 점점 더 많은 리츠들이 웹사이트에 '.REIT' 식별자를 채택하고 있기에 리츠 회사에 대한 인터넷 검색이 점점 더 빠르고 쉬워지고 있습니다.

REIT 성과 기록을 위한 지수

FTSE Nareit 지수. FTSE 그룹은 런던 파이낸셜 타임즈와 런던 증권거래소의 합작 투자사로서, 영국에서 성장한 금융 지수 제공업체입니다. 약자 FTSE는 "풋시(footsie)"로 발음하며 파이낸셜 타임즈 증권거래소(Financial Times Stock Exchange)의 약어입니다.

FTSE와 함께 Nareit는 미국 리츠성과를 추적하기 위해 여러 지수를 발표합니다. 2019년 12월 31일 현재, 가장 인기 있는 3개 지수와 각 지수를 구성하는 기업 수는 다음과 같습니다:

① FTSE Nareit All Index – 상장되어 거래되고 있는 지분형과 모기지형 리츠 전부(219개 회사)
② FTSE Nareit All Equity REITs Index – 상장되어 거래되고 있는 지분형 리츠(179개 회사)
③ FTSE Nareit Mortgage REITs Index – 상장되어 거래되고 있는 모기지형 리츠(40개 회사)

부록은 2019년 12월 31일 FTSE Nareit All REITs 지수에 포함되어 있는 리츠 목록입니다. 회사명을 기준으로 알파벳 순으로 회사들을 수록했습니다.

S&P 다우존스 지수. S&P 다우존스 지수(S&P DJI)(us.spindices.com)는 지수 기반 개념과 데이터 및 리서치를 위한 전 세계 최대의 글로벌 자원입니다. S&P 500® 및 다우존스 산업평균지수® 같은 상징적인 금융시장 지표의 본부로서, 1884년 최초로 지수를 창안한 찰스 다우(Charles Dow)에 의해 설립된 이래, 투자자들의 요구에 부응하는 혁신적이고도 투명한 솔루션을 구축함에 있어 가장 오랜 경험을 축적한 회사로 자리매김해 왔습니다. S&P 500 지수에 포함된 모든 회사는 전 세계 산업 분류 표준(Global Industry Classifications Standard: GICS®)에 의해 11개 부문 지수 중 하나로 분류됩니다. 11번째인 부동산(티커: IXRE) 부문은 2016년 S&P

DJI에 의해 신설되었습니다. 지분형 리츠와 기타 공공 부동산 운영 회사는 여기에 속해 있습니다만, 모기지형 리츠는 여전히 금융 부문에 해당되기에 여기에 포함되어 있지 않습니다.

S&P 다우존스 지수는 부동산 회사 및 지분형 리츠의 성과를 추적하는 여러 지수를 발표하는데, 이 중에 Dow Jones Composite All REIT Index(RCI, 총수익률의 경우 RCIT)가 있습니다. RCI는 대부분의 지수처럼 표본이 아닌 전체 리츠에 대한 센서스라는 점에서 독특합니다. 2019년 말, 미국에서 상장되어 거래되고 있는 217개의 지분형 리츠가 기록되어 있습니다.

MSCI 지수. Nareit와 MSCI는 투자-결정-지원 도구 제공업체의 선두주자로서 리츠 성과를 추적하는 지수를 제공합니다.

- MSCI 미국 리츠 지수(미국 뉴욕증권거래소(NYSE American)에서 티커 기호 RMZ)는 상장되어 거래되고 있는 미국 지분형 리츠의 거의 99%를 실시간으로, 가격만을 반영하여 추적하는 지수입니다. 모기지 리츠와 일부 지분형 리츠는 포함되어 있지 않습니다. 2019년 말 RMZ를 구성하고 있는 지분형 리츠의 수는 151개였습니다. Google Finance 및 Yahoo! Finance 같은 금융 웹사이트를 방문하면 RMZ에 대한 실시간 견적을 얻을 수 있으며 www.msci.com를 방문하면 해당 지수에 대해 더 많은 것을 배울 수 있습니다.
- MSCI는 또한 RMS를 발표합니다. RMS는 회사의 배당수익률을 포괄하는 RMZ의 총수익률에 대한 일일 판본(daily total return version)입니다. RMS는 실시간 지수가 아닙니다. 하루를 마칠 때 지수를 구성하는 리츠의 총수익률의 발표가 이루어집니다.

Cohen & Steers 지수. 1985년 Cohen & Steers, Inc.(NYSE: CNS)는 최초의 부동산 뮤추얼 펀드를 설립했으며, 현재는 부동산 증권, 상장 인프라, 원자재,

천연자원 지분 뿐 아니라 천연자원 주식, 우선 증권 및 기타 소득 솔루션을 포함한 유동 부동산 자산을 전문으로 하는 글로벌 투자 관리자입니다. 이들이 리츠 성과를 추적하기 위해 제공하는 부동산 지수로는 다음의 두 지수가 있습니다.

- Cohen & Steers Realty Majors Portfolio Index(RMP)는 가장 크고 유동성이 가장 높은 미국의 리츠를 추적합니다.
- Cohen & Steers Global Realty Majors Index(GRM)는 전 세계 상업용 부동산의 증권화를 가장 많이 주도하거나 이로부터 가장 많은 이득을 얻을 가능성이 있는 글로벌 부동산 리츠를 추적합니다.

리츠에 투자하는 뮤추얼 펀드

리츠를 대상으로 집중적으로 투자를 하는 약 40개의 활발히 운용되고 있는 뮤추얼 펀드가 있습니다. 각 펀드의 전략과 투자 스타일은 모두 다릅니다. Nareit의 웹사이트에는 리츠와 부동산 중심의 뮤추얼 펀드 목록이 있습니다. 투자에 앞서 이 목록을 찾아 다양한 펀드에 관한 재무 상담을 받아보시면 좋을 것입니다.

리츠 투자를 위한 상장지수펀드

이제까지 리츠의 성과를 추적해 보여주는 지수들을 살펴보았습니다. 투자자는 리츠의 지수(또는 묶음)을 매입할 수도 있습니다. 여러 상장 지수펀드(ETF)들이 있어 이러한 투자가 가능합니다. 이것들은 S&P 500 지수나 여타 광범위한 주식시장 지수의 수익률을 추종하는 뮤추얼 펀드와 비슷합니다. ETF는 1993년에 미국의 뉴욕증권거래소(NYSE American)에서 처음 소개되었습니다. 오늘날, 거의 모든 투자 선호도 각각에 부합하는 ETF가 존재합니다. 심지어 리츠 주가 상승을 공매도하는, 즉 상승에 반대하는 베팅을 할 수 있게 하는 ETF도 있습니다. 가장 잘 알려진 세 가지 리츠 ETF는 다음과 같습니다.

① **VNQ** - 티커 기호 VNQ로 거래되는 뱅가드 그룹의 리츠 상장지수펀드(Vanguard Group's REIT)는 현재 가장 큰 리츠 ETF로, MSCI 미국 리츠 지수의 성과를 추종하도록 설계되었습니다(이 장의 앞부분에 있는 RMZ 논의 참조).

② **SCHH** - 슈왑 미국 리츠 ETF(Schwab US REIT ETF)는 2019년 말 현재, 116종의 미국 지분형 리츠에 투자 중입니다. VNQ에 비해 수수료가 훨씬 낮습니다.

③ **REET** - 블랙록(BlackRock®)이 운용하는 아이셰어즈 글로벌 리츠 ETF(iShares Global REIT ETF)는 미국뿐 아니라 전 세계 리츠에 투자합니다. 2019년 말, 미국 리츠에는 약 65%를, 다른 국가 리츠에는 35%를 투자한 것으로 나타났습니다.

부동산 ETF에 관한 보다 자세한 정보는 재정 전문가를 만나 함께 의논해 보십시오.

결론

리츠는 뮤추얼 펀드처럼 경상소득으로 과세될 금액의 최소 90%에 해당하는 배당금을 지급하여 해당 소득에 대한 연방 세금 납부를 피할 수 있다는 점에서 뮤추얼 펀드와 유사합니다. 리츠의 개별 주주는 수령한 배당금에 대해 세금을 납부합니다. S&P Global Market Intelligence 및 Nareit(www.reit.com)와 리츠 웹사이트의 무료 자료를 통해 리츠와 리츠 산업에 대한 정보를 얻을 수 있습니다.

2장

리츠 투자의 혜택

많은 리츠 투자자들이 리츠의 매력적인 배당수익률에 대해 알고 있습니다. 리츠의 배당수익률은 국채 및 다른 투자 수단을 앞섭니다. 배당수익 말고도 투자 포트폴리오에 리츠를 포함하면 좋은 이유들이 있습니다. 20년, 25년, 30년의 투자 기간 모두에서 지분형 리츠의 연간 복리 수익률이 S&P 500 지수의 연간 복리 수익률보다 높았습니다. 리츠의 배당(dividends)이 인플레이션(소비자 물가 지수[CPI] 상승으로 측정)보다 빠르게 증가하여 인플레이션 헤지 수단으로 효과적으로 작용했기 때문입니다. 리츠는 다각화 도구로도 유용합니다. 많은 연구들에 따르면 리츠 투자를 통해 주식, 채권으로 구성된 포트폴리오의 위험은 낮추고 수익은 높일 수 있음이 입증되었습니다. 직접적인 부동산 투자에 동반되는 유동성 위험을 감수하지 않고도 리츠 투자를 이용하면 포트폴리오에 부동산 수익을 추가할 수 있습니다.

배당

리츠 투자의 주된 이유인 배당소득 덕분에, 다른 투자와 비교하여 리츠는 엄연한 프리미엄급에 해당합니다. 2019년 12월 31일을 기준으로 FTSE Nareit All REITs 지수의 배당이 4.06%였습니다. 10년짜리 미국 국채는 1.92%, S&P 500 지수의 경우 1.85%에 불과한데 말입니다. (베이시스 포인트[bp]는 백분율 퍼센트 포인트; 예를 들어, 1%는 100bps.)

경상소득이 필요한 분들에게도 리츠는 훌륭한 투자입니다. 레버리지에 대해 보수적인, 즉 재무 상태가 건전하고, 좋은 위치에 있는 부동산을 경쟁력 있게 잘 관리하는 리츠는 주주에게 꽤 많은 배당금을 꾸준히 줍니다. 리츠의 배당과 배당수익률이 갖는 특성, 그리고 배당의 지속가능성을 평가하기 위한 간단한 방법을 4장에서 알아볼 것입니다.

두 자릿수의 총수익

주식 투자의 총수익은 주식 보유 기간 동안 받은 배당금에 주가 상승분 혹은 하락분의 총합입니다. 리츠는 상당한 현재 수익률(current yields) 덕분에 시간이 경과하면서 8~12%의 장기 연환산 총수익률을 거두는 편입니다. 표 2.1은 지분형 리츠가 설립된 1972년부터 2019년까지의 장기적인 평균 총 연수익률이 11.8%였음

표 2.1 연복리 총수익률 비교

Timeframe*	All REITs	All Equity REITs	S&P 500	NASDAQ†	DJIA
2019	28.1%	28.7%	31.5%	36.7%	25.3%
3년	10.3%	10.3%	15.3%	19.9%	15.7%
5년	8.5%	8.4%	11.7%	14.9%	12.6%
10년	12.5%	12.6%	13.6%	16.1%	13.4%
15년	7.8%	8.4%	9.0%	9.9%	9.5%
20년	11.3%	11.6%	6.1%	4.0%	7.2%
25년	10.6%	10.9%	10.2%	10.4%	8.4%
30년	10.2%	10.8%	10.0%	10.5%	8.1%
1972–2019	9.8%	11.8%	10.7%	8.9%	7.5%

* 2019년 12월 31일 마감 연도의 연환산 누적(복리) 총수익률. 음영 처리된 부분은 주식형 리츠와 나스닥이 표시된 다른 주요 지수보다 높은 성과를 낸 기간을 나타냅니다.
† 가격 상승분. 1972년부터 2019년까지의 연간 복리 수익률은 나스닥 종합지수 시작일인 1973년 12월 31일을 기준으로 산정.

출처: Nareit®의 승인 하에 재가공되었으며, Nareit 웹사이트에 명시된 이용 약관(제9항 포함, 이에 국한되지 않음)에 따라 사용.

을 보여주고 있습니다. S&P 500 지수에 속한 주식들의 총 연수익률인 10.7%보다 110bp가, 같은 기간 나스닥의 연수익률인 8.9%보다 290bp가 더 높은 수익입니다.

기관투자자에게 벤치마킹 정보를 독립적으로 제공하는 기관인 CEM 벤치마킹(CEM)은 2016년 Nareit를 위해 했던 획기적인 연구를 2019년에 개선하여 개인 부동산 및 기타 투자 수단 대비 상장 리츠를 소유했을 때 이롭다는 것을 보다 과학적으로 입증했습니다. CEM 2019 연구는 1998년부터 2017년까지 20년 동안, 총 자산 3조 8천억 달러에 이르는 200여 개의 공공 및 민간 연금 플랜(기관투자자)의 수익률을 추적하여, 총 12개 자산군의 수익과 순 평균 연간 총수익률(net average annual total returns)을 비교 분석했습니다(순(net)이란 투자자 부담의 수수료 또는 비용으로 조정이 이루어진 수익률임을 의미합니다). 그림 2.1은 그 결과의 요약으로, 10.9%의 평균 연간 수익률을 보인 지분형 리츠가 순위상 두 번째로 높은 수익을 보여주고 있습니다.

포트폴리오의 다각화

리츠는 포트폴리오 다각화(diversification) 관리를 보장하는 수단입니다. 저명한 투자 자문 회사들이 여러 다른 기법들과 데이터 자료들을 이용하여 기간별로 수차례 검증하였습니다. 다각화(=분산 투자)란 기대수익률을 높이기 위해서는 포트폴리오에 특정 투자를 더해 투자 집합 전체의 위험을 낮게 유지하는 것을 말합니다. 위험(risk)은 변동성(volatility)으로 측정합니다. 하나의 예로, 2019년 윌셔 어소시에이츠가 실시한 분석(2019 Wilshire Analysis)에서 리츠를 포함했을 때 포트폴리오의 수익률은 증가하고 위험은 감소한다는 것이 사실임을 입증하였습니다. 연구를 위해 구성된 분석 대상은 세 종류의 포트폴리오였습니다. 세 포트폴리오 모두 수익률의 극대화와 위험 관리를 위한 자산배분(allocation)을 위해 평균분산최적화(Mean Variance Optimization: MVO)를 사용했습니다. 두 번째와 세 번째

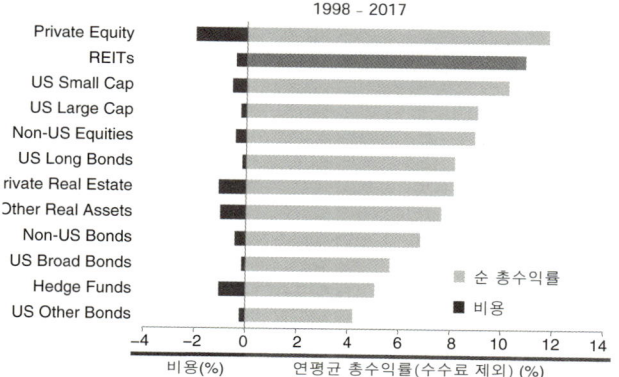

그림 2.1 CEM 벤치마킹 연구: 미국 확정급여형 연금 플랜 성과

출처: CEM 벤치마킹, 2019. Nareit®의 승인 하에, 9항 포함 (단, 이에 국한되지 않음) Nareit 웹사이트에 명시된 이용 약관에 따라 복제 및 제공.

포트폴리오 모두에 글로벌 리츠 배분을 포함시켰습니다만 세 번째에는 MVO에 비해 위험을 면밀히 감지 및 제어하는 잉여금 최적화(Surplus Optimization: SO)를 구성에 추가해 사용했습니다. 그 결과 2018년 말, 리츠를 포함했던 SO 포트폴리오는 리츠를 포함했던 MVO 포트폴리오에 비해 13.4%, 리츠를 넣지 않았던 포트폴리오에 비해 19.2% 더 높은 포트폴리오 가치를 가지고 있었습니다. 2019년 윌셔 분석은 또한 퇴직까지의 기간이 40년인 투자자를 위한 최적의 미국 리츠 배분 비율은 13.42%, 퇴직 기간이 그보다 짧은 경우에는 (여전히 상당한 수준인) 7.91%이라는 것도 밝혀냈습니다. 표 2.2는 2019년 윌셔 분석 결과를 요약한 것입니다.

> **팩트**
>
> 주식, 채권 및 지분형 리츠 주식의 조합으로 이루어진 포트폴리오가 지분형 리츠에 배분하지 않은 같은 규모의 포트폴리오보다 더 높은 수익률과 더 적은 위험을 가져다 줍니다.

표 2.2 리츠 배분을 통한 다각화 이점

자산 할당 방법론	예상 포트폴리오 위험	연간 포트폴리오 위험	연간 포트폴리오 수익률	포트폴리오 시작 가치	포트폴리오 종료 가치
MVO w/o US REITs	9.09%	9.59%	9.84%	$10,000	$565,805
MVO w/ US REITs	9.09%	9.54%	9.97%	$10,000	$594,576
Surplus Opt w/ US REITs	9.09%	9.41%	10.29%	$10,000	$674,162

출처: 윌셔 컴패스의 2019년 윌셔 분석(2019 Wilshire Analysis by Wilshire Compass). 1975년 12월~2018년 12월 사이의 3개 포트폴리오 분석. 2019. Nareit®의 승인 하에, 9항 포함 (단, 이에 국한되지 않음) Nareit 웹사이트에 명시된 이용 약관에 따라 복제 및 제공.

    리츠가 포트폴리오 다각화에 좋은 이유는 리츠 포함 상업용 부동산이 네 종류의 투자 자산 기본 유형 중 세 번째로 비중이 커서입니다. 첫 번째가 채권, 두 번째가 주식, 다음이 부동산, 그리고 현금 순서입니다. 그림 2.2는 투자 자산 유형들의 상대적인 크기를 요약하여 보여줍니다. 미국의 투자용 부동산(개인 소유의 단독 주택 제외)은 2018년 말 16조 달러로, 미국의 전체 자산 중 투자 가능 금액인 97조의 16%를 차지하는 것으로 나타났습니다. 부동산에는 고유의 동인 및 사이클(=주기)이 있습니다. 부동산 투자는 채권, 주식, 현금과 다르게 움직입니다. 다른 말로, 부동산은 다른 투자 자산 유형들과 상대적으로 낮은 상관관계를 보입니다. (3장 "부동산 펀더멘탈"에서 부동산의 사이클에 대해 자세히 논의하겠습니다.)

    둘이나 둘 이상의 투자 성과들 사이에 상관성이 존재하는지의 여부를 +1에서 -1 사이의 측정값을 갖는 선형 관계로 기술합니다. +1의 상관관계는 둘이나 둘 이상의 투자들의 거래가 동조화되어 있다는 것, 즉 둘 (혹은 그 이상)의 성과들이 동일한 거시경제 팩터들이나 혹은 팩터에 의해 움직인다는 의미입니다. 역으로, 투자들이 서로 반대로 거래되는 경우, 최저 -1까지의 상관관계가 나타날 수 있습니다. 앞서 언급했던 CEM 2019 연구는 분석 대상인 12개 자산군 간의 상관관계도 계산했습니다. 그림 2.3에서처럼, 리츠와 비상장(사모) 부동산의 수익률은 +0.91의 높은 상관관계를 보인 반면, 리츠와 미국 장기채권(-0.03), 사모펀드(+0.49), 다른 미국 주식

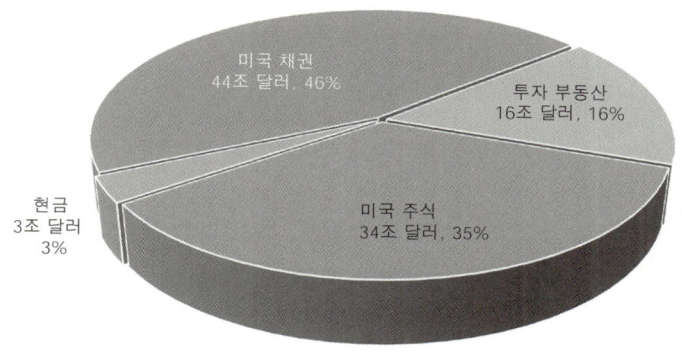

그림 2.2 미국에서 세 번째로 큰 자산 유형인 투자 부동산
출처: 주식 및 채권 데이터는 미국 연방준비제도이사회, 미국 재무 계정, 2018Q4에서, 상업용 부동산 시장 규모 데이터는 CoStar 부동산 데이터에 대한 Nareit 분석 및 상업용 부동산 시장 규모에 대한 CoStar 추정치, 2018Q4를 기반으로 함. Nareit®의 승인 하에 재가공되었으며, Nareit 웹사이트에 명시된 이용 약관(제 9항 포함, 이에 국한되지 않음)에 따라 사용.

(+0.53~+0.62) 간의 상관관계는 상대적으로 낮은 것으로 나타났습니다.

탁월한 위험조정수익

투자 위험조정수익이란 위험을 반영하여 조정된 총수익을 말합니다. 위험은 해당 수익의 획득과 연관되어 있는 변동성으로 측정됩니다. 1966년, 윌리엄 F. 샤프(William F. Sharpe)에 의해 감수한 위험의 각 단위당 투자자가 얻은 수익을 정량화할 수 있는 샤프지수(=샤프비율, Sharpe Ratio)가 개발되었습니다. 본래 샤프지수는 특정 투자의 예상 수익과 비슷한 기간 동안의 무위험 자산 수익(리츠는 10년 만기 미국 국채 수익률)과의 차이를 구한 후 이를 투자의 표준편차로 나누어 계산합니다. 샤프지수가 높게 나타날수록 위험조정수익이 더 높고 좋은 것입니다.

CEM 2019 연구는 12개 자산군의 위험-조정수익률도 비교하였는데, 미국

주요 상관관계 (1998 – 2017)

	REITs	Private Real Estate	US Long Bonds	US Large Cap	US Small Cap	Non-US Equities	Private Equity	Hedge Funds
REITs	1.00	0.91	–0.03	0.53	0.62	0.56	0.49	0.50
Private Real Estate		1.00	–0.06	0.47	0.57	0.54	0.53	0.43
US Long Bonds			1.00	–0.41	–0.51	–0.50	–0.61	–0.30
US Large Cap				1.00	0.92	0.89	0.85	0.92
US Small Cap					1.00	0.88	0.89	0.79
Non-US Equities						1.00	0.89	0.85
Private Equity							1.00	0.79
Hedge Funds								1.00

그림 2.3 리츠와 기타 투자의 주요 상관관계
출처: CEM 벤치마킹, 2019. Nareit®의 승인 하에 재가공되었으며, Nareit 웹사이트에 명시된 이용 약관(제9항 포함, 이에 국한되지 않음)에 따라 사용.

　채권을 제외하고는 리츠가 가장 높은 샤프지수를 가지고 있어 리츠가 평균 이상의 수익에 적절한 변동성을 갖고 있음이 입증되었습니다. 이 연구에서 리츠보다 높은 위험조정수익을 보인 자산군은 오직 둘뿐이었는데, 모두 장기간(long duration)의 고정 수익 투자(fixed income investments) 특성을 가지고 있었습니다. 두 채권들의 높은 샤프지수는 적절한 수익률과 극히 낮은 변동성의 조합 덕분입니다. 그림 2.4는 이 연구 결과를 보여줍니다.

　리츠가 상당히 좋은 위험조정수익을 보여주고 있기에 투자자가 투자 포트폴리오의 일부를 리츠 부문에 배분해야 할 필요가 있다고 할 수 있습니다. 배분은 전체 포트폴리오 금액의 몇 퍼센트가 하나의 자산 클래스에 투자되어 있는가를 보여줍니다. 예를 들어 개인이라면 포트폴리오의 20%는 리츠에, 40%는 주식에, 40%는 채권에 배분(투자)할 수 있습니다. 지난 수십 년 동안 다각화의 이점을 극대화할 수 있는 리츠 배분 결정에 대해 많은 연구가 있었습니다. Nareit의 웹사이트 www.reit.com에 그 연구 개요들이 있습니다.

　Nareit도 월셔 어소시에이츠의 리츠 포트폴리오 배분 연구를 지원했습니다. 2016 월셔 보고서(2016 Wilshire Report), "특정 목표일 펀드 자산배분에서의 리

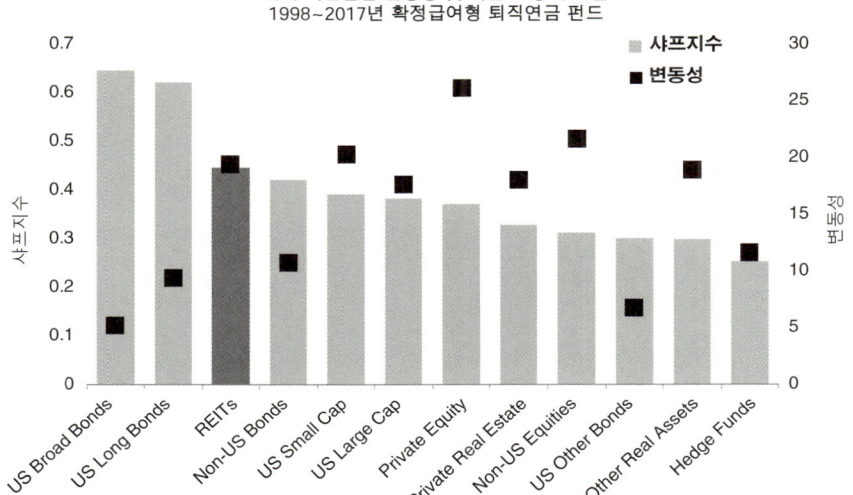

그림 2.4 자산 유형별 위험조정수익률 및 변동성
출처: CEM 벤치마킹, 2019. Nareit®의 승인 하에 재가공되었으며, Nareit 웹사이트에 명시된 이용 약관(제9항 포함, 이에 국한되지 않음)에 따라 사용.

츠 및 상장 부동산 주식의 역할(The Role of REITs and Listed Real Estate Equities in Target Date Fund Asset Allocations)"에서 최적의 포트폴리오는 자산의 최대 17%를 리츠에 배분한 것이라고 발표했습니다. 이 연구에서 리츠를 포함하여 다각화한 포트폴리오는 리츠를 포함하지 않은 유사 포트폴리오보다 9bp 더 낮은 위험 및 33bp 더 높은 수익을 창출했습니다. 언뜻 보기에는 0.33%가 보잘 것 없어 보이겠지만 시간이 흐를수록 부가 수익은 누적되며 점점 더 커집니다.

유동성

상장 리츠를 통해 투자자는 직접적인 부동산 투자에 수반되는 유동성(liquidity) 위험을 감수하지 않고도 포트폴리오에 부동산 수익을 추가할 수 있습니다. 증권거래소에서 거래되고 있는 리츠의 보통주들은 금융자문사나 온라인 거래 서비스에서 다른 주식들처럼 실시간으로 매매할 수 있습니다. (단, 비거래인 상장 리츠와 비상장 사모 리츠에는 즉각적인 유동성이 없는데, 이 구조에 대해서는 8장에서 설명하겠습니다.) 반면, 부동산에 대한 직접 투자는 매도에 몇 개월, 때로는 몇 년이 걸립니다. 그러므로 공개적으로 거래 가능한 상장 리츠야말로 투자자가 융통성 있게 부동산 기반 투자에 참여할 수 있는 기회라고 하겠습니다.

인플레이션에 대한 헤지

지분형 리츠의 영업 마진은 인플레이션의 영향으로부터 방어가 잘 되는 편입니다. 부동산을 임차인에게 빌려주는 임대는 임대차 계약 조건에 따라 이루어집니다. 리츠의 영업 마진은 제조 회사의 매출(총)이익(gross margin)과 비슷합니다. 부동산 수익이 매도(sales), 부동산 운영 비용(부동산 관리비나 급여, 각종 공과금, 세금, 보험 포함)이 매출원가(cost of goods sold)입니다. 5장에서 논의하겠지만, 대부분의 임대차 계약에서 다양한 부동산 운영 비용에 대해 비용 발생 후 임대인이 임차인에게 청구할 수 있도록 규정되어 있습니다. 다시 말해 임차인의 운영 비용 상환에 대해 기준 연도 수준을 지나 이루어지도록, 즉 운영 비용의 인플레이션 위험이 임차인에게 전가될 수 있도록 합니다. 트리플 넷 임대(triple-net leases)의 경우 운영 비용에 대한 지불 의무가 임대인에게 아예 없습니다. 세입자가 대신 직접 비용을 지불합니다. 아파트 임대의 경우에는 보통 1년 단위로 계약이 이루어지므로 인플레이션에 따른 비용 상승에 맞춰 임대인이 임대료를 인상할 수 있습니다. (이를 시장가 반영(marketing-to-market)이라고도 합니다.) 결과적으로 리츠는 인플레이션이 반영된 수익을 얻게 되어 인플레이션 시기의 리츠 주식 투자 수익이 상당히 좋게 됩니다.

표 2.3은 2019 윌셔 분석(2019 Wilshire Analysis)에서 발췌한 것으로 여

표 2.3 총수익률이 인플레이션 수준을 충족하거나 초과한 롤링 기간의 백분율: 1975–2018

	FTSE Nareit All Equity REITs Index	S&P GSCI Total Index	S&P 500 Index	Barclays Capital U.S. TIPS Index*
6개월 롤링 수익률	73%	56%	70%	65%
12개월 롤링 수익률	76%	56%	76%	70%

* Barclays Capital US TIPS 지수는 1997년 10월 1일에 시작.

2019 윌셔 분석과 Nareit®의 승인 하에 재가공되었으며, Nareit 웹사이트에 명시된 이용 약관(제9항 포함, 이에 국한되지 않음)에 따라 사용.

출처: 윌셔 컴패스.

러 투자들, 즉 리츠, 원자재(S&P GSCI 총 지수로 표기), S&P 500 지수, 팁스(Treasury Inflation Protected Securities: TIPS)가 얼마나 자주 인플레이션을 넘는 총수익을 거뒀는가를 보여줍니다. 퍼센트 수치가 높을수록 그 투자가 인플레이션을 잘 방어 또는 헤지한 것입니다. 1975년부터 2018년까지 리츠의 총수익은 6개월 기준으로는 73%, 12개월 기준으로는 76% 이상의 기간 동안 인플레이션을 넘어섰습니다. 인플레이션을 초과하는 총수익을 창출해낸 리츠의 능력은, 6개월 기준으로는 70%, 12개월 기준으로는 76% 이상의 기간 동안 인플레이션을 넘어선 S&P 500 지수를 소유한 것과 비견할 만한 것입니다. 투자자들에게 크게 놀라웠던 결과는 리츠가 원자재보다도 훨씬 더 효과적인 인플레이션 헤지 수단이었다는 사실이었습니다. 6개월과 12개월 기준에서 원자재 수익이 인플레이션을 초과했던 시기는 56%에 불과했습니다.

투명한 기업 구조

리츠 산업의 성과는 매우 투명하다고 말할 수 있습니다. 임대 수익을 만드는 부동산과 임대차 계약이 명백하게 유형화되어 있고 상장된 리츠에 대해서는 매분기마다 애널리스트와 투자자들에 의해 엄중한 감시가 이루어지고 있습니다. 미국에는 리츠에 대한 주식 조사 연구를 위해 한 명 이상의 주식 애널리스트가 고용되어 있는 수십 개의 회사들이 있습니다. S&P Global Market Intelligence의 정보에 따르면 2019년 말 기준 FTSE Nareit All REITs 지수에 포함된 219개 리츠 중 66개의 리츠가 미국 최고 신용평가기관에서 평가한 상장 채권(public fixed income securities) 발행에 적합한 자격을 갖추고 있었습니다. (9장에서 투자등급과 비투자등급의 리츠 유가증권들에 대해 자세히 알아볼 것입니다.) 이 회사들이 리츠 산업 주식 시가 자본에서 차지하는 비중은 거의 74%에 달하는데 각 회사마다 적어도 한 명의 채권 애널리스트가 분기별 실적에 대해 엄격한 감시를 실시하고 있습니다. 만일 어떤 매니지먼트팀이, 예를 들어 성장 자금 조달을 위해 단기변동금리부채를 사용한다든가 하는 의심스러운 비즈니스 관행을 추구했다면 애널리스트들 중 한 명이 바로 리포트를 작성해 투자자들에게 경고를 내릴 것이고 해당 리츠 주가는 결과적으로 하락을 면치 못하게 될 것입니다. 2001년 엔론코퍼레이션(구 뉴욕증권거래소(NYSE)에서의 ENE)의 회계 스캔들과 2008년 버니마도프의 폰지 사기의 여파로 투자자들은 역사적으로 리츠 현금흐름에 대한 명백한 투명성과 주식 및 채권 애널리스트 커뮤니티의 일상적 감시를 안심 기반으로 삼게 되었습니다.

둘째, 리츠는 그것의 과세대상 소득 중 적어도 90%를 지급하도록 되어 있는데 100%나 그 이상을 지불해야 하는 리츠들도 꽤 많습니다. 배당금 지급이 반드시 현금으로 이루어져야 하기에 (예전엔 IRS가 배당금 지급을 위해 리츠가 새 주식 발행을 할 수 있도록 허용했었음), 유보이익(limited retained earnings)이 제한된 상태로 리츠 운영이 이루어지고 재정적 성장을 위해 리츠들은 격년마다의 새 공모 주식 상장을 보편화시켰습니다. 성장을 위해 상장주식을 추가로 발행하는 것은 리츠의 독특한 특성입니다. 리츠가 아닌 상장기업들 대부분이 기업공개(Initial Public Offering: IPO)를 거쳐 지분 증가를 한 번만 합니다. 이러하기에 리츠는 뛰어난 성과를 보여야 합니다. 리츠의 성장 전략 실행을 돕는 새 주식 매수에 대해 투자자들의 관심이 유지되어야 할 필요가 있습니다.

매니지먼트팀이 주식 발행 인수를 위해 어떤 그룹 또는 월스트리트의 회사를 선택하든 간에 리츠는 투자 은행의 실사 과정에서 또다른 수준의 엄정한 조사를 받습니다. 2014년 아메리칸리얼티캐피털프로퍼티즈(American Realty Capital Properties, 구 뉴욕증권거래소에서의 ARCP)의 회계 부정에서처럼, 리츠 산업이 스캔들에서 완전히 자유롭지는 못했지만 그럼에도 불구하고 리츠 세계에서 사기 사건이 발생한 적은 거의 없었습니다. 배당금 지급 능력에 지장을 주지 않으면서 애널리스트 커뮤니티나 인수자들에게 들키지 않고 리츠의 매니지먼트팀이 장기간 회계 부정을 숨기기란 불가능합니다. 리츠 운영 방식에 대한 엄정한 조사와 배당금 지급 요건이 리츠 경영에 부과하는 규율 덕분에 리츠는 상당 수준의 위험조정수익을 주면서도 매우 투명한 투자 유형으로 자리잡았습니다.

결론

투자자들이 리츠에 끌리는 데는 많은 이유가 있습니다. 상당히 우수한 배당 수입과 장기 총수익, 즉각적인 유동성, 보다 나은 다각화된 포트폴리오가 그 이유에 포함됩니다. 리츠에 투자하면 투자 포트폴리오의 위험은 낮아지고 투자 수익은 높아집니다. 부동산 투자는 주식 및 채권과 다른 독특한 동인을 가진 고유의 자산 클래스입니다. 리츠의 보통주에 투자하면 직접적인 부동산 소유 관련 유동성 위험은 피하면서 부동산 투자 수익을 도모할 수 있습니다.

3장

부동산 펀더멘탈

상업용 부동산과 주거용 부동산 소유는 완전히 다르다

　　부동산에서도 미국 경제에서 나타나는 사이클이 나타납니다. 그런데 상업용 부동산과 주거용 부동산의 사이클은 완전히 다른 양상을 보입니다. 상업적인 소득-창출 부동산은 소득 창출을 위한 투자 공정인데 반해, 소유자의 주거용 부동산(주택, 타운홈, 콘도)은 자동차처럼 소유자가 사용하는 자산이기 때문입니다. 주거용 부동산 투자로 수익을 올리기 위해 선택할 만한 유일한 방법은 자동차를 생산하는 자동차 제조업체의 주식을 사듯 주택을 짓는 주택건설회사들의 상장주식 매수뿐입니다. 반면, 상업적인 소득-창출 부동산의 경우에는 두 가지의 독자적 사이클인 현물 사이클과 금융 사이클의 영향을 고려해야 합니다. '현물시장 사이클(Physical Market Cycle)'은 각각의 시장과 부동산 유형 안에서 사용자(공간에 대한 수요자)와 개발자, 그리고 소유자(공간에 대한 공급자)가 만들어내는 상호작용에서 발생합니다. 수익의 증가는 점유율 상승이나 임대료 상승을 통해 얻습니다. '금융시장 사이클(Financial Market Cycle)'은 상업용 부동산 가격에 대해 나타납니다. 가격을 좌지우지하는 자본 시장(부동산 구매자와 판매자의 상호작용)은 1970년대의 지역 규모에서 1980년대에는 전국 규모로, 1990년대의 상장회사들(리츠)의 등장과 함께 2000년대 초반 즈음에는 전 세계적인 규모로 진화하였습니다.

현물시장 사이클

　　부동산 사이클에 대해 시간차를 두고 미국 경제 사이클을 반영하는 거울이라고들 합니다. 생산을 위한 네 가지 요소(토지, 노동, 자본, 원자재) 중 하나인 부동산 수요는 경제 성장에 필수적이고도 중요한 부문입니다. 전 세계 인구가 증가하면서 더 많은 사람들이 일하고 쇼핑하고 먹고 놀고 자고 기도하고 무언가를 보관할 수 있는 장소가 필요해졌습니다. 필요 공간의 양이 덩달아 증가했습니다. 부동산이 사이클 산업이라는 데에 영향을 주는 가장 큰 요인은 공간에 대한 수요가 경제 사이클, 특히 고용의 성장에 영향을 받는다는 사실에 근거를 두고 있습니다. 다음 요인은 수요 증가에 대한 공급의 대응이 즉각적이지도 효율적이지도 않다는 점에서 찾을 수 있습니다. 이같은 지연이 있게 되는 까닭은 부동산 개발과 건설에 상당한 시간이 걸리기 때문입니다. 현물 부동산 사이클에 변동성이 생기는 이유를 다시 한번 정리해 보겠습니다. 경제 고용 사이클이 부동산 수요 증가에 영향을 주는 첫 번째 요인이고, 수요 증가와 공간 공급 반응 사이의 시간 지연이 두 번째 요인입니다.

　　현물시장 사이클은 비교적 쉽게 추정할 수 있습니다. 수요 변수들(고용 데이터와 인구 증가 데이터로부터 추정)과 공급 변수들(부동산 프로젝트 개발 계획 제출, 개발 허가, 건설 시작, 건설 완료 데이터로부터 추정) 모두 미국의 국내 데이터 자료에서 쉽게 얻을 수 있습니다.

향상된 투명성

　　1990년대와 비교하여 미국 부동산 시장과 부동산 시장 사이클이 훨씬 더 투명해졌습니다. CoStar, REIS, CB Commercial, Jones Lange LaSalle 등에서 미국 내 366개의 대도시 통계 지역(Metropolitan Statistical Area: MSA)에 대한 구매 가능한 미국의 데이터 소스들을 많이 내놓고 있습니다. 그러나 한 특정 도시에 대한 데이터를 얻고자 하는 투자자라면 관심 부동산 유형을 전문으로 취급하는 현지 부동산 중개인을 만나는 게 좋습니다. 중개인과 잘 협력하면서 정보를 무료로 얻을 수 있기도 합니다. 데이터에는 다음의 핵심 변수들, 즉 임대 증가로 측정되는 임대 공간 감소(space absorption), 점유율/공실률(occupancy/vacancy rate), 임대료(rental rate)가 반드시 포함되어 있어야 합니다.

점유율과 공실률은 서로 부의 관계에 있습니다. 100%에서 공실률을 빼면 점유율이 됩니다. 이를 통해 점유율과 임대료의 관계를 보다 분명히 볼 수 있습니다. 그림 3.1은 역사적으로 중요한 미국의 오피스 점유율과 임대료 상승 사이의 관계를 나타낸 것입니다. 오피스 점유율은 1982년, 1999년, 2006년, 2019년에 각각 최고점을 보였습니다. 과거 점유율과 임대료 상승의 상관관계는 76%로, 임대료 상승의 최정점과 각 점유율 사이클의 최정점이 일치하거나 근접해 있음을 볼 수 있습니다. 전국의 오피스 점유율 평균이 장기 평균인 88% 이상일 때 임대 성장은 항상 플러스이자 인플레이션율(rate of inflation) 초과를 기록했습니다. 점유율 사이클의 하락기와 최저점이었던 1991년, 2002년, 2009년에는 임대 성장이 마이너스 상태였으

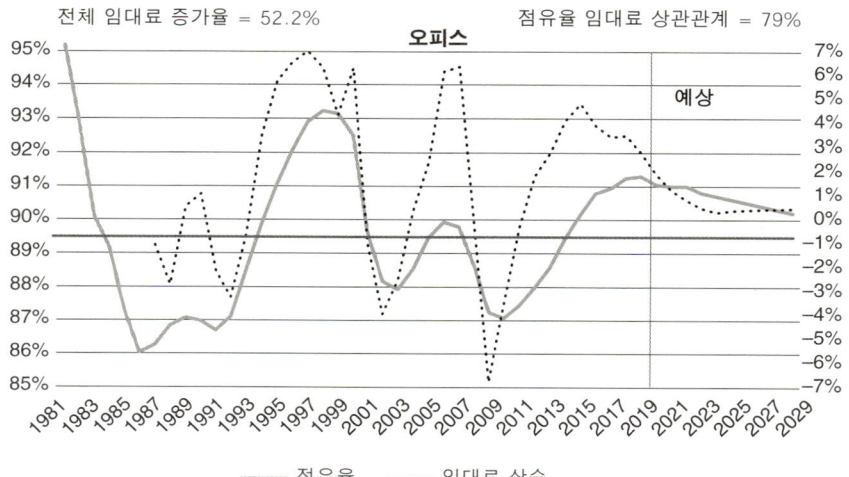

그림 3.1 오피스 점유율 및 임대료 증가율
출처: CoStar 4Q2019와 Mueller.

며 당시 임대인들은 임대료를 내려 임차인을 유치하고자 했습니다.

과거 점유 사이클에 대해 연구한 뮤엘러 부동산 시장 사이클 논문(Real Estate Finance, 1995)에는 과거 16년간의 오피스 점유 사이클 그래프 위에 16개의 지점을 표시한 그래프가 있습니다. 그림 3.2는 과거 30년간의 평균 오피스 임대료 증가율을 사이클의 각기 다른 점에서 제시한 그래프입니다. 상업용 부동산 시장은 경제 사이클과 현물 공간에 대한 수요 공급 간의 지연 관계로 인해 사이클이 발생합니다. 이처럼 장기 점유율 평균은 시장에 따라 그리고 부동산 유형에 따라 다르게 나타납니다. 장기 점유율 평균(그림 3.2의 점 #6과 #14)은 임대 성장률을 결정하는 핵심 요소입니다. 점유율 상승에 임대료 상승을 합한 총합이 각 부동산 자산의 수익 상승분이 됩니다.

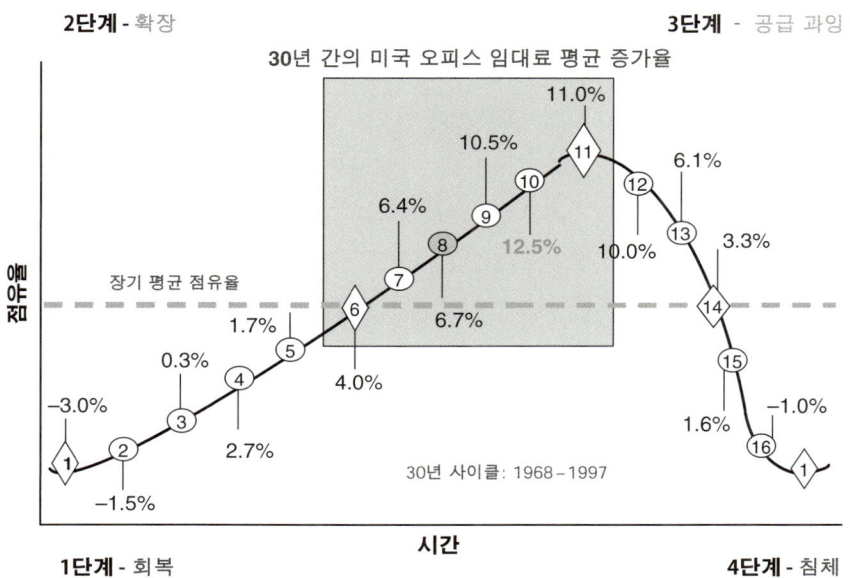

그림 3.2 주기별 임대료 증가율
출처: Mueller, 부동산 금융, 1995.

수요와 공급의 상호작용에 대한 이해가 중요합니다. 사이클 최저점에서 회복, 1단계가 시작될 때 시장은 이전으로부터의 신규 건설로 인한 공급 또는 수요의 마이너스 성장으로 인한 일종의 공급 과잉 상태에 있게 됩니다(그림 3.2 참조). 이 최저점에서 점유율은 바닥, 공실률은 최고조에 이릅니다. 대체로 시장의 최저점은 이전 사이클에서 시작된 과잉 건설이 멈출 때 나타납니다. 사이클이 최저점을 지나면 수요가 증가하며 기존의 공급 과잉을 서서히 흡수하기 시작하는데 이때 신규 공급의 증가가 이루어지는 경우는 전혀 혹은 거의 없습니다. 과잉 공간이 흡수되고 점유율이 증가하면서 시장의 임대료가 안정화됩니다(심지어 상승이 시작되기도 합니다). 회복 단계가 한동안 지속되면 시장에 대해 긍정적인 임대인들이 느린 속도로 (주로 인플레이션율 이하로) 임대료 인상을 시작합니다. 결국 각 지역 시장은 임대 성장(rental growth)과 인플레이션이 같은 장기 점유율 평균(long-term occupancy average)에 이르게 됩니다.

확장, 2단계에서는 수요가 지속적인 증가세를 보이면서 추가 공간에 대한 수요가 생깁니다. 점유 수준이 장기 점유율 평균 이상으로 상승하면 시장 공급이 부족해지고 있다는 신호가 뜨고, 신규 건설에 필요한 비용 지불이 가능한 임대료 수준(cost-feasible rent level)(그림 3.2의 #8)에 도달할 때까지 임대료가 급격히 상승합니다. 공급이 부족해지는 시기에 경험하게 된 이같은 임대료 급등에 대해 일부 관측통이 '임대료 스파이크'라고 명명했습니다. (어떤 디벨로퍼들은 비용 지불이 가능한 임대료를 예상하고 자금을 동원해 투기 건설을 시작하기도 합니다.) 시장에서 비용 지불이 가능한 임대료 수준(사이클 그래프의 #8 지점)에 도달한 후에도 수요의 성장은 여전히 공급의 성장을 상회합니다. 건설에 걸리는 시간으로 인해 새 공간 공급에 지연이 발생하기 때문입니다. 확장 기간은 장기전이 될 수 있습니다. 과거 많은 부동산 사이클이 전반적으로 느리고 장기적인 오르막길과 같았습니다. 수요 성장이 공급 성장보다 높은 상태가 지속되면서 공실률이 떨어졌습니다. 사이클의 최고점은 수요와 공급이 동일 비율로 증가하거나 평형을 이룰 때입니다. 평형 전까지는 수요 성장이 공급을 앞섭니다. 평형 이후에는 공급의 성장이 수요를 앞서기 시작합니다.

부동산 사이클의 공급 과잉, 3단계는 수요와 공급 성장률이 같아진 정점/평형점 #11 이후 시작됩니다. 점유율이 가장 높고 장기 평균을 훨씬 넘어선 강하고 타이트한 시장에 참여하고 있는 대부분은 이 정점/평형점을 지났는지에 대한 인식이 없습니다. 3단계에서는 공급의 성장이 수요를 앞지르는 과잉공급(hypersupply)으로 인해 점유율이 장기 점유율 평균 수준으로 돌아갑니다. 고통스러운 공급 과잉은 없지만 이 기간 동안 완성되는 신축 건물들은 임차인을 시장에서 유치하기 위해 경쟁을 시작하고 점점 더 많은 공간이 시장에 공급되면서 임대료 상승이 둔화됩니다. 시장 참여자들은 시장이 하락세로 돌아섰음을 점점 깨닫게 되며 신규 건설 약속을 미루거나 중단합니다. 신규 공급이 수요보다 빠르게 증가해 장기 점유율 평균을 지나면서 시장은 IV단계에 빠집니다.

침체, 4단계는 높은 공급 증가와 낮거나 마이너스인 수요 증가로 인해 시장이 장기 점유율 평균 이하로 떨어졌을 때 시작됩니다. 시장의 하락 사이클의 정도는 시장의 공급 증가와 수요 증가의 차이(초과)에 의해 결정됩니다. 대량의 초과공급이 마이너스 수요 증가(1984년 시장이 장기 입주율 평균을 통과하면서 시작)와 맞물리면서 미국 오피스 시장은 사상 최대의 하락-사이클에 들어섰었습니다. 4단계에서 임대인은 경쟁력 없는 임대료로는 시장 점유율을 잃을 수 있다는 것을 빠르게 깨닫고 임차인 확보를 위해 임대료를 더 낮춥니다. 그렇게 낮은 임대료로는 건물에 들어가는 고정 비용을 간신히 충당할 수 있는 정도라도 말입니다. 이 시기에는 시장 유동성 또한 낮거나 아예 존재조차 하지 않습니다. 부동산 가격에서의 매수-매도 호가 차이가 너무 커서입니다. 이 사이클이 마침내 바닥에 도달하게 되는 시점은 신규 건축과 완공이 중단될 때, 또는 수요의 증가가 시장의 신규 공급 증가 속도보다 높아지기 시작할 때입니다.

투자자는 시장이 현물 사이클의 어느 지점에 와 있는가를 파악하고 있어야 합니다. 수요와 공급은 본래 매우 지역적이라는 점을 기억하십시오. 뉴욕의 오피스 수요, 공급, 점유율, 임대료가 보스턴의 오피스 펀더멘탈과는 매우 다를 수 있습니다.

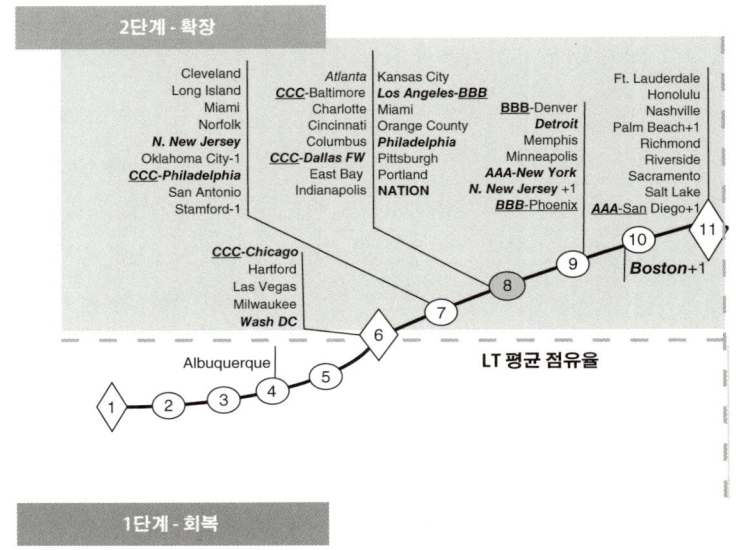

그림 3.3 오피스 시장 주기 예측 / 출처: Glenn Mueller, Ph.D.

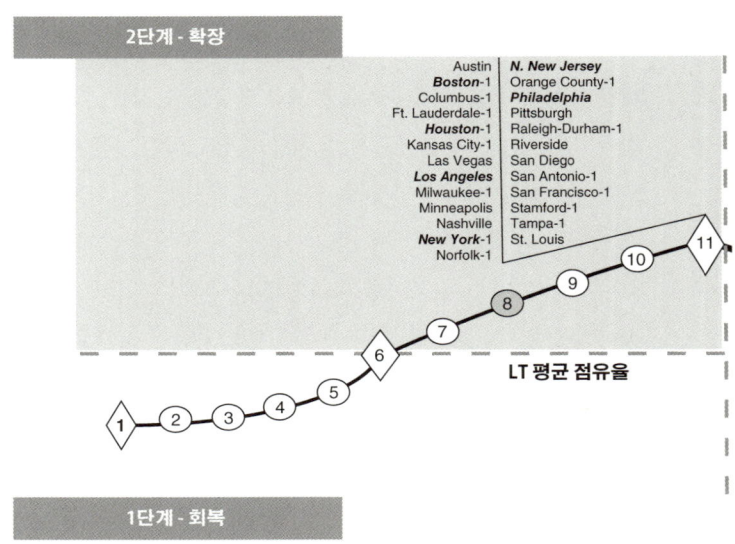

그림 3.4 아파트 시장 주기 예측 / 출처: Glenn Mueller, Ph.D.

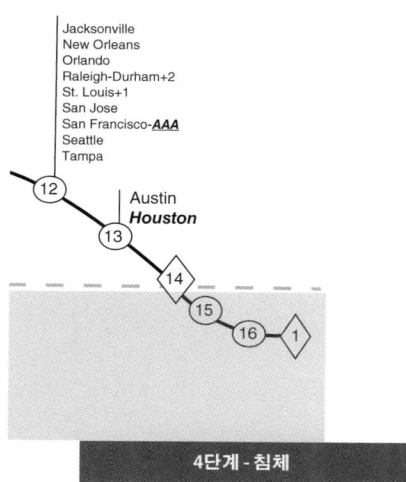

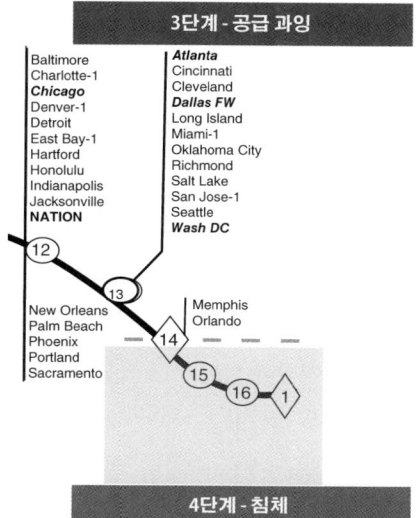

그림 3.3은 미국 54개 대도시와 2019년 4분기에 그 도시들이 위치한 사이클의 지점을 보여줍니다. 이처럼 인플레이션을 넘은 임대료 증가가 이루어지려면 시장이 사이클에서 성장 및 공급 과잉 단계에 있어야 합니다. 도시 이름 오른쪽 옆에 적혀 있는 숫자는 이전 단계에서 이동한 정도를 나타냅니다. (시장은 사이클의 앞으로도 뒤로도 움직일 수 있습니다.) 그리고 가장 큰 시장들이 굵은 글씨와 이탤릭체로 표시되어 있습니다. 사이클 그래프 상의 총 54개 시장들 중에서 단 11개의 오피스 시장이 50%를 구성하고 있습니다. 사이클에 관한 보고서는 www.du.edu/burnschool에서 확인할 수 있습니다.

다음을 주목해 봅시다. 먼저 오스틴은 초과공급(oversupply)으로 인한 과잉공급(hypersupply) 상태(그래프에서 #13)에 있습니다. 테크놀로지 기업들에 의한 오피스 수요가 있었는데 건설업자들이 필요 이상으로 공급을 했습니다. 반대의 경우임에도 휴스턴 역시 #13에 있습니다. 휴스턴에는 저유가로 인한 해고로 인해 석유산업 오피스 수요가 몇 년째 감소했습니다.

투자자는 대상 리츠들이 투자한 시장을 분석함으로써 다양한 리츠들의 잠재 수익 증가 가능성을 비교 분석할 수 있습니다. 그림 3.3에 세 군데의 오피스 리츠를 나타내는 세 개의 가상 주식 티커들이 있는데 이들 오피스 리츠가 대부분의 부동산을 소유한 시장 옆에 배치되어 있습니다. 투자자는 현재 자신의 포트폴리오가 오피스 사이클 어디에 부합하는지를 볼 수 있습니다. REIT CCC는 사이클 그래프에서 4, 6, 7, 8번 지점, 즉 현재 낮거나 중간 정도의 임대료 증가가 있고 장기적 평균에 해당하는 점유율을 보여주고 있는 지점에 해당하는 시장에 부동산을 보유하고 있습니다. REIT BBB는 사이클 그래프에서 8번과 9번 지점의 시장에 있는 부동산을 보유하고 있어 평균 이상의 점유율 수준과 인플레이션보다 높은 임대료 증가가 이루어지고 있음을 알 수 있습니다. REIT AAA는 사이클 그래프에서 10, 11, 12번 지점, 즉 점유율이 정점에 도달해 있고, 약간의 초과공급(점유율 감소)이 보이기 시작했으며, 현재 가장 높은 임대료 증가를 보여주고 있어 앞으로 임대료 증가가 둔화될 위험이 있고,

수익 증가도 완만해지는 지점에 있는 시장에 부동산을 소유하고 있습니다.

또한 각각의 주요 부동산 유형은 모두 다르다는 사실을 짚고 넘어갈 필요가 있습니다. 그림 3.4에서 아파트의 사이클은 미국 전역의 많은 도시에서 새 아파트의 공급이 너무 많이 이루어져 많은 시장들이 공급 과잉 단계에 위치해 있음을 보여줍니다. 언뜻 보기에는 바람직하지 않아 보이지만 앞에서 보았듯이 사이클의 공급 과잉 단계에서 임대료 증가율은 여전히 플러스였음을 기억해 봅시다. 그러나 성장률 속도는 느려지거나 둔화되면서 소득 증가율은 낮아지고 있습니다.

네 가지 주요 부동산 유형인 오피스, 산업, 소매, 아파트에 대한 분기별 부동산 시장 사이클에 관한 보고서 사본은 du.edu/burnsschool에 있습니다.

금융시장 사이클

어떤 투자에서든 총수익에서 소득 다음으로 중요한 요소는 투자 자산의 가격 상승 또한 하락 여부입니다. 자본의 이동(부동산으로 들어오거나 나가는 돈)은 개인이 직접 소유한 부동산뿐 아니라 상장되어 거래 가능한 리츠와 다른 모든 투자 자산군(예: 주식과 채권) 가격에 영향을 미치는 주요 요인입니다. 자본이 들어오면 가격은 상승하고 자본이 다른 자산군으로 빠져나가면 가격은 하락합니다. 자본의 이동은 비상장주식, 상장주식, 대출, 사채, 이 네 가지 유형을 매개로 이루어집니다.

자본의 이동은 추적이 어렵고 예측은 더 어렵습니다. 우리가 알고 있는 어떤 통계도 투자자들의 감정과 전망을 포착하지 못했습니다. 가장 큰 부동산 거래 데이터의 주요 출처는 Real Capital Analytics, Inc.(www.rcanalytics.com)로서, 2001년부터 미국에서 250만 달러 이상 규모의 모든 상업용 부동산 거래를 추적해 왔습니다. CoStar Group(NASDAQ: CSGP, www.costar.com)에서도 자본 이동을 추적합니다. 두 기관 모두에서 가격, 자본환원율, 구매자, 판매자, 기타 중요 정보에 관한 데이터를 제공하고 있습니다. 그림 3.5에서 상업용 부동산 가격 지수(CPPI)가 과거 14년이 넘는 기간 동안 자본 이동의 규모를 매우 상세히 파악해 오고 있음을 알 수 있습니다.

그러나 그림 3.6에서 볼 수 있듯이 모든 부동산 유형이 다같이 움직이는 것이 아닙니다. 2019년에 오피스와 아파트 가격은 2007년의 최고가를 훌쩍 넘어섰지만 다른 부동산 유형들은 아니었습니다. 투자자는 모든 현지 시장 거래 보고서(예: Real Capital Analytics에서 나온 보고서)를 검토한 후에 가격 동향 분석의 수행과 더불어 다른 부동산 유형과의 등급(A, B 또는 C 등급 부동산) 구별을 시도할 필요가 있습니다.

2020년 초 같은 경제 성장 시기에는 지속적인 경제 성장과 양호한 점유율 및 임대료 상승이라는 긍정적인 물리적 펀더멘털이 많은 투자자들을 지속적으로 부동산으로 끌어들이며 자본환원율은 낮아지고 가격은 높게 유지될 것이라는 업계 애널리스트 다수의 예상이 이루어집니다. 그러나 가격절상이 점유율 및 임대료 펀더멘털

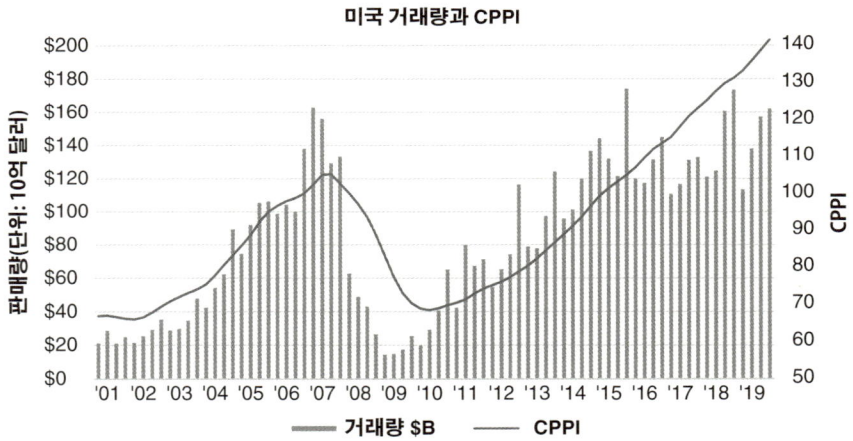

그림 3.5 분기별 부동산 자본 흐름
출처: Real Capital Analytics, Inc., 2020년 1월.

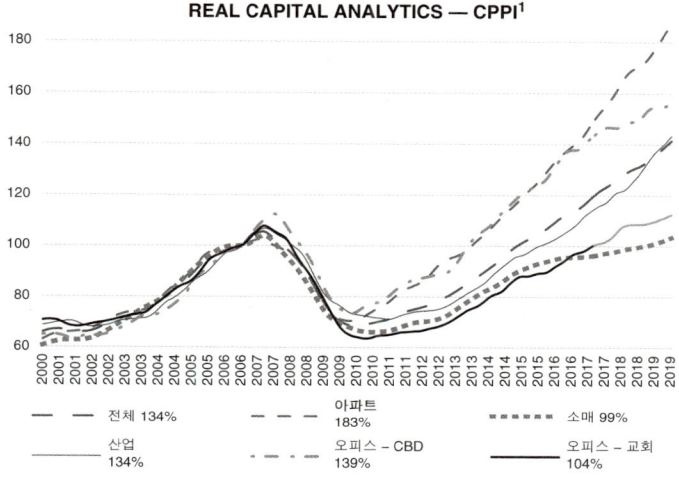

그림 3.6 상업용 부동산 가격
[1] CPPI(Commercial Property Price Index)는 전국 단위 주요 부동산에 대한 상업용 부동산 가격 지수.
출처: Real Capital Analytics, Inc., 2019년 2월.

을 너무 많이 초과하면 가격 조정이 일어납니다. 경제와 현물시장 사이클의 펀더멘탈이 안정적이어도 말입니다. 역사적으로 상장주식 가격은 단기적으로는 뉴스의 좋고 나쁨에 반응하였지만 장기적으로는 이익 증가를 이끄는 펀더멘탈에 따라서 움직였습니다.

결론

부동산은 고정된 '단단한' 현물 자산으로 오랜 기간 존속하며 대개 이동이 불가합니다. 점유율과 임차료를 상승시켜 수익을 거둘수 있게 하는 주요 요소들에는 도시 현물시장 사이클에서의 위치 및 부동산 유형, 부분적 시장의 상태, 건축물의 질, 임차인의 질 등이 있습니다. 투자자가 좋은 투자 결정을 내리려면 미래 소득에 영향을 미치는 시장 움직임에 대한 지식을 갖출 필요가 있습니다. 현지 시장에 대한 예상을 적용하여 리츠들의 투자 선택을 분석하면 리츠의 수익 추정이 가능합니다.

부동산은 주식, 채권, 원자재 및 기타 자산군과 투자자의 달러를 두고 경쟁하는 자산 클래스입니다. 가격의 움직임은 예측이 어렵기 때문에 시장에서의 현재 거래 가격과 구매자와 판매자에 대해 잘 알고 있어야 합니다. 많은 외국인 투자자들이 미국을 투자의 안전한 피난처(safe haven)로 생각합니다. 법적 소유권에 관한 강력한 법규, 안정적 정부, 규모가 크고 광범위한 경제 덕분입니다. 과거를 살펴보면 부동산 투자를 충분히 오래, 즉 적어도 한 번의 완전한 사이클을 관통할 정도의 기간 동안 유지하면 좋은 성과가 있었습니다. 그러나 투자자가 어쩔 수 없이 매각을 해야만 했던 경우 마침 시장이 현물 또는 금융 사이클의 안 좋은 위치에 놓여 있었다면 손실을 입을 수 있었습니다. 현재 뉴스에 대한 감정적 반응으로 인해 상장 리츠 시장에 단기적으로 가격 변동이 생길 수 있습니다. 하지만 장기적 관점에서 리츠는 부동산 수익률 패턴을 직접 따르며 장기 수익을 창출해 왔습니다. 레버리지 효과와 리츠 운영자의 부동산 운영 및 포트폴리오 자산 구성 능력을 추가로 얻을 수 있다는 것은 또다른 이점입니다.

데이터 자료를 얻을 수 있는 웹사이트는 다음과 같습니다.

- CoStar: www.costar.com.
- CBRE Econometric Advisors: https://www.cbre-ea.com/.
- REIS Reports: www.reis.com.
- Dodge Global Network: http://programs.construction.com/dodge-global-network-sem/?utm_term=fw%20dodge&utm_campaign=PMC_Brand_DGN&utm_source=bing&utm_medium=paid%20search&msclkid=5c2b3d4ad2581e8bff2a679c65555e32.
- Homer Hoyt Institute: www.Hoyt.org.
- Real Capital Analytics: www.rcanalytics.com.
- CRE Finance Council: https://www.crefc.org/.
- Situs RERC: http://www.situs.com/services-2/situs-rerc/.

4장

리츠 배당금

2장에서 언급했듯이 채권이나 주식에 비해 매력적인 경상소득(current income)[1] 이야말로 많은 투자자들이 리츠에 맨 처음으로 가장 먼저 끌리는 이유입니다. 그러나 리츠의 배당수익률이 충분히 매력적이려면 꾸준히 지속적이어야 할 뿐만 아니라 시간이 갈수록 배당이 늘어나는 증가세도 보여 줄 수 있어야 합니다.

이 장에서는 리츠 주식의 배당수익률 계산 방법과 리츠 배당의 안전성 및 지속가능성 평가 방법에 대해 이야기하겠습니다. 또한 투자자라면 배당소득 세금을 납부해야 하므로 이 장에서 리츠 배당에 어떻게 세금이 부과되는지에 대해서도 살펴보고자 합니다.

마지막으로는, 보통주 배당보다 대개 높은 수익률을 제공하는 우선주 배당금을 중심으로 몇 가지 기본 사항들을 알아보겠습니다. 리츠 우선주, 그리고 채권 투자 시의 위험 및 보상에 관한 자세한 논의는 9장, "부동산 채무와 고정소득증권"에서 진행하겠습니다.

---

1 역주. 경상소득은 정기적으로 얻는 소득을 뜻합니다. 임금과 배당 등이 이에 속하며 선물이나 출산 지원금 같은 비정기적 소득은 비경상소득에 속합니다. current income이 배당은 포함하지만 이 개념은 주로 accrued income, 즉 주가 상승분처럼 현금화가 되지 않은 미실현소득과는 반대되는 의미를 갖습니다. 하지만 한국에서 이를 '경상소득'으로 주로 번역하므로 이에 따릅니다. 참고로 미국에서의 income 투자는 보통 꾸준히 반복되는 current income 목적의 투자를 의미합니다.

KKM 리츠

Krewson-Kelly Mueller 리츠 또는 KKM REIT(티커: KKM)는 이 장 이후 논의될 개념들을 설명하기 위해 이용할 가상의 회사입니다.

리츠 수익률

미국의 세금 코드에 따른 리츠로서의 자격을 획득하기 위해서 리츠는 투자자들에게 과세소득의 적어도 90%를 배당으로 지급해야 합니다. 이는 보통주 배당과, 우선주가 있는 경우 우선주 배당으로 이루어집니다. 이러한 분배 요건 때문에 리츠 주식의 경상이익(current income 혹은 current yield)은 미국 국채 및 회사채 같은 다른 수익 투자(income investment) 수익률보다 높은 경향이 있습니다. 그림 4.1은 리츠가 시간이 지남에 따라 투자자들에게 제공한 평균 수익률을 S&P 500 지수와 10년 만기 미국 국채 수익률과 비교하여 보여줍니다. 1977년에서 2019년 사이 리츠가 제공한 평균 수익률 7.1%는 같은 기간 동안 10년 만기 미국 국채의 평균 수익률 대비 110bp, S&P 500 지수 대비 440bp 높았습니다. 좀 더 최근인, 2019년 말 FTSE Nareit All REITs 지수의 수익률은 4.06%로, 10년 만기 미국 국채의 수익률 1.92% 대비 214bp, S&P 500 지수의 배당수익률 1.85% 대비 221bp가 더 높았습니다.

다른 주식과 마찬가지로 리츠의 현재 수익률은 가장 최근에 지급된 정기 배당금을 년 단위로 환산하여(분기별 배당이면 곱하기 4를, 월별 배당이면 12를 곱하여) 현재 주가로 나누어 얻은 값과 같습니다. 종종 리츠가 연말 즈음 특별 배당금을 지급할 때가 있습니다. 부동산 매각으로 인해 큰 이익을 실현한 경우 90% 배당 규칙을 준수하기 위해서입니다. 반복성이 없는 현금 지급이므로 이같은 특별배당금은 위의 수익률 계산에서 제외해야 합니다.

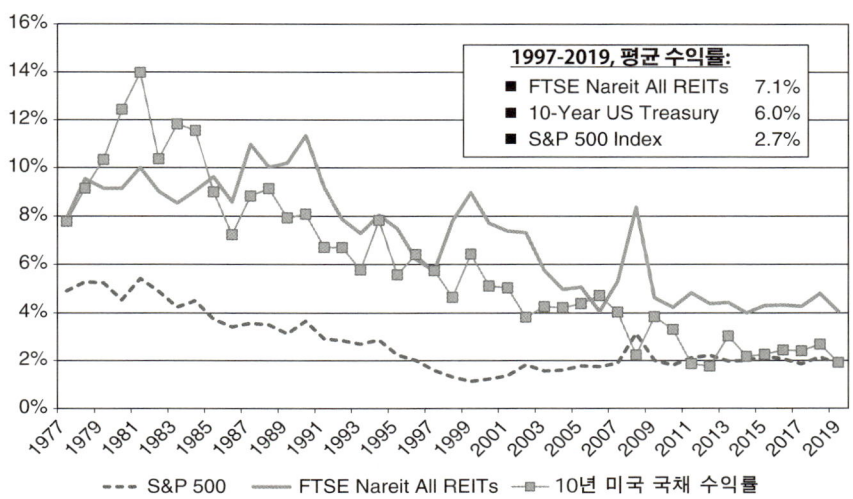

그림 4.1 리츠 수익률과 기타 투자 수익률 비교
출처: Nareit; 야후 파이낸스.

    비용 대비 수익률 개념에 대한 이해도 중요합니다. 많은 투자자들이 수년간 투자를 보유하기 때문입니다. 리츠 보통주의 경우 비용 대비 수익률은 현 시점의 년 단위로 환산된 보통주 배당을 취득가(cost basis, 즉 구매 가격)로 나누어서 계산합니다.

$$비용\ 대비\ 수익률 = \frac{현\ 시점에서의\ 분기별\ 배당 \times 4}{주주의\ 주당\ 비용\ 기준}$$

    예를 들어, 투자자가 KKM 리츠(KKM) 보통주에 2년 전 주당 10달러를 지불했다고 가정해 봅시다. 현재 KKM의 주가는 주당 15달러이고 분기별로 0.25달러의 배당금이 지급되고 있습니다. 분기별 배당을 연간으로 환산하면 1달러입니다. KKM의 현재 수익률은 6.7% (또는 $1 ÷ $15)지만, 투자자의 비용 대비 수익률은

4장. 리츠 배당금   77

10%로, 연간 배당금 1달러를 비용 기준 10달러로 나눈 값으로 계산합니다. 다른 대상에 투자하기 위해 이러한 리츠 주식을 매각할지의 여부를 평가할 때, 투자자는 10%의 비용 대비 수익률을 다른 투자의 현재 수익률과 비교하면 됩니다. 배당금이 증가하면 만기 고정인 채권의 수익률을 앞섭니다.

몇몇 리츠는 분기별 대신 월별로 배당을 지급합니다. 이러한 경우 현재 배당을 년 단위로 계산하려면 4가 아닌 12를 곱해야 합니다. 표 4.1은 2019년 말 월별로 배당을 지급하는 리츠들입니다.

표 4.1 월별 배당금을 지급하는 미국 리츠

AGNC Investment Corp. (AGNC)
American Finance Trust, Inc. (AFIN)
Apple Hospitality REIT, Inc. (APLE)
ARMOUR Residential REIT, Inc. (ARR)
Chatham Lodging Trust (CLDT)
Colony Credit Real Estate, Inc. (CLNC)
Dynex Capital, Inc. (DX)
Ellington Financial Inc. (EFC)
EPR Properties (ERP)
Gladstone Commercial Corporation (GOOD)
Gladstone Land Corporation (LAND)
KBS Real Estate Investment Trust II, Inc. (KBRS)
LTC Properties, Inc. (LTC)
Orchid Island Capital, Inc. (ORC)
Realty Income Corporation (O)
STAG Industrial, Inc. (STAG)
Whitestone REIT (WSR)

2019년 12월 31일 기준.
출처: S&P Global Market Intelligence.

리츠의 수익률은 안전한가?

　　리츠 수익률은 괜찮지만 배당금이 지속가능하지 않다면 그 수익률은 별로라고 여겨지게 됩니다. 리스로부터의 임대 수익이 계약에 의해 보장되는 특성으로 인해 역사적으로 리츠는 대부분의 경기 침체 기간 동안에도 배당금을 지급하며 그 안정성을 입증해 왔습니다. 덕분에 리스로부터 대부분의 소득을 얻는 지분형 리츠의 경우 임대 기간과 임차인의 신용이 적절하다면 대부분의 비지분형 리츠들보다 더 제 때 일정하게, 마치 채권과도 같은 현금의 흐름을 제공해 줍니다. 리츠 매니지먼트팀이 과도한 수준의 부채나 레버리지를 가지고 사업을 운영하지만 않는다면 해당 회사의 우선 배당금과 일반 배당금은 안전합니다. 많은 사람들이 배당금 대비 리츠의 주당 운영자금(FFO)을 지켜보고 있습니다.

　　그럼에도 불구하고 2007-08년 글로벌 금융위기(GFC)와 그로 인해 발생한 2008-09년의 대침체(Great Recession)는 리츠의 배당을 위태롭게 할 수 있는 경제 및 시장 요인에 대해 암울한 경고를 주었습니다. S&P Global Market Intelligence에 따르면, 2008-09년에 모든 리츠의 3분의 2 이상이 GFC 대응을 위한 현금 보유를 위해 보통주 배당을 삭감하거나 중단했습니다. 2009년 반등하여 28.0%의 플러스 수익률을 달성하기 전까지, 2008년의 지분형 리츠는 -37.7%라는 저조한 수익률을 보였습니다. (연간 리츠 수익률은 1장의 표 1.1을 참조하기 바랍니다.) 포괄적인 배당 삭감에도 불구하고 2008년의 리츠 수익은 S&P 500 지수보다 73bp만큼만 적었습니다. 2009년에는 성과가 153bp만큼 지수를 상회했습니다.

경험 법칙

2007~08년 글로벌 금융위기나 2020년 코로나 바이러스(COVID-19) 팬데믹과 관련된 극적인 경제 혼란 같은 경제 위기 또는 '블랙 스완' 이벤트가 발생하면 많은 리츠 이사회가 자본 보존을 위해 배당금 지급을 삭감하거나 일시적으로 중단하는 결정을 내릴 수 있습니다. 배당금 삭감 위험을 완화하려면 동종 업계보다 낮은 레버리지 수준으로 운영되는 리츠 및/또는 보다 필수적인 부동산 유형(예: 산업, 오피스, 아파트, 식료품 중심 쇼핑센터)에 투자하는 리츠에 투자하십시오.

대공황 기간에 이루어진 리츠의 갑작스런 배당 삭감은 1980년대 후반 저축 및 대출 위기(S&L 위기, Savings and Lending crisis)에 대응하여 배당금을 삭감했던 리츠와 비율 면에서 비슷했습니다. 두 경우 모두 광범위한 유동성 위기가 리츠 대부분의 배당금 삭감으로 이어졌습니다. 최근에는 2020년 초 코로나 바이러스 팬데믹으로 인해 미국 전역에서 급속한 사업장 폐쇄, 자택 격리, 사회적 거리두기 의무화 등의 조치가 취해졌습니다. 여행이 갑자기 중단되고 비생필품 소매업 가게들과 기업들이 수개월 동안 문을 닫아야 했으며 수천만 명의 미국 노동자들이 갑자기 실직하게 되면서, 모든 호텔 리츠와 37개 소매업 리츠(독립형 소매 포함) 중 거의 절반에 해당하는 18개의 리츠에서 자본 보존을 위해 보통주 배당을 중단하거나 대폭 삭감했습니다. 이 세 번의 위기 각각에서 배당을 유지하거나 늘린 리츠들도 있었는데 모두 낮은 수준의 부채로 운영되고 있고 불리하거나 불확실한 경제 상황에서도 꾸준한 수요가 있는 상업용 부동산 유형을 소유하고 있었습니다. 부동산 유형의 수요 탄력성에 대해서는 6장과 10장에서 설명하겠습니다.

배당 안전성에 대한 정량화

투자자는 배당 안전성을 정량화하기 위해 두 가지 접근 방식을 사용할 수 있습니다. 첫 번째는 단기 예상 수익 성장(near-term expected earnings growth)에 중점을 두는 방법이고 두 번째는 리츠의 재무제표 레버리지를 측정하는 방법입니다. 앞으로 거론될 척도(metrics)들의 배당 안전성 분석을 위한 상대적 유용성에 대해서는 11장에서 보다 깊이 있게 분석해 보겠습니다.

배당금/FFO 지급 비율

지급률(payout ratio)은 회사가 일반 주주에게 배당으로 지급하는 당기순이익(net income)의 백분율로 정의됩니다. 예를 들어, 주당 당기순이익(net income 또는 earnings per share)이 1달러이고 주당 10센트가 배당으로 지급되었다면 회사의 지급률은 10%입니다. 11장에서 언급하겠지만 리츠에 대해서는 주당 순이익(Earnings Per Share: EPS) 대신 운영 자금(Funds From Operations: FFO)을 수익성의 측정 척도로 사용합니다. 리츠의 예상 배당 지급률은 현재의 배당을 년 단위로 계산한 것을 다음 해의 주당 FFO의 추정치로 나누어 얻습니다. 주당 FFO의 추정치는 투자 은행의 리서치 부서의 개별 회사에 대한 보고서나, S&P Global Market Intelligence와 Thomson Reuter's First Call 같은 데이터 서비스 제공업체의 데이터를 씁니다. 그 결과인 배당금/FFO 지급률 또는 FFO 지급률은 해당 리츠가 현재 배당금을 지급할 능력이 있는가를 바로 보여주는 지표가 됩니다. FFO 지급 비율이 100% 이하라면 월스트리트는 그 리츠가 현재 연간 배당금을 충당하기에 충분한 FFO를 만들고 있다고 기대합니다. 반대로, FFO 지급 비율이 100% 이상이면 즉각적인 관심을 표명하며 잠재적 투자자들에게 이 리츠는 예상 수익 능력에 대해 더 깊이 고려해야만 한다고 말할 것입니다.

투자자를 위한 팁

리츠에 대한 배당/FFO 지급률이 100%보다 크다는 것은 배당이 위험해질 수 있다는 것을 의미합니다.

재무 레버리지가 배당 안전성 결정

레버리지가 높을수록 위험도 높아집니다. 적은 부채로 리츠를 운영하면 배당의 안전성이 강화됩니다. 기업에는 차입금에 대한 이자와 원금 및 우선주 관련 배당을 일반 주주에 대한 배당 지급보다 먼저 해야 할 책임이 있습니다. 따라서 기업의 부채가 적을수록 일반 배당을 지급할 가능성이 높습니다. 투자자들은 두 종류의 레버리지 척도, 즉 총 시가총액 대비 부채 및 유형 장부가치를 계산하여 리츠가 얼마나 많은 부채를 지고 있는지를 판단할 수 있습니다. 리츠 레버리지를 정량화할 수 있는 세 번째 척도로, 이자, 세금, 감가상각비 차감 전 영업이익 대비 부채, 즉 debt-to-EBITDA가 있습니다. 일반적인 투자자들은 정보 부족으로 이를 직접 계산하지 못합니다. 대신에 많은 리츠들, 특히 투자등급 채권을 발행하는 리츠들이 debt-to-EBITDA 비율을 부가 정보 패키지에서 제공하고 있습니다. 세 가지 척도 모두에 대한 더 자세한 설명은 11장에서 하도록 하고, 이 장에서는 과거 데이터와 사례를 중점적으로 살펴보겠습니다.

총 시가총액 대비 부채비율

2019년 9월 30일 Nareit에 따르면 지분형 리츠들의 평균 총 시가총액 대비 부채비율은 27.5%, 모기지 리츠(mREITs)의 평균 부채비율은 39.8%로 나타났습니다. 총자본 대비 부채비율은 리츠의 현재 주식 가격에 따라 달라지기도 합니다. 때문에 이 비율은 시장 상황에 따라 회사의 레버리지를 과대평가 혹은 과소평가하게 될 수 있습니다. 예를 들어 보겠습니다. KKM 리츠가 1억 달러의 부채와 한 주당 15달러인 보통주 1,000만 주를 보유하고 있다고 해 봅시다. 그러면 총 시가총액 대비 부채비율은 40%가 됩니다.

$100의 부채 ÷ ($100의 부채 + [$15 × KKM 주식 10주]) = 40%

그러나 KKM의 주가가 한 주당 10달러로 하락하면 총 시가총액 대비 부채비율은 50%로 증가합니다.

$100의 부채 ÷ ($100의 부채 + [$10 × KKM 주식 10주]) = 50%

회사의 주가에 영향을 미치는 사건 사고들은 무궁무진하고, 매니지먼트팀의 통제 범위 안에서 일어나는 것들이 아니기 때문에 리츠의 레버리지를 측정하는 또다른 방법을 사용할 필요가 있습니다. 유형 장부가치 대비 부채비율을 사용하는 것입니다.

유형 장부가치 대비 부채비율

유형 장부가치는 리츠의 대차대조표에 기재된 총자산에서 영업권 또는 무형자산을 빼고 누적 감가상각(일반적으로 재무제표 각주에 기재)을 더하여 계산합니다. 2019년 9월 30일 기준, 지분형 리츠의 평균 유형 장부가치 대비 부채비율은 44%였습니다. 이 산업 통계의 맥락을 살펴보면, 2005-07년에 상장 리츠를 비상장화한 사모펀드를 포함하여, 개인 임대인들은 평균 75%의 부채와 많게는 90%에 달하는 레버리지를 사용하여 부동산 매입 자금을 조달했습니다. 그에 비해 2007-08년 GFC 이전의 마지막 해였던 2006년 말에는 지분형 리츠의 평균 유형 장부가치 대비 부채비율은 57%였습니다. 일부 리츠는 지금 보면 신중한 수준의 레버리지를 초과했지만 그래도 평균적인 개인 부동산 투자자들보다는 훨씬 더 보수적으로 레버리지를 사용했습니다.

레버리지: 적을수록 좋음
배당에 위험이 있는 리츠에 투자하게 될 위험을 최소화하려면 유형 장부가치 대비 부채가 50% 미만인 리츠에 집중하십시오.

실제로 2006년 말과 글로벌 금융위기 이전에 FTSE Nareit All REITs Index를 구성하는 130개 리츠 중에서 단 하나의 리츠인 General Growth Properties(이전 NYSE: GGP)만 파산(이 책 11장에서 다룸)으로부터 채권자 보호를 신청했습니다. 위기 이전 General Growth Properties의 유형 장부가치 대비 부채비율은 74%로 업계 평균보다 17% 포인트나 높았습니다. 이 회사는 파산법원에서 부채 재조정 후 2010년 11월에 파산에서 벗어났는데 2018년에 Brookfield Property Partners에 의해 결국 사모로 전환되었습니다. (참고로 이 절에서 인용된 유형 장부가치 대비 부채비율의 대부분은 S&P Global Market Intelligence에서 제공된 것입니다.)

EBITDA 대비 부채
EBITDA 대비 부채는 기업이 가장 최근의 분기별 소득을 유지한다고 가정하고(증가 또는 감소한다고 가정하지 않고) 부채 상환에 걸리는 시간을 측정합니다. 앞서 언급한 바와 같이, 일반적인 투자자들은 이 지표 계산에 충분한 정보를 가지고 있지 않습니다. 2007-08년의 GFC 이래로, 투자적격 채권을 발행하는 대부분의 리츠들이 이제는 분기별 부가 정보 패키지에 EBITDA 대비 부채비율을 제공합니다. 원칙적으로 이의 계산은 총부채에서 미상환액을 뺀 금액을 가장 최근 분기의 부동산 EBITDA로 나눈 후 년 단위로 환산하는 것입니다.

부동산 섹터 수준이나 산업 수준에서 부채/EBITDA 비율을 추적한 자료는 아직 없습니다만 Nareit's T-Tracker®가 S&P Global Market Intelligence 정보로

표 4.2의 데이터를 생성했습니다. 이 데이터를 통해 리츠 부동산 부문 간의 상이한 부채/EBITDA 비율과 2010년 이래 이 비율이 어떻게 변화해 왔는지를 확인할 수 있습니다. 평균적으로 리츠의 EBITDA 대비 부채비율은 2010년 말 이후 25% 하락했습니다.

배당의 안전성을 보장하는 임대차 계약의 법적 지위

5장에서도 논의하겠지만, 리스는 임대인(REIT)과 임차인 간의 계약입니다. 파산법원은 리스를 운영 비용으로 간주합니다. 운영 비용은 운영 비용이 아닌 비용보다 법적 우위에 있습니다. 이는 임차인에게 있어 임대료 지불의 의무가 미상환 부채에 대한 이자와 원금 또는 우선주나 보통주 배당 지급에 선행한다는 의미입니다. 리츠의 임차인은 파산하더라도 파산법원의 판사가 임차인이 리스를 거부할 수 있다는 판결을 할 때까지 리츠와 계약했던 임대료를 계속 지불해야 합니다. 따라서 일부 임차인이 파산해도 리츠가 수입에 손실을 입어 파산하게 되는 경우는 별로 없습니다. 기본 현금흐름의 상대적 안정성과 가시성이라는 두 가지 이유 덕분에 투자자들은 부동산과 리츠를 합리적으로 안전한 배당을 지급하는 방어적 투자로 보게 됩니다.

리츠 배당 및 과세

리츠의 가장 큰 두 가지 특징은 상대적으로 높은 배당금을 지급한다는 것과 일반적으로 법인소득세를 납부하지 않는다는 것입니다. 이 장의 앞부분에서도 언급했듯이 리츠는 IRS 세금 보고 규정에 의해 해마다 적합한 리츠로서의 자격을 획득해야 하는데, 이를 위해 일반소득으로 과세될 수 있는 금액의 최소 90%를 보통주와 우선주 주주에게 배당으로 지급해야 합니다. 리츠가 과세대상 소득의 90%만 배당한다면 보유하고 있는 나머지 10%에 대해서는 법인세를 부담합니다. 과세소득(자본 이익 포함)의 100%에 해당하는 배당금을 지급하고 다른 리츠의 요건들을 충족해야 리츠는 법인소득세 납부를 면제받을 수 있습니다. 리츠 주주들은 수령한 배당

표 4.2 미국 주식형 리츠의 부동산 부문별 부채/EBITDA 비율

부동산 섹터	2010	2011	2012	2013	2014	2015	2016	2017	2018	2019*
오피스	8.1×	7.5×	7.4×	7.4×	7.0×	6.8×	6.2×	6.2×	5.9×	6.1×
산업	12.8×	16.1×	7.8×	6.6×	6.2×	5.2×	4.7×	3.9×	3.8×	4.1×
소매	7.8×	7.1×	7.2×	7.1×	6.9×	5.6×	5.5×	6.0×	5.8×	6.1×
주거	9.0×	8.2×	7.1×	7.5×	6.7×	5.8×	4.1×	5.4×	5.9×	5.6×
헬스케어	5.7×	7.0×	5.8×	5.9×	5.9×	6.9×	6.0×	5.6×	5.5×	5.6×
숙박/리조트	9.0×	7.6×	6.3×	5.7×	4.5×	4.3×	4.0×	4.2×	4.2×	5.0×
데이터센터	5.8×	4.7×	4.7×	4.8×	4.6×	5.0×	5.5×	5.8×	5.6×	5.7×
기타	5.8×	4.0×	4.5×	4.9×	4.8×	5.0×	5.7×	5.1×	5.2×	6.5×
지분형 리츠 전체	7.7×	7.2×	6.6×	6.4×	6.1×	5.8×	5.4×	5.5×	5.5×	5.8×

* 2019년 9월 30일 기준.
출처: S&P Global Market Intelligence, Nareit T-Tracker®.

소득에 대하여 적정 세금을 납부하게 됩니다. 이를 차변(debit)과 대변(credit)의 관점에서 이야기해 보면, 파트너십이 파트너들에게 배당을 지급할 때 해당 법인은 현금을 대변하고(credits cash: 대변에 '현금'을 기록) 자본 계정을 차변하여(debits equity: 차변에 '자본'을 기록) 현금의 감소와 파트너의 자본 계정 잔액 감소를 보고하는 것과 같습니다. 리츠가 배당을 지급하여 수익을 분배하면서 현금을 대변하고 손익계산서를 차변하여(debits income statement) 배당된 금액만큼 기업의 법인 과세소득을 줄이는 것입니다.[2]

90%의 최소 배당 요건 때문에 리츠들은 비리츠 법인(non-REIT C-corporations: C-corps)보다 높은 배당 지급률을 갖습니다. 사실 비리츠라면 주주들에게 배당금을 지급하지 않아도 됩니다. 리츠로서 최소 배당 요건을 준수해야 하기 때문에 리츠 매니지먼트팀은 배당금을 유지하거나 늘릴 수 있도록 포트폴리오(어디에 무

---

2 역주. 정확히 표현하자면 손익계산서로부터 계산된 순수익(net income)이 쌓여서 만들어진 이익잉여금(retained earning)을 차변하는 것입니다. 이익잉여금은 소유주 자본(owner's equity)이므로 파트너십에서 자본을 차변하는 것과 같은 맥락이 되는 것입니다.

엇을 보유하는가)와 대차대조표를 보수적으로 관리합니다. 리츠가 보통주 배당을 줄이거나 삭감을 결정하기도 하지만 그 과정에서 단기 주가에 심각한 타격을 입히지 않을 수 없기 때문입니다.

2000년 이후 세법의 변화는 투자자 수준에서의 배당 과세 방식에 영향을 주는 것이었습니다. 2003년의 고용 및 성장을 위한 세금감면 조정법(일명, 부시감세법)은 적격 배당으로 주주에게 지급된 이전에 과세된 C-corps[3] 수익에 대한 개인 세율을 최대 15%로 낮추었습니다. (참고로 2012년의 미국 납세자 구제법은 최고 과세 구간에 20%의 세율을 추가했습니다.) 비리츠 C-corps의 배당은 기업과 투자자 모두가 과세대상이며 부시감세법과 IRS에 따라 투자자의 자본이득 세율 적용을 받을 수 있는 자격을 갖습니다. 리츠의 배당은 다른 C-corps의 배당에 적용되는 '이중 과세'가 되지 않습니다. 그러나 일반 과세소득으로 분류되는 리츠의 배당 부분은 기업 수준에서 이루어지는 과세가 아닌 비적격 배당에 해당하게 되어 위에서 언급된 낮은

---

3 역주. C-Corporation과 S-Corporation은 한국에 존재하지 않는 미국의 주식회사를 나누는 두 가지 유형입니다.

- 미국의 C-Corp: 일반적으로 대부분의 미국 기업은 C-Corp입니다. C-Corp는 수익에 다해 법인세를 내는데 배당은 이렇게 이미 과세된 수익으로부터 이루어집니다. 그런데 배당을 받는 개인은 이미 기업 차원에서 과세된 배당소득에 대해서 또다시 개인 소득세를 내야 합니다. 따라서 C-Corp는 이중과세를 받게 됩니다.
- 미국의 S-Corp: 반면 S-Corp는 법인세를 내지 않습니다. 리츠와 같이 배당에 대해서만 소득세가 과세되므로 이중과세의 문제가 없습니다.
- 한국의 이중과세에 대한 접근: 한국의 경우 이중과세 문제를 기업의 법인세의 유무가 아니라 개인 차원의 소득세 공제로 해결합니다. 최하 법인세 요율에 해당하는 10%에 해당하는 금액을 소득세에서 일괄공제하는 것입니다. 사실 법인세의 최고 요율은 20%가 넘기 때문에 이를 완전한 공제라고 하기는 힘듭니다. 어쨌든 이러한 소득세에서의 법인세 공제 제도로 인해 한국에서는 처음부터 이중과세의 문제가 없다고 가정합니다. 따라서 S-Corp라는 개념도 한국에는 없습니다.
- 한국의 리츠: '부동산투자회사법'을 따르는 한국의 리츠는 미국과 같이 일정 조건을 만족하면 법인세를 내지 않을 수 있습니다.
- 한국의 부동산투자신탁: 리츠를 한국에서 부동산투자신탁으로 번역하는 것을 볼 수 있지만 부동산투자신탁은 신탁회사에서 판매하는 리츠와는 별개의 상품입니다. 신탁회사는 부동산투자회사법을 따르지 않고 신탁업법을 따르는 별개의 기업 구조입니다.

세율의 적용을 받을 수 없습니다.

2017년 조세감면 및 일자리법 (또는 2017년 트럼프감세법)으로 제정된 변경 사항에서도 리츠의 배당금 부분은 계속 일반 과세소득의 특징을 갖는 비적격으로 분류되어 투자자의 일반소득 세율에 따라 과세가 이루어집니다. 다만 2017년 트럼프감세법(Trump Tax Cuts) 섹션 199A에 의해 적합한 자격을 갖춘 리츠 배당금 총합의 최대 20%까지는 투자자가 세금을 공제받을 수 있습니다. 섹션 199A(e)(3)는 리츠 배당금이 자본이득 배당금도, 적격 배당소득도 아니라고 정의합니다. 그 결과, 리츠 배당금 중 일반소득으로 분류되는 첫 20%는 과세가 되지 않습니다. 표 4.3은 투자자 수준에서 리츠 배당금이 과세되는 방법에 대한 간단한 예시입니다.

리츠는 비리츠인 C-corps보다 더 높은 배당을 지급할 뿐만 아니라 더 높은 세후 수익을 제공합니다. 그림 4.2에서 알 수 있듯이, 2017년의 트럼프감세법은 리츠에 대해 비리츠인 C-corp와 비슷한 실효 세율 인하를 제공했습니다. 그림 4.2를 보면 리츠가 지급한 1달러에는 평균 33.4%의 세금이 부과되었습니다. 반면, 비리츠 C-corp이 지급한 1달러에는 기업 수준에서 먼저 21%를, 개인주주 수준에서 평균 18.8%의 세금이 더 부과되어 총 39.8%의 세금을 부과했습니다.

리츠가 모든 현금을 배당금으로 지급하는 것은 아니다

종종 투자자들이 리츠가 모든 잉여 현금흐름을 배당 형태로 지급하고 있다고 잘못 생각하는 것을 보게 됩니다. 그러나 리츠가 부동산에서 창출하는 현금은 주주들에게 주는 배당금보다 사실 더 많습니다. 회계적 관점에서 세금 보고(IRS) 목적의 과세소득이 주주에게 지급되는 배당보다 작기에 리츠에 세금이 부과되지 않는 것입니다. 과세소득은 IRS가 정한 규칙에 따라 계산되는 반면 SEC에 공시하기 위한 순이익은 GAAP에 의해 결정됩니다. 두 유형의 소득 계산 시 리츠는 건물의 연간 감가상각 및 고정 비용 상각 같은 많은 비현금 비용을 공제합니다. 다만 건물과 개량된 시설 및 개인 소유 자산은 감가상각의 대상이 될 수 있습니다만 건물이 건설된 토지는 해

표 4.3 미국 리츠 배당금 과세 방법 예시

가정:
- 리츠 배당률 100%
- 비적격 REIT 배당금에 대하여 투자자는 가능한 최고 한계 세율 지불

	리츠
세전 이익	$100.00
- 배당금(100% 지급)	(100.00)
순이익	0.00
- 연방(Federal) 법인세(21%)	N/A
- 혼합 주(State) 법인세(6%)	N/A
이익잉여금	$0.00

	투자자
배당소득	$100.00
- 사업 소득 공제(20%)	(20.00)
순소득	$80.00
- 비적격 배당금 최대 세율: 37%	(29.60)
+ 사업 소득 공제	20.00
투자자에게 지급되는 세후 현금	$70.40

당될 수 없습니다.

 예를 들어, KKM 리츠가 건물을 1,100만 달러에 구입했는데 토지가 1백만 달러의 가치였다면, 40년에 걸쳐 건물의 1,000만 달러어치 감가상각만 가능하다는 것입니다. 이 25만 달러의 연간 감가상각비(1,000만 달러를 40년으로 나눈 것과 동일)는 IRS, GAAP, 그리고 세금 목적상 KKM 리츠의 수입을 감소시킵니다. KKM 리츠의 현금 지출은 없습니다. KKM 리츠는 해당 건물의 베이시스(basis)를 매년 250,000달러씩 감소시킵니다. 이를 계속하면 4년 후 KKM 리츠 건물의 베이시스는 900만 달러가 됩니다. 초기 비용인 1,000만 달러에서 감가상각비 25만 달러의

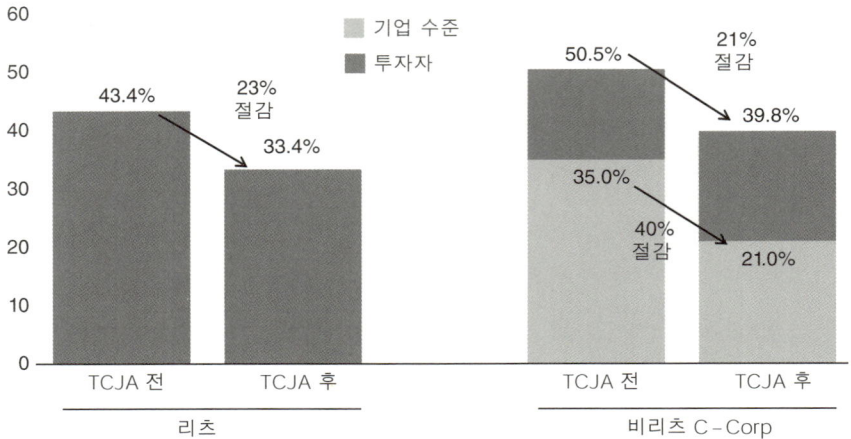

그림 4.2 리츠 및 비리츠 C-Corp의 실효 세율
출처: Nareit®의 승인 하에 재가공되었으며, Nareit 웹사이트에 명시된 이용 약관(제9항 포함, 이에 국한되지 않음)에 따라 사용.

4년치를 차감하여 계산된 결과입니다(즉, 1,000만 달러에서 [4년 × 25만 달러 연간 감가상각 비용]을 차감). 과세소득, 감가상각 비용, 현금흐름(FFO가 현금흐름을 나타냄)의 관계를 연결해 보면 다음과 같습니다. KKM REIT의 순이익이 75만 달러인 경우 FFO는 100만 달러(순이익 75만 달러 + 감가상각 비용 25만 달러 = FFO 100만 달러)가 됩니다. 이 간단한 예로, 리츠의 현금흐름이 거의 언제나 세후 소득보다 높은 이유를 알 수 있습니다.

리츠의 보통주 배당의 구성 요소

표 4.3은 리츠의 보통주 배당이 개인투자자 수준에서 어떻게 과세되는지를 극단적으로 단순화한 예시입니다. 리츠 배당이 전적으로 일반소득으로 과세되는 경우는 거의 없습니다. 대신 리츠 배당은 일반적으로 세 가지 유형의 소득으로 구성되

며, 이것들은 서로 다른 레벨에서 과세됩니다. 이 세 가지 소득에 대한 분류는 다음과 같습니다.

① 일반 배당(ordinary dividends): 개인주주의 개별적 세율 적용
② 자본이득(capital gains): 2019년 12월 31일 기준, 대부분의 1년 이상 보유 자산에 대해 0%, 15%, 또는 20% 세율 적용
③ 자본환급(return of capital): 비과세

리츠는 일반적으로 1월 말이나 2월 초에 발행된 보도자료를 통해 매년 배당금의 과세 내역을 공개합니다. (현재 및 과거 보도자료는 각 리츠의 웹사이트를 참조하기 바랍니다.) '배당 처리' 보도자료에는 일반적으로 보통주 배당금 중 얼마를 일반 배당소득으로 과세해야 하고, 얼마가 자본이득으로 분류되어야 하며, (만약에 존재하는 경우) 비과세인 자본환급 금액이 얼마인가를 명시한 표가 포함되어 있습니다.

일반 배당소득

일반적으로, 리츠의 보통주 배당의 대부분은 일반소득으로 분류되어 과세가 이루어지는데, 이는 주주에게 배당금으로 지급된 현금흐름을 만든 비즈니스 활동이 임대료 징수 같은 '통상적인' 것임을 의미합니다. 투자자들이 주당 1달러의 배당금을 받아 37%의 일반소득 세율 구간에 해당하게 되었다면 그들이 받은 모든 리츠 배당금에 대해 0.30달러의 연방세가 과세될 것입니다. (1달러의 80%에 37% 세율을 곱해 근사값으로 30센트가 계산됩니다. 표 4.4의 예제 A 참조.) 그러나 리츠가 회계 연도에 건물을 매각하여 투자 베이시스 대비 이익이나 손실을 보는 등의 일반적이지 않은 거래를 했다면 리츠는 장기 자본이득과 더불어, 만약에 존재한다면 자본환급 항목을 만들어야 합니다.

표 4.4 KKM REIT의 배당금에 대한 세금 계산 예시

가정:
- KKM REIT는 주당 $1.00의 배당금을 지급
- 주주는 KKM REIT 원주 각 주당 $20.00를 지불함
- 최대 개인 일반소득 세율 37%
- 최대 개인 장기 자본이득 세율 20%
- 예시 A - KKM REIT가 배당금의 100%를 일반소득으로 분류
- 예시 B - KKM REIT가 배당금의 60%는 일반소득, 25%는 장기 자본이득으로, 15%는 자본환급으로 분류

	예시 A	예시 B
KKM REIT에서 받은 주주 배당금 x 일반소득으로 분류된 배당금의 비율	$1.00 x 100%	$1.00 x 60%
일반 비율 과세대상 소득 - 사업 소득 공제 (20%)	$1.00 ($0.20)	$0.60 ($0.12)
과세대상 일반소득 x 일반소득에 대한 연방 세율	$0.80 x 37%	$0.48 x 37%
(A) 일반소득에 대한 소득세	**$0.30**	**$0.18**
KKM REIT에서 받은 주주 배당금 x 장기 자본이득으로 분류된 배당금 비율	- -	$1.00 x 25%
자본이득 비율 과세대상 소득 x 장기 양도 소득에 대한 연방 세율	- -	$0.25 x 20%
(B) 장기 자본이득에 대한 소득세	**-**	**$0.05**
KKM REIT에서 받은 주주 배당금 x 자본환급으로 분류된 배당금 퍼센트	- -	$1.00 x 15%
자본환급으로 분류된 과세대상 소득 x 자본이득에 대한 연방 세율	- -	$0.15 -
(C) 자본환급에 대한 소득세	**-**	**$0.00**
(D) 주주가 납부해야 할 세금 총액 (A + B + C) 주주의 실효 세율 주주의 KKM 주식 원 기준 베이시스 - 받은 자본환급	**$0.30** 30% $20.00 -	**$0.23** 23% $20.00 ($0.15)
(E) KKM의 새로운 기준 베이시스 KKM 주주의 세후 소득 ($1.00 - D) KKM 리츠 주식의 세후 수익률 [($1.00 - D) / E]	**$20.00** $0.70 3.50%	**$19.85** $0.77 3.90%

자본이득

　리츠가 비즈니스 자산, 즉 감가상각 대상 자산 또는 1년 이상 거래 또는 비즈니스용으로 보유한 부동산을 감가상각 기준(부동산에서 조정 과세 기준(adjusted tax basis)이라고도 함)보다 더 많은 금액으로 매각하면 리츠는 이 매각에 대해 자본이득을 발생시키는 것입니다. 리츠는 보통주 배당의 일부를 자본이득으로 분류하여 주주에게 이 자본이득을 전달(pass through)합니다. 그러나 소득세법 상 리츠는 법인으로 간주되기에 자본의 손실은 투자자에게 전달되지 않습니다. 주주는 자본이득 부분 배당에 대하여 그 시점의 자본이득 세율에 따른 세금만 지불합니다.

자본환급

　리츠의 수입과 이익(Earnings and Profits: E&P)이 과세소득과 동일한데 세금 보고 목적으로 과세대상 소득 이상을 분배하는 경우 주주에게 지급된 과세소득의 100%를 초과하는 금액을 자본환급으로 분류합니다. 자본환급은 비과세 혜택을 받을 수 있으며 투자자의 보통주에 대한 베이시스를 감소시킵니다. 베이시스가 낮아지면 주식을 매각할 때 과세대상인 자본이득을 받은 형식이 됩니다. 결과적으로 자본환급은 투자자의 세후 현재 수익률과 주식 매도로 실현되는 세후 총수익률 모두를 증가시킵니다.

　간단한 예로, KKM 리츠가 1년에 주당 1.25달러의 과세대상 소득을 만들어 내서 동일 연도에 주당 1.50달러의 연 단위 정기 배당을 지급한다면 25센트가 자본환급으로 분류될 것입니다. 투자자 관점에서 이 25센트에 대한 세금은 지불하지 않아도 되지만 그들의 KKM 주식 베이시스가 동일 금액만큼 감소합니다.

　표 4.4의 사례 A와 B는 37%의 소득세율 구간에 속한 개인투자자들이 2019년 세율을 사용하여 KKM 리츠의 보통주 배당에 대한 세금 계산 방법을 보인 것입니다. 배당 전체를 모두 일반 과세대상 소득으로 간주하여 과세했을 때와 일반소득, 자본이득, 자본환급의 부분들로 나누어 보았을 때의 과세를 비교해 볼 수 있습니다.

표 4.4의 사례 A는 전체 배당을 일반소득으로 가정했을 때의 투자자의 세금을 보여줍니다. 사례 B는 배당의 더 많은 부분을 장기 자본이득이나 자본환급으로 분류하여 배당에 대한 투자자의 유효 세율을 낮추어 세후 수익률을 높였습니다.

요약하자면, 리츠의 보통주 배당금은 일반적으로 과세 목적을 위한 하나 이상의 소득 유형으로 구성될 수 있습니다. 일반소득은 개인의 최고 소득세율 혹은 '일반' 세율로 과세가 이루어집니다. 자본이득은 장기 자본이득 세율로 과세됩니다. 그리고 자본환급금은 과세되지 않고 각 주식에 대한 주주의 베이시스를 낮춰줍니다. 리츠가 배당금의 일부를 장기 자본이득 또는 자본환급으로 분류하는 경우 주주의 실효 세율은 배당금을 전적으로 일반소득으로 분류하는 경우보다 낮아집니다. 이에 따라 많은 투자자들이 퇴직 계좌(IRA 또는 401(k))에서 리츠 보유를 선택하여 배당금에 대한 세금 납부에 대해 연기 또는 면제 혜택을 받고 있습니다.

우선주 배당금

앞서 언급했듯이 리츠는 보통주와 우선주의 주주에게 배당금을 지급함으로써 90%의 배당 요건을 만족시킬 수 있습니다. 2019년 말 S&P 글로벌 마켓 인텔리전스에 따르면 발행된 리츠 우선주의 청산 가치는 총 292억 달러인 반면 FTSE Nareit All REIT 지수에 포함된 리츠 보통주의 시장가치는 1조 3천억 달러였습니다. 리츠 우선주 시장은 규모가 작지만 매력적인 수익률에 관련된 몇 가지 사항을 언급해 보고자 합니다.

우선주의 수익률 × 청산가격 = 우선주에게 지급되는 연간 배당금

우선주는 청산가격(또는 액면가격)에 따라 판매됩니다. 대부분의 경우 이는

주당 25달러입니다. 리츠가 1억 달러 조성을 위해 우선주를 발행한다면 400만 주 (총 발행액 1억 달러를 주당 액면가 25달러로 나눈 금액)를 발행해야 한다는 의미입니다. 발행 관련 수익률은 미국 장기국채금리 대비 스프레드(또는 위험 프리미엄)로 설정되고 위험 프리미엄은 리츠의 투자등급에 따라 결정됩니다. 예를 들어, 미국 국채 금리의 기초 수익률이 2.5%일 때 S&P와 무디스에 의해 각각 BBB-와 Baa3로 평가받은 리츠라면 300-베이시스 포인트 프리미엄으로, 즉 5.5%에 우선주를 발행할 수 있다고 가정할 수 있습니다. 액면가에 대한 5.5% 수익률은 주당 1.375달러의 배당금으로 환산되는데, 이는 액면가 25달러에 5.5%를 곱한 것입니다.

결론

리츠 투자로 투자자에게 허용된 소득은 강력한 부를 창출할 수 있는 도구지만, 이는 투자 기간 배당이 유지되거나, 가능하다면 배당이 증가하는 리츠에 한정된 이야기입니다. 10장에서 과거 일반주 배당을 삭감해야 했던 리츠들의 실제 사례를 통해 리츠의 손실 위험과 저조한 성과에 대해 더 자세히 살펴보겠습니다.

5장

리스

여러 종류의 리츠 상업용 부동산을 알아보기 전에 임대인으로서의 리츠가 활용하는 다양한 유형의 임대에 대해 먼저 이해하면 좋을 것입니다. 리스(lease)란 임차인이 임대인의 공간을 점유/사용하는 권리에 대하여 일정 기간 동안 그 대가인 임대료를 지불하기로 하는 임대인(리츠)과 임차인(리츠 임차인) 사이에 이루어지는 법적 계약입니다. 대부분의 리스에서는 월 단위로 임대료 지불을 명시하지만 임대인과 임차인 간의 상호 동의하에 연 단위 등 다른 주기로 지불 계약을 맺기도 합니다. 이번 장에서 설명할 리스 용어들은 임대인과 임차인 사이에 협상하여 최종적으로 임대차 계약서(lease agreement)에 기록될 표준 항목들이 될 것입니다.

일반적으로 월 또는 연 단위의 임대 기간 및 임대 계약의 구조에 따라 임대인의 현금흐름이 달라집니다. 임차인과 임대인은 부동산 임대 기간, 특정 운영 비용에 대한 지불, 임차인 마감(tenant finish: 임차인이 자신에게 필요한 인테리어 등을 하는 것을 의미. 카페나 식당 같은 경우 거의 필수적으로 행해지며 오피스 공간에서도 많이 행해짐) 같은 임차 공간에 대한 개선, 비용 지불 책임 등 임대 계약의 모든 측면에 대해 협상합니다. 리스의 유형에 따라 임대인과 임차인에게 비용을 다르게 할당하고 유틸리티나 다른 비용이 증가할 경우 어느 쪽에 더 높은 비용 부담 위험을 감수하게 할지가 다르게 결정됩니다. 따라서 리스 기간과 구조는 리츠 수익 및 주가 성과에 관한 근본적인 예측 변수입니다. 이에 10장에서 예시를 들어 논의할 것입니다. 이번 장에서는 서로 다른 부동산 유형들 중 가장 일반적으로 이용되는 구조들인 네 종류의 주요 임대 유형을 개략적으로 살펴보겠습니다.

리스 전문 용어

　　　　대부분의 사람들이 임대료 지불 개념은 잘 알고 있습니다만 임대료에 여러 유형이 있고 다양한 시나리오에 따라 다르게 지불이 이루어질 수 있다는 사실에 대해서는 잘 알지 못합니다. 예를 들어 건물에 "임대중"이라고 써붙인 광고에 표기된 '평방피트당 임대료 $15'의 의미는 임대 계약 구조가 총액 리스인지 풀서비스 리스인지에 따라 전혀 다릅니다. 이를 이해하기 위해 먼저 네 가지 기본 임대 유형에 대한 논의에 도움이 될 만한 몇 가지 기본 용어들을 알아보겠습니다.

- **기준 연도(base year)**는 임대의 첫 12개월, 또는 임대차 개시 이후 달력상으로 첫 번째 해당 연도의 전 기간을 말합니다. 후자의 경우라면 기준 연도가 12개월을 넘을 수 있습니다. 풀 서비스(full-service) 또는 변형된 총액(modified gross) 리스의 비용 스탑(expense stop, 아래에서 정의)을 설정할 때 자주 사용합니다.

- **공용 구역 유지 관리비(Common Area Maintenance: CAM)**는 다중 임차인 건물(둘 이상의 임차인이 있는 건물)에서 모든 임차인들이 접근할 수 있는 영역 관리를 위해 임대인이 부담하는 비용입니다. CAM 수수료는 임대인이 서비스에 대해 부담하는 비용을 말하며 임대 관리 비용, 건물의 설비팀, 로비 유지 관리, 공용 화장실, 주차 공간 관리 인건비를 포함합니다. 다중 건물 오피스 파크나 캠퍼스의 경우 CAM 비용에 캠퍼스 전체 임차인이 모두 접근할 수 있는 구역인 피트니스 센터나 식당 서비스 구역 관련 비용이 포함되기도 합니다. 임대인은 임차인의 기본 임대료에 대개 임차인의 건물 점유 비율에 따라 CAM 수수료를 추가하여 청구합니다. 예를 들어, 어떤 임차인 공

간이 건물 임대 평방피트의 1/3이라면 해당 임차인은 건물 유지 관리 관련 CAM의 1/3에 대한 비용을 청구받게 됩니다.

- **에스컬레이션 조항(escalation clause) = 에스컬레이터(escalator)** 는 임차인이 임대 기간 동안 지불할 것을 동의한 임대료 인상에 관한 것입니다. 에스컬레이션은 달러 금액 또는 백분율로 표시될 수 있으며 대부분 연간 단위로 발생합니다. 임대료의 인상은 소비자 물가 지수(CPI) 상승에 따르거나 주기적으로 고정 금액을 추가하도록 할 수 있습니다. 후자의 경우로 예를 들어 보면, 임차인의 동의 하에 임대 첫 일 년 동안 월 기본 임대료가 $1,000일 때 임대 기간 내 연차가 바뀔 때마다 월 임대료에 $100씩을 더합니다. 5년차 임차인이라면 지불할 월 임대료는 $1,400이 됩니다. (1년차 = $1,000; 2년차 = $1,100; 3년차 = $1,200; 4년차 = $1,300; 5년차 = $1,400).

- **비용 스탑(expense stop)** 은 풀 서비스 및 변형된 총액 리스에서 매우 빈번하게 쓰입니다. 임대인이 임차인 공간 운영 비용 및 CAM에 대하여 비용 스탑 금액까지를 부담한다고 하면, 그 밖의 모든 초과 비용에 대해서는 임차인이 지불 부담을 가져야 한다는 뜻입니다. 예를 들어, 임차인 A의 공간에 대한 운영 비용 및 CAM이 첫해에 평방피트당 $4.50가 들었다면 임대 기간 동안의 비용 스탑을 이 수준으로 설정합니다. 나머지 임대 기간 동안 임대인은 임차인으로부터 받은 기본 임대료 중 매년 $4.50를 사용하여 임차인의 운영 비용을 지불합니다. 이 비용 스탑을 초과한 금액은 임차인에게 청구됩니다.

- **비용 상한(capped expense)** 은 비용 스탑과 유사합니다. 일부 지역에서는 비용 스탑이라고 부르기도 합니다. 비용 상한이 비용 스탑과 다른 점은 비용 상한은 달러 금액이 아니라 비용이 증가할 수 있는 최대 퍼센트로 지불 부담 수준을 설정한다는 것입니다.

- **임대 수수료(LCs)**는 임차인 또는 임대인을 대표한 부동산 중개인에게 지급됩니다. (임차인 중개인은 임차인 대표 또는 임차인 담당자라고 합니다.) 일반적으로 중개인은 임대 수수료의 50%는 임대 계약 체결 시에, 나머지 50%는 임대 계약 시작 시점에 받습니다. 임대 수수료는 약정한 임대 기간 동안 지불할 임대료 총액의 2~8%로 계산합니다. 예를 들어, 임차인이 임대인에게 3년 동안 연간 임대료 $10,000를 지불하기로 했고 해당 시장의 임대 수수료율이 4%라면 임대인은 임대 에이전트에게 $1,200(3년 × 4% × $10,000)를 지불해야 합니다. 임대인을 대표하는 브로커가 있었다면 비슷한 일정에 임대 수수료를 추가로 지불하게 됩니다.

- **운영 비용(operating expenses)**은 건물의 임대 구역을 운영하고 유지하는 데 드는 비용입니다. 이 비용에는 부동산 세금, 부동산 보험, 유틸리티 및 임차인 개별 영역(다른 임차인과 공유하는 공용 영역과 반대되는 영역)에 대한 청소 서비스가 포함됩니다. 건물 구조의 유지 보수를 위한 지출, 임대 부동산 모기지에 대한 이자 지불은 운영 비용에 포함되지 않습니다. 각각의 리스(= 임대차 계약)에는 운영 비용에 포함되는 것과 포함되지 않는 것들을 구체적으로 명시하는 항목들이 있습니다.

- **임대료(rent)** – 에스컬레이션을 포함해 다양한 유형의 임대 수익이 표 5.1에 요약되어 있습니다.

  - **총액, 기본, 총합, 계약 임대료(total, base, gross, contract rent)**는 임대차 계약 정의에 따라 임차인이 매 기간마다 임대인에게 지불해야 할 금액을 설명하는 모든 방법을 말합니다. 합의된 비용 스탑을 포함하여 효력이 시작된 임대료 에스컬레이션을 반영합니다.
  - **순 임대료(net rent)**는 각 기간별로 부동산 운영 및 유지 관리와 관련 비용을 지불한 후 임대인에게 남는 임대료 금액입니다.

표 5.1 임대료의 다양한 구성 요소 비교

가정:

- 15,000 SF 임대 가능 면적
- 5년 임대 기간
- SF 당 $25.00의 기본 임대료
- 4.50달러의 비용 스탑 및 CAM
- 기본 임대료에 연간 3%의 인상률 적용
- 4% 임대 수수료
- 4개월 임대료(할인 후)
- TI 지원금 SF당 $15

	1년차	2년차	3년차	4년차	5년차
SF 당 총 임대료	$25.00	$25.00	$25.75	$26.52	$27.32
+ 에스컬레이션	-	$0.75	$0.77	$0.80	$0.82
새로운 SF 당 총 임대료	$25.00	$25.75	$26.52	$27.32	$28.14
x 임대 가능 SF	15,000	15,000	15,000	15,000	15,000
총 임대료	$375,000	$386,250	$397,838	$409,773	$422,066
- 비용 스탑 및 CAM[a]	-67,500	-67,500	-67,500	-67,500	-67,500
할인 전 순 임대료	307,500	318,750	330,338	342,273	354,566
- 4개월 기본 임대료 무료	-125,000	-	-	-	-
임대인 실현 유효 임대료	182,500	318,750	330,338	342,273	354,566
Less:					
임차인 개선 지원금[b]	-225,000	-	-	-	-
임대 수수료[c]	-61,137	-	-	-	-
임대인이 받은 순 유효 임대료	-$103,637	$318,750	$330,338	$342,273	$354,566
받은 총 순 유효 임대료	$1,242,289				
SF당 순 유효 임대료[d]	$16.56				

[a] 비용 중지 및 CAM 금액: $4.50 x 15,000 임대 가능 평방피트(RSF).
[b] 임차인 개선 수당: $15 TI 수당 곱하기 임대 가능 평방피트, 또는 $15 x 15,000 RSF.
[c] 임대 수수료: 5년 간의 "임대인이 실현한 유효 임대료"의 총합 곱하기 4%.
[d] 평방피트당 순 유효 임대료: "수령한 총 순 유효 임대료"를 RSF로 나눈 값. ($1,242,289 ÷ 15,000 RSF ÷ 5년).

- **유효 임대료(effective rent)**는 임대인이 임대 계약의 일부로 동의한 모든 할인 조항 및 임대 수수료 비용을 반영하여 변형된 후의 넷 리스료입니다. 가장 일반적인 할인 조항은 임차 개선과 무상 임대인데, 둘 다 이 장의 뒷부분에서 설명하겠습니다.
- **무상 임대(free rent)**는 임대인이 계약 임대료 지불 없이 일정 기간 동안 (보통 몇 개월이지만 때로는 1년 이상) 임대 공간에 대한 권리를 임차인에게 부여하는 것을 말합니다. 임차인이 공간을 임대하도록 유도하기 위해 임대인이 제공하는 혜택입니다.
- **시장 임대료(market rent)**는 유사한 건물 및 위치에 있어 비교 가능한 공간에 적용되는 일반적인 임대료를 말합니다.

- **평방피트(square feet)**: 필요한 정보에 따라 동일한 건물을 다양한 방법으로 측정할 수 있습니다.

  - **총 평방피트(gross square feet) = 총 건물 면적(gross building area)**은 건물의 외벽 중앙까지의 총 건축 면적을 측정한 것을 말합니다. 임대인은 임차인이 건물 전체를 임대하지 않는 한 일반적인 임대 목적으로 총 평방피트는 잘 사용하지 않습니다. 임대 상황이나 건물 내부의 구조 변경이 임대 가능 면적에 영향을 미치는 경우에도 건물의 총 평방피트는 고정값을 유지합니다(뒤에서 설명).
  - **사용 가능 평방피트(useable square feet) = 사용 가능 면적(useable area)**[1]은 임차인이 점유하게 되는 공간을 측정합니다.

---

1 역주: usable square feet는 한국의 실평수 혹은 실사용면적에 해당하는 개념입니다만 나라마다, 또한 건물의 종류마다 정의가 다릅니다. 한국의 경우 실평수는 심지어 법적 용어도 아닙니다. 따라서 이를 어찌 사용할지는 사용자마다 다릅니다. 일반적으로는 전용면적+서비스면적으로 해석됩니다. usable square feet를 법적으로 정의된 전용면적으로 대응시킬 수는 없는 것이, 미국의 경우 보통 포함하는 발코니 등을 한국에서는 전용면적에 넣지 않기 때문입니다. 사실 전용 면적을 구하는 방법 또한 건축물마다 다릅니다. 한국의 경우 주택은 주택법을 따르므로 벽을 포함하지 않습니다(내벽). 하지만 오피스나 오피스텔 등은 건축법에 따라 벽을 포함합니다(벽심법). 미국의 경우 계약 상황에 따라 달라지기도 하는데, 한 층 전체를 임대할 경우 복도나 청소부들의

Barron's Dictionary of Real Estate Terms(7판)에 의하면 임차인의 사용 가능 면적은 '영구적인 벽 내부에서 페인트가 칠해진 곳, 그리고 같은 층 공간을 사용하는 다른 임차인과 분리 칸막이가 있으면 그 중심까지 측정한 것'을 말합니다. 건물이 한 임차인에게 완전히 임대되었다면 사용 가능 평방피트는 임대 가능 평방피트와 동일합니다.

- **임대 가능 평방피트(rentable square feet)**는 일반적으로 임차인의 사용 가능 면적에 더하여, 건물 소유자 및 관리자 협의회(Building Owners and Managers Association: BOMA)가 정의한 핵심 요소들에 대한 임차인의 비례 지분을 합한 것입니다. 여기서 핵심 요소란 임대 가능 평방피트와 사용 가능 평방피트의 차이를 말하는데 로비, 아트리움(건물 내부의 햇빛이 들어 오는 정원 혹은 로비 구역으로서 현대에는 보통 유리 천장을 설치하지만 원래 기원인 고대 로마 건물축의 중앙홀에는 천장이 없거나 뚫려 있었음), 화장실 같은 공용 공간, 엘리베이터, 청소장, 전화/전기시설장 같은 기계적인 핵심 시설까지 포함합니다. 일부 지역에서는 임대인이 BOMA의 계산 방식이 아닌 고정된 코어 팩터(fixed core factor)를 채택하여 건물의 사용 가능 면적을 표기합니다. 시장에서는 코어 팩터를 로드 팩터(load factor)라고 부르기도 합니다.

예를 들어, 건물에 임대 가능한 50,000평방피트가 있고 10%의 코어 팩터를 가지고 있다면 공용 공간으로 5,000평방피트(50,000평방피트 × 10%)가 있다는 표시입니다. 15,000평방피트의 사용 가능 평방피트에 거주 중인 한 임차인이 있다면, 두 번째 임차인은 남은 30,000평방피트에 거주하고 있을 것입니다. 첫 번째 임차인의 임대료는 15,000평방피트의 사용 가능 평방피트에 공용 공간

저장 공간 등이 독점적으로 사용하는 공간이 아니라고 해도 모두 사용 공간에 포함됩니다만 한 층을 나누어 임대할 경우 이것들이 빠집니다. 이렇듯 부동산 용어는 다른 나라에서 일대일 대응이 되는 개념이 전혀 아닙니다. 심지어 같은 지역이라도 임대 계약에 따라 의미가 달라지므로 유의해야 합니다.

5,000평방피트의 1/3 (15,000평방피트 ÷ 45,000 사용 가능 평방피트)가, 임대 가능 평방피트는 16,650평방피트 (15,000SF + [33% × 5,000SF])로 계산할 수 있습니다. 두 번째 임차인은 마찬가지로 30,000평방피트에 거주하면서 33,333평방피트에 대한 임대료를 지불할 것입니다.

평방피트 측정 값을 요약하면 다음과 같습니다.
- 다중 임차인 건물: 총면적 > 임대 가능 면적 > 사용 가능 면적
- 단일 임차인 건물: 총면적 > 임대 가능 면적 = 사용 가능 면적

- **임차인 개선 지원금(Tenant Improvement(TI) allowance)**은 임대인이 기존의 임차인을 계속 유치하고자 하거나 공간을 임대할 새 임차인을 유인하기 위해 지불하는 비용입니다. 임대인이 로비나 욕실 리노베이션처럼 향후의 공간 임대 능력을 향상시키기 위해 지불하는 TI는 건물 자체와는 별도로 감가상각을 합니다. 장기 임대 건물 개선은 15년, 기본적인 건물은 40년의 감가상각 기간을 갖는 반면, 임차인 개선은 보통 7년이 감가상각 기간입니다.

  - **첫 입주(first-generation) 공간을 위한 TI:** 새로 건설된 공간에는 임대인이 TI 수당 예산을 대체로 많이 책정합니다. 외골격만 있는 건물 상태(building shell condition: '개선이 이루어지지 않은 상태'라고도 부름)에 임차인이 공간을 채워야 하기 때문입니다. 외골격만 있는 건물 상태라는 것은 임차인 주거 공간을 위한 파티션, 드라이월, 마감된 바닥 및 천장 등의 사무실 임차인이 요구하는 일반적인 기타 개선 사항이 존재하지 않음을 의미합니다. 이러한 건물을 새롭게 꾸미기 위해서는 상당한 비용이 필요하기에 처음으로 공간을 임대하는 임차인은 보통 5년 이상의 장기 임대 계약을 체결합니다. 종종 임대인이

공간에 주어진 TI 수당보다 많은 추가 자금을 투자하는 경우가 있는데, 임대 공간에 더 많은 자금을 투자하는 임차인일수록 임대 기간 종료시 임대차 계약을 갱신할 가능성이 큽니다.
- **재입주(second-generation) 공간을 위한 TI:** 이전 거주 이력이 있는 공간을 재입주 공간이라고 부릅니다. 임대인이 기존 임차인을 유지하기 위해 지불하는 TI 달러는 새 카펫과 새 페인트칠 같은 미관 개선을 위해서 주로 쓰입니다. 협상 중인 임대차 기간이 충분히 길거나 임대인이 새 임차인(아마도 더 나은 신용을 가진 임차인)과 해당 공간을 재임대하고자 할 때 임차인의 욕실 개선 같이 약간의 구조적 개선이 더해지면서 TI이 더 커지기도 합니다.

리스의 네 가지 주요 유형

리스에는 다소 포괄적으로 정의된 네 종류의 운영 임대 계약(operating lease agreement), 총액(gross), 넷(net), 변형된 총액(modified gross), 풀 서비스(full service)가 있습니다. (지분형 리츠는 대개 임대인이 임대 자산에 자금을 조달하지만 임대 기간이 끝나면 임차인이 소유권을 갖게 되는 캐피탈 리스는 사용하지 않습니다.) 각 리스 구조의 명칭은 본질적으로 보편적이지 않습니다. 각 지역마다 고유한 명칭과 리스 표준이 있기도 합니다. 쉽게 말하자면 임대인과 임차인이 협상을 통해 체결한 모든 임대차 계약은 양측이 기꺼이 감수할 수 있다고 합의한 위험 및 보상을 반영합니다. 표 5.2는 임대의 주요 유형에 대한 요약으로, 유형별 일반 계약 조건과 임차인이 임대인에게 지불할 금액을 단순하게 설명한 예를 포함하고 있습니다.

① **총액 리스(gross lease):** 임차인이 임대인에게 고정된 월 임대료를 지불하고, 임대인이 부동산과 관련한 모든 운영 비용과 세금 및 보험료를 지불할 책임이 있는 리스입니다. 비용 상승분을 임대인이 모두 감당해야

표 5.2 주요 임대 유형 비교

	총액 리스	넷 리스*	변형된 총액 리스	풀 서비스 리스
임대인에 대한 평방피트당 계약 임대료 - 기준 연도 비용 스탑 및 CAM†	$15.00 n/a	$15.00 n/a	$19.00 -4.00	$23.00 -8.00
임대인에 대한 순 임대료 + 비용 초과에 대한 환급‡	$15.00 n/a	$15.00 n/a	$15.00 2.00	$15.00 2.00
임대인에 대한 평방피트당 임대료 총 지불액	$15.00	$15.00	$17.00	$17.00
비용 증가에 따른 위험 부담	임대인	임차인	임차인	임차인†
비용 부담 주체: - 비구조적 수리 및 유지보수 - 운영비(공과금, 관리비 등) - 재산세 - 보험 - CAM	임대인 임대인 임대인 임대인 임대인	임차인 임차인 임차인 임차인 임차인	** ** ** ** **	임차인 임차인 임차인 임차인 임차인
이 임대 구조와 가장 연관성이 높은 부동산 유형:	저가, 저품질 부동산	소매업 산업 단독 임차인	산업 오피스	오피스

* 예시는 트리플 넷 리스.

† 임차인은 임대인에게 기준 연도 비용 스탑으로 비용 초과분을 임대인에게 상환. 임대인이 부담하는 유일한 위험은 임대차 계약의 첫해(또는 기준 연도)에만 발생, 평방피트당 실제 비용이 임대차 협상에서 예측한 금액보다 높으면 임대인이 비용 차액을 흡수해야 합니다. 또한 임대가 기준 연도 비용 중단이 없는 풀 서비스 임대인 경우 임대인이 비용 증가분을 흡수해야 합니다.

‡ 이 예는 운영 및 CAM 비용이 변형된 총액 및 풀 서비스 리스에서 설정된 비용 스탑을 $2.00 초과한다고 가정하며, 임차인은 이 초과분에 대해 임대인에게 상환해야 합니다.

** 임대 계약 조건에 따라 다릅니다. 일반적으로 변형된 총액 리스에서는 세입자가 세금과 보험료를 지불합니다.

하는 총액 리스에서는 임대 기간 동안의 모든 위험을 임대인이 부담합니다. 임차인의 임대료는 변하지 않습니다. 아파트가 총액 리스로 운용됩니다. 상업용 공간을 총액 리스로 운용하는 경우는 거의 없습니다. 주로 단기 임대나 저품질 부동산의 경우에 한정해서 운용할 뿐입니다.

② **넷 리스(net lease)**: 임차인이 임대인에게 고정된 월 임대료를 지불하고 부동산의 운영, 유지, 사용에 필요한 비용의 전부 또는 일부를 지불할 책임도 가지고 있는 리스입니다. '넷'에는 임차인이 임대료에 추가 지불해야 할 비용의 정도에 따라 달라지는 세 종류의 레벨이 있습니다.

- 유지 관리: 유틸리티, 물, 청소, 쓰레기 수거, 제설, 조경 등의 항목을 포함
- 세금
- 보험

싱글 넷 리스(single-net lease)는 일반적으로 임차인이 임대료와 부동산 보유세를 지불하는 것을 의미합니다. 더블 넷 리스(double-net lease)에서는 임차인이 임대료와 부동산 보유세 그리고 보험료까지 지불합니다. 임대인은 비용 스탑 조건 하에서 다른 비용들을 부담합니다. 더블 넷 리스는 뒤에서 설명될 '변형된 총액' 또는 '총액 산업용' 리스라고 불릴 때가 더 많습니다. 트리플 넷 리스(triple-net lease)에서는 임차인이 월 임대료 외에도 부동산의 운영 및 유지 관리, 보험 및 세금 관련 비용을 모두 지불합니다. 고정 수익(fixed income, 채권) 투자를 통해 매월 이자 소득을 얻을 수 있듯이 본질적으로 임대인이 임차인으로부터 매월 '쿠폰' 지불을 받습니다.

트리플 넷 리스는 임대인이 단독의 독립 건물(freestanding

building)을 트리플 넷 구조가 주는 운용 면에서의 유연성을 원하는 단일 임차인에게 임대하는 경우에 가장 자주 사용됩니다. 리츠가 트리플 넷 구조 리스를 하는 건물 유형으로는 패스트푸드 레스토랑, 산업용 창고, 헬스케어 시설, 기업의 본사 역할을 하는 사무용 건물이 있습니다.

③ **변형된 총액 리스(modified gross lease):** 이 리스는 앞에서 설명한 더블 넷 리스와 유사합니다. 종종 총액 산업용 리스(gross industrial lease)라고도 부르는 변형된 총액 리스는 임차인이 임대료와 부동산 보유세 및 보험료 그리고 기준 연도 대비 이들 항목의 증가분까지 포함하여 지불하는 리스를 말합니다. 임대인은 운영 비용과 간혹 드는 부동산 관련 유지 비용을 지불합니다. 변형된 총액 리스 건물에 여러 임차인이 있는 경우 공용 구역 유지 또는 CAM 비용은 임차인에게 청구됩니다. 이 장의 초반에서 밝혔듯이 CAM 비용은 임차인 모두에게 이득을 주는 조경, 제설, 실외 조명 같은 유지 관리에 부과되는 추가 임대료입니다. 임차인들은 대개 자신이 임대한 평방피트를 기준으로 비용을 비례 분담하여 지불합니다. 변형된 총액 리스는 주로 다중 임차인 사무실, 산업용 및 상업용 부동산을 대상으로 쓰입니다.

④ **풀 서비스 리스(full-service lease):** 이 리스에서는 기준 연도에 계산했던 비용 스탑을 포함한 고정 월 임대료를 임차인이 임대인에게 지불합니다. 임대인은 부동산 운영 관련 모든 월별 비용, 유틸리티, 수도, 세금, 청소, 쓰레기 수거, 조경 등을 지불하고 이후 이어지는 몇 년간의 운영 비용이 비용 스탑을 초과하면 그 차액은 임차인에게 청구합니다. 임차인은 월 임대료에 대한 대가로 풀 서비스를 받기에 서비스 제공업체와 직접 계약할 필요가 없습니다. 풀 서비스 리스는 대부분 사무실 건물을 대상으로 체결됩니다.

리스와 임차인 파산

4장에서 설명했듯이 리츠의 임차인은 파산에 처한 상황에도 리스 임대 계약에서 정한 리츠 임대료를 우선적으로 지불해야 합니다. 리스가 법적 계약이며 파산 법원에서 파산법에 의거하여 회생하는 회사의 현금흐름에 대해 채권자나 투자자보다 선순위 채권을 갖는 운영 비용으로 간주하기 때문입니다.

> **팩트**
>
> 파산법원은 임대인과 임차인 사이의 임대차 계약을 임차인의 사업 운영 비용으로 간주하며, 임차인이 파산 시 대출 기관 등 채권자에 갚아야 할 채무보다 우선시합니다. 따라서 임차인은 파산 중에도 임대인(리츠)에게 임대료를 계속 지불해야 합니다.

임차인은 파산법원에서 임차인의 리스 임대 '거부'를 허용한다는 판결이 이루어질 때까지 리츠에 계약 상의 임대료를 계속 지불해야 합니다. 리스 임대가 임차인의 현금흐름에 대해 합법적으로 우선 청구를 할 수 있다는 사실 때문에 일부 임차인이 파산하더라도 리츠는 파산하지 않습니다.

운영 리스 및 새로운 ASC 842 표준에 대한 GAAP 회계

정액 임대료 조정(straight-line rent adjustment). GAAP에 따라 리츠는 현금흐름 방법(cash flow method)이 아닌 발생주의 방법(accrual method)으로 임대 소득을 보고합니다. 임대료는 정액(straight-lined)화, 즉 임대 기간 동안 일정하게 유지되어야 합니다. 즉, 리츠는 각 기간 동안 받은 (또는 받을 예정인) 계약상의 현금 임대료가 아니라 임대 기간 동안 받을 것으로 예상되는 평균 임대 소득을 보고

해야 한다는 의미입니다. 10년의 리스 임대 계약이 1년의 무상 임대 기간을 포함하여 평방피트당 10달러였다면 10년 동안 평방피트당 총액 임대료는 90달러가 될 것입니다. 이를 정액화하면 수익은 10년 동안 평방피트당 9달러입니다. 임대 수익의 정액화 개념은 임차인이 임대 기간 동안 공간을 일관되게 사용한다고 가정한다는 점에서 자산의 감가상각과 비슷합니다. 리스에 정해진 에스컬레이션이 더해지는 경우에는 리츠가 리스 임대 전체의 반에 해당하는 기간 동안을 반영한 평균 임대료가 수령한 임대료 현금 액수보다 클 것이며, 임대 기간의 후반기에 수령한 현금 임대료는 리츠의 손익계산서에 반영된 평균 임대 수익보다 클 것입니다. 11장에서 다루는 리츠의 조정된 운영 자금(Adjusted Fund From Operation: AFFO)과 순자산가치를 계산하려면 직선화 임대료를 조정하여 수령하거나 수령 가능한 실제 현금 임대료를 산출할 수 있어야 합니다. 표 5.3은 임대료의 정액화 과정을 보여줍니다.

표 5.3 임대료 정액화 조정 예시

	1년차	2년차	3년차	4년차
SF당 계약 임대료	$15.00	$16.50	$18.00	$19.50
x 임대한 평방피트	5,000	5,000	5,000	5,000
수령할 현금 임대료("A")	$75,000	$82,500	$90,000	$97,500
수령할 누적 현금 임대료	$345,000			
÷ 임대 기간(년)	4			
GAAP에 따라 보고된 연간 평균 임대료("B")	$86,250			
그러므로:				
재무제표에 보고된 GAAP 임대료	$86,250	$86,250	$86,250	$86,250
- 정액 임대료 조정 (A - B)*	-11,250	-3,750	3,750	11,250
수령한 현금 임대료	$75,000	$82,500	$90,000	$97,500

* 임대차 계약의 중간 시점 이후에는 정액 임대료 조정분이 양수가 됩니다. 리츠가 수령한 또는 수령해야 할 현금 임대료를 반영하기 위해서는 리츠의 손익계산서에서 임대 수익 또는 NOI를 직선화 조정 금액만큼 증가시켜야 할 것입니다.

새로운 리스 회계 규칙(ASU 2016-02; ASC 토픽 842)에 따른 운영 리스 회계의 변화. 2016년 2월, 미국 재무회계기준위원회(FASB)는 2019년 1월 1일부터 리츠에 대해 발효되는 운영 리스의 회계 처리에 관한 최종적인 변경 사항을 발표했습니다(ASC 842). FASB는 미국 기업에 대한 재무 회계 기준을 수립하는 조직이며, SEC가 기준의 적합성을 인증합니다.

임차인 관점에서 보면, 역사적으로 임대인들은 운영 리스를 대차대조표에서 자본화하지 않고 대신에 임대료를 손익계산서에서 비용으로 처리해 왔습니다. ASC 842가 임차인에게 부여한 가장 큰 변화는 임대차 계약에서 합의한 임대료의 현재 가치(임대 공간에 대한 '사용권'을 나타냄)를 자산으로 생성하도록 하고, 상응하는 임대료에 대한 부채를 대차대조표에 생성하도록 한 것입니다. 결과적으로 임차인은 대차대조표에서 리스 지불 관련 책임을 최소화하기 위해 보다 짧은 임대 기간을 선호하게 되었습니다.

ASC 842로 인해 일부 내부적인 임대 및 법적 비용에 대한 회계 처리를 변경해야 했기에 임대인(리츠)에게도 커다란 영향을 끼쳤습니다. 2016년 7월, 썬트러스트(SunTrust)의 지분형 리츠 전문 애널리스트였던 로빈슨 험프레이(Robinson Humphrey), 마이클 루이스(Michael Lewis, CFA), 김기빈(Ki Bin Kim, CFA)이

표 5.4 ASC 842에 따른 직접 리스 비용과 간접 리스 비용 비교

직접 비용(자본화)	직접 비용에서 제외(비용 처리)
·브로커 수수료	·임대 직원 급여
·리스 실행에 따른 법적 비용	·리스 실행 전에 제공된 서비스에 대한 법적 비용
·리스 실행 후 발생하는 리스 문서 준비 비용	·리스 거래 생성을 위해 사용된 광고
·일종의 기존 임차인 퇴거 비용	·기타 개시 노력
·관련이 없는 제3자가 잔존 자산 보증을 위해 지급한 대가	·유휴 자산 관련 비용

선트러스트 로빈슨 험프리의 허가 하에 복제.

이전의 회계 규칙과 비교하여 ASC 842가 리츠에 미친 영향을 요약한 가이드를 발표했습니다. 이 보고서에 따르면, "실행 중인 특정 임대의 직접적 결과인 비용만 자본화가 가능하며 다른 모든 비용은 발생하는 즉시 비용으로 지출해야 합니다. 즉, 수수료 기반이 아닌 임대 인력의 보상(예: 직원 기본 급여와 '보너스')과 같은 임대 내부 비용을 이제는 전액 비용 처리해야 합니다." 또한 이 보고서는 현재 지출되고 있는 간접 비용과 아직 자본화가 가능한 직접 비용에 대한 요약 표를 제시했습니다. 표 5.4는 이 정보를 재현한 것입니다. 리츠의 현금흐름은 ASC 842의 영향을 받지 않았음에도 불구하고, 특정 내부 임대 및 법적 비용에 대한 자본화가 아닌 비용 처리 때문인지, 2019년부터 리츠는 대체로 운영 자금(FFO)과 순자산가치에서 나오는 자금을 회계 규칙 변경이 없던 때에 비해 약간 낮추어 보고했습니다.

또한 ASC 842에 따라 임대인은 임대 수익 보고에서 임대 구성 요소와 비임대 구성 요소를 구분해서 기재해야 합니다. 이에 리츠 대부분이 새 규정이 허용하는 '실무적 편의(practical expedient)'를 채택하여 임차인 환급(tenant reimbursement) 같이 가변적인 임대 수익 항목을 '리스 수익' 또는 그와 유사한 단일 항목으로 통합했습니다. 이전에 임차인 환급금을 임대 수익의 일부로 보고했던 리츠는 이제 (규정을 준수하기 위해 이름을 변경했을 수 있습니다만) 일반적으로 해당 세부 정보를 추가 정보 패키지에 명시합니다.

ASC 842와 관련된 세 번째 변경 사항은 임대인이 임대료 징수 가능성을 회계 처리하는 시기 및 방법에 관한 것입니다. ASC 842 이전에는 임대인이 위험한 임대료(at-risk rent)를 나타내는 준비금(reserve)이라는 자산을 생성했습니다. 그리고 상쇄 계정은 이익잉여금에 상계했습니다. (임대인이 위험한 임대료에서 수익을 얻을 수 있을지 확신할 수 없기 때문입니다.) ASC 842에 따르면 임대인은 이제 80%라는 기준에 따라 징수 가능성을 측정합니다. 임대인의 임대 관련 임대료 징수에 대한 확신이 80% 미만인 경우라면 임대인은 해당 임대와 관련한 모든 직선화 임대료를 상각한 다음 해당 임대를 발생 기준이 아닌 현금 기준으로 회계 처리해야 합니다. 직선화 임대료를 상각하면 리츠의 EBITDA 및 FFO에는 부정적인 영향을 미치지만 현금흐름(AFFO)에는 영향을 미치지 않습니다.

결론

　기본적으로 리츠의 현금흐름은 임대차 리스에서 받은 모든 현금의 총합에서 관리비, 미결재 부채에 대한 이자 지급, 우선주 및 보통주 발행 주식에 대한 배당금을 차감한 금액이 됩니다. 수요와 공급의 펀더멘탈은 다양한 유형의 상업용 부동산에 따라 크게 다르며 궁극적으로는 리츠 수익률을 결정하는 가장 큰 요인입니다. 임차인의 질과 임대 기간 및 임대 계약 구조 또한 임대인의 현금흐름이 긴 시간 동안 얼마나 안정적일 수 있는지 (또는 변동성이 있을지)를 결정합니다.

> 리츠가 사용하는 평균 임대 기간과 임대차 계약 구조 유형을 알면 경제 확장 및 수축 시기에 리츠 주식이 어떻게 거래될지 예측하는 데 도움이 됩니다.

　각 부동산 유형과 관련된 다양한 임대 기간이 과거에 주가 수익률에 어떤 영향을 미쳤는지에 대해서는 10장에서 논의할 것입니다. 일반적으로 리스가 짧을수록 미래 수익의 변동성이 커지고, 그에 따라 해당 리츠 주식의 일일 가격 변동이 더 커집니다. 장기 임대는 채권에서 이자 지급을 받는 것과 유사하게 꾸준한 수입을 창출합니다. 이러한 일관성 있는 수입원은 임대료의 근본적인 안정성을 반영하는 주가의 움직임으로 이어지는 경향이 있습니다. 단기 리스(호텔)와 장기 리스(트리플 넷 또는 특별 리스)라는 두 극단 모두 상대적인 기회와 위험성을 갖고 있습니다. 리츠가 임대차 계약에 사용하는 임대 유형의 이해는 다양한 경제 환경의 시나리오 안에서 어떻게 리츠 수익이 성장할 수 있는가와 어떻게 보통주를 거래하는가를 예측할 수 있도록 도울 것입니다.

6장

부동산 유형에 따른 리츠의 분류

　　리츠를 분류하는 주요 방법 중 하나는 리츠가 투자하는 부동산 유형으로 나누는 것입니다. 이 장에서는 지분형 리츠가 소유하는 주요 부동산 유형에 대한 기본적인 개요와 함께 7장의 주제인 모기지 리츠에 대한 기본 정보에 대해 이야기해 보겠습니다. 그리고 2019년 말 기준으로 FTSE Nareit All REITs 지수에 포함된 179개 지분형 리츠 및 40개 모기지 리츠들의 하위 목록을 Nareit 부동산 부문 및 하위 부문 분류에 따라 범주화하고 2019년 9월 30일 기준의 소유 총자산 규모 순서대로 정렬해 볼 것입니다. 현재 시점의 리츠 목록은 Nareit 웹사이트인 www.reit.com를 참조하기 바랍니다.

　　각 유형의 부동산은 고유한 수요와 공급의 펀더멘탈을 가지고 있어 부동산 소유자의 기대 소득에 저마다 다른 특성의 위험과 보상을 가져옵니다. 이러한 위험과 보상은 경제 호황기나 불황기에 더 뚜렷하게 드러나지만 여러 부동산 유형들의 수익과 주식시장에서의 평상시 성과에도 영향을 미칩니다. 각 부동산 유형의 수요에 영향을 미치는 경제적 요인들 또한 이 장에서 분석하고자 합니다. 다양한 유형의 리츠 주가에 금리, 고용 추세의 변화 같은 경제 뉴스가 미치는 영향에 관해서는 3장 부동산 펀더멘탈에서 이미 다뤘습니다.

다각화 리츠 및 스페셜티 리츠

다각화 리츠(diversified REITs)란 두 유형 이상의 상업용 부동산에 투자하는 지분형 리츠를 말합니다(표 6.1 참조). 부동산 스펙트럼의 반대편에는 광고판이나 교정 시설 또는 농지 같이 매우 특수한 단 한 유형의 부동산만 소유하는 스페셜티 리츠(specialty REITs, 표 6.2)가 있습니다. 스페셜티 리츠 대부분이 업계에 새로 등장한 것들입니다. 다만 데이터센터(표 6.3), 인프라(표 6.4), 목재(표 6.5) 스페

표 6.1 다각화 리츠

회사명	티커심볼	총자산[*]
Colony Capital Inc.	CLNY	$22,124
Vornado Realty Trust	VNO	18,216
VEREIT Inc.[a]	VER	14,456
W. P. Carey Inc.	WPC	14,084
JBG SMITH Properties	JBGS	6,022
Mack-Cali Realty Corp.	CLI	5,721
Global Net Lease	GNL	3,609
Lexington Realty Trust	LXP	3,035
American Assets Trust Inc.	AAT	2,789
Washington REIT	WRE	2,675
Alexander & Baldwin Inc.	ALEX	2,122
Armada Hoffler Properties Inc.	AHH	1,761
Alexander's Inc.	ALX	1,283
Whitestone REIT	WSR	1,012
Gladstone Commercial Corp.	GOOD	978
One Liberty Properties Inc.	OLP	785
Medalist Diversified REIT	MDRR	79
HMG/Courtland Properties Inc.	HMG	33
18개 다각화 리츠의 총계:		$100,783

[*] 2019년 9월 30일 기준 총자산(단위: 백만 달러).
[a] 이전 명칭: American Realty Capital Properties(뉴욕증권거래소: ARCP).
출처: Nareit, S&P Global Market Intelligence. 이들 리츠 다수가 장기적인 트리플 넷 리스 채택.

표 6.2 스페셜티 리츠

회사명	티커 심볼	총자산*	NAREIT 하위자산 유형
Iron Mountain Inc.	IRM	$13,577	스페셜티
VICI Properties Inc.	VICI	12,581	카지노
Gaming and Leisure Properties	GLPI	8,505	카지노
EPR Properties	EPR	6,633	다각화
Lamar Advertising Co. (REIT)	LAMR.REIT	5,932	광고판
OUTFRONT Media Inc. (REIT)	OUT.REIT	5,321	광고판
GEO Group Inc.	GEO	4,283	교정시설
CoreCivic Inc.	CXW	3,749	교정시설
Safehold Inc.	SAFE	1,637	다각화
Farmland Partners Inc.	FPI	1,097	농지
Gladstone Land Corp.	LAND	757	농지
11개 스페셜티 리츠의 총계:		$64,072	

* 2019년 9월 30일 기준 총자산(단위: 백만 달러).

출처: Nareit, S&P Global Market Intelligence. 이들 리츠 다수가 장기적인 트리플 넷 리스 및/또는 그라운드 리스(=지상권 임대) 채택.

셜티 리츠들은 설립된 지 좀 된 것들로 이제는 자체 Nareit 분류를 가지고 있습니다. 2019년 9월 30일을 기준으로 총 44개의 리츠들이 이 카테고리에 속해 있으며 총자산은 3,370억 달러에 달합니다.

데이터센터 리츠는 도매 데이터센터 부동산(도매 데이터센터는 건물 전체를 임대하거나 사들여서 시설을 설치한 후에 이를 분할해서 소매 데이터센터 혹은 대기업 같은 대규모 고객에게 판매)과 데이터센터 쉘(data center shell)을 소유, 개발, 관리합니다. 소비자들이 비디오 스트리밍 및 소셜 미디어 같은 통신 및 엔터테인먼트 기반 활동 그리고 휴대 전화 및 무선 장치를 점점 더 많이 사용하면서 21세기 초 20년 동안 데이터센터 공간에 대한 수요가 엄청나게 폭증했습니다. 최근 들어서는 페이스북(Facebook Inc.(NASDAQ: FB) 같은 소셜 미디어 회사, 미국 및 기타 정부 그리고 정치 및 소비자 마케팅 목적으로 인구통계 데이터를 분석하려는 다양한 기관에서

표 6.3 데이터센터 리츠

회사명	티커 심볼	총자산*
Digital Realty Trust Inc.	DLR	$23,173
Equinix Inc. (REIT)	EQIX.REIT	22,842
CyrusOne Inc.	CONE	5,893
QTS Realty Trust Inc.	QTS	3,123
CoreSite Realty Corp.	COR	2,047
5개 데이터센터 리츠의 총계:		$57,078

* 2019년 9월 30일 기준 총자산(단위: 백만 달러).
출처: Nareit, S&P Global Market Intelligence. 이들 리츠는 일부가 장기 트리플 넷 리스 채택.

사용자 데이터 분석을 위해 대용량(평방피트가 아닌 메가와트 및 킬로와트 단위로 측정)의 데이터센터를 필요로 하고 있습니다. 소비재 판매를 위해서든 정치적 이유이든 국가 안보를 위해서든 간에, 누가 무엇을 구매하고 누구와 소통하고 있는가를 파악하는 일은 대규모 사업입니다.

데이터센터 리츠가 직면한 위험은 소유하고 있는 데이터센터의 유형에 따라 다릅니다. 가장 덜 위험한 유형은 데이터 쉘로, 임차인이 운영에 필요한 모든 기계 및 냉각 장비, 즉 인프라에 투자합니다. 위험 스펙트럼의 반대편에 있는 도매 데이터센터에서는 임대인(리츠)이 모든 인프라에 투자하고 임차인은 이 인프라를 임대료의 일부로 임차하여 이용합니다. 도매 데이터센터는 기술, 산업 표준, 서비스 요구 사항들이 급격히 변화하고 있어 낙후의 위험에 가장 취약합니다. 이러한 공간 비즈니스를 운영하기 위해서는 비용이 필요합니다. 장기적으로는, 보다 효율적인 데이터센터에 대한 수요와 클라우드(특히, 5G 연결 출시), 인공지능, 자율주행 차량으로 움직이는 이용자의 수요가 계속 증가하면서 데이터센터에 대한 수요를 당분간 견인할 것으로 보입니다.

트리플 넷 리스 운용 리츠

5장에서 언급했던 트리플 넷 리스에서는 임대인이 부동산 점유 관련 세금, 보험, 유지 보수 비용을 제외한 기본 임대료를 받습니다. 이 비용들을 비롯한 기타 운영 비용을 임차인이 직접 서비스 제공자들에게 지불합니다. 대개 트리플 넷 리스로 운용되는 리츠는 단일 임차인에게 해당 부동산을 10년 이상 임대합니다. 대부분 단독형 사무실(standalone office), 공장(industrial), 소매업 건물(retail buildings)입니다. 현재 Nareit에 트리플 넷 부동산 카테고리는 없습니다. Nareit에서 전문형 인프라 목재 리츠로 분류되어 있는 회사들 일부와 다각화 리츠 일부가 트리플 넷 리스(그라운드 리스 포함[1])로 운용되고 있습니다.

인프라 리츠(표 6.4)는 통신(셀룰러 타워 포함), 에너지, 운송 프로젝트에 투

---

[1] 역주. 그라운드 리스(ground lease)는 한국의 지상권 임대에 해당합니다. 토지 소유권을 가진 사람으로부터 토지 사용권을 임차한 임차인이 지은 건물은 임차인의 소유가 됩니다. 일반적으로 미개발 토지에 대해서 임차인이 개발을 하는 컨셉이기 때문에 임차인이 모든 비용을 지불하는 트리플 넷 리스에 포함되는 것입니다. 지상권과 토지 임차권(land lease)은 다릅니다.
한국의 경우 지상권은 등기된 권리를 임차인이 완전히 소유하여 매매 가능하지만 토지 임차권은 당사자간의 채권으로 그렇지 못합니다. (땅 주인이 바뀐 경우 토지 임차인은 새로운 땅 주인에 대해 토지 임차권을 상실합니다.) 그러나 이러한 차이는 미국의 경우 일종의 장기와 단기 임대의 차이 정도로 줄어듭니다. 미국의 경우 한국의 등기에 해당하는 기록(recording)은 한국과 같은 절대적 법적 확정을 하지 않습니다. 미국의 기록은 언제나 잘못될 가능성이 있고, 잘못이 없다고 해도 기록을 통해 권리가 확정되는 것이 아닙니다.
중앙 정부가 확정된 권리를 보장하도록 하는 통일된 시스템을 유지해 온 한국과 달리 미국은 다른 시스템을 가지고 있습니다. 한국의 경우 등기와 동시에 완전한 법적 효력을 부과하는 것이기에 정부가 사전에 규정하지 않는 유형의 계약은 등기할 수 없지만, 미국의 경우 한국의 등기에 해당하는 '기록'은 다양한 사항을 기록하여 이를 공지하고 열람하도록 하는 글자 그대로 기록의 성격입니다. 기록은 더 자유롭고 다양한 응용이 가능하지만 그 대신 기록의 적합성을 법적으로 확정하지 못하는 것입니다.
미국에서는 그라운드 리스와 랜드 리스 모두 기록이 가능합니다. 하지만 땅의 주인이 바뀔 경우에 어떤 경우든 개별 계약서에 임차인의 권리를 구체적으로 명시하지 않으면 기록이 되어도 보호받지 못합니다. 다시 말해서, 미국은 기록이 되었어도 개별 계약이 중요한 기준이 되고 국가와 법은 분쟁이 일어났을 때 개입합니다. 한국에서는 사전에 국가에서 법적으로 효력을 인정받은 표준화된 계약이 확정을 받은 것이 등기이므로 등기가 개별 계약만큼, 혹은 그보다 더 중요합니다. 한국은 정부가 거래의 유형을 한정하고 표준화된 권리 관계를 규정함으로써 정부가 소유권을 보증하는 쪽이고, 미국은 다양한 권리 관계의 계약을 기록할 수는 있으나 정부는 관련 당사자들의 계약을 공식적으로 공시하는 열람소의 역할을 할 뿐입니다.

표 6.4 인프라 리츠

회사명	티커심볼	총자산*
American Tower Corp. (REIT)	AMT.REIT	$39,307
Crown Castle Intl. (REIT)	CCI.REIT	38,344
SBA Communications Corp. (REIT)	SBAC.REIT	9,201
Uniti Group Inc.	UNIT	5,031
CorEnergy Infrastructure Trust	CORR	656
Power REIT	PW	22
6개 인프라 리츠의 총계:		$92,561

* 2019년 9월 30일 기준 총자산(단위: 백만 달러).
출처: Nareit, S&P Global Market Intelligence. 이들 리츠는 대체로 장기 트리플 넷 리스 및/또는 그라운드 리스 채택.

자합니다. 무인 자동차 기술은 시간 지연을 최소화하기 위한 무선 연결을 필요로 하므로 일부 인프라 리츠에 대한 수요 증가로 이어질 수 있습니다. 목재 리츠(표 6.5)는 종이와 목재 제품 생산을 위해 나무들이 많은, 에이커 규모의 숲을 소유합니다.

트리플 넷 리스 운용 리츠의 보상과 위험

경기 확장기에 장기 트리플 넷 리스로 운용하는 소유주(임대인)는 오르고 있는 시장 임대료를 적용할 수 없기에 단기 리스, 총합 리스, 풀 서비스 리스로 운용하는 다른 소유자들만큼 이익을 얻지 못합니다. 그러나 트리플 넷 리스 소유주는 임대료에서 꾸준한 채권 같은 현금흐름의 혜택을 받습니다. 그 결과 트리플 넷 리츠는 방어가 잘 되면서도 변동성이 적은 리츠로 여겨지고 있으며 경제적 불확실성의 시기에 다른 리츠들보다 성과가 좋은 편입니다.

트리플 넷 리스 모델의 위험 요인 중 하나는 이 기업들의 성장 방식에서 비롯합니다. 개발로 성장을 도모하는 트리플 넷 리츠는 거의 전무하며, 내적 성장은 이 리스의 긴 시간적 특성(인플레이션과 관련 있음)에 근거합니다. 이 리츠들은 인수(acquisitions)를 외적 성장의 주된 동인으로 삼습니다. 따라서 이러한 트리플 넷 리츠

표 6.5 목재 리츠

회사명	티커 심볼	총자산*
Weyerhaeuser Co.	WY	$16,832
Rayonier Inc.	RYN	2,767
PotlatchDeltic Corp.	PCH	2,257
CatchMark Timber Trust Inc.	CTT	684
4개 목재 리츠의 총계:		$22,540

* 2019년 9월 30일 기준 총자산 (단위: 백만 달러).

출처: Nareit, S&P Global Market Intelligence. 이들 리츠는 대체로 장기 트리플 넷 리스 및/또는 그라운드 리스 채택.

기업에게 있어 낮은 자본비용 수준의 확보와 유지는 필수적입니다. (가중평균자본비용(WACC)이라고도 하는 리츠 자본비용에 대한 논의는 11장을 참조하십시오.) 간단한 예로, 장기 트리플 넷 리스로 임대한 부동산의 투자 수익률로 5%를 기대한다고 할 때 이 부동산 인수가 트리플 넷 리츠의 미래 현금흐름에 도움이 되려면 트리플 넷 리츠 자본비용이 5% 미만이어야 합니다. 여기서 투자 기회에 대한 수익률과 리츠 자본비용의 차이를 스프레드(spread)라고도 부릅니다. (그래서 부채로 4% 이자율을, 주식 배당으로 4.5%를 지불하면 자본비용 수준이 낮아집니다.)

2007-08년 대금융위기(Great Financial Crisis) 이래, 신용점수가 높은 세입자가 트리플 넷 리스를 하는 건물을 매수하기 위해 경쟁하는 소득 지향 투자자의 수가 크게 급증했습니다. 2008-09년 대공황에서 기인한 미국의 초저금리 환경이 5% 이상의 수익률을 주는 트리플 넷 부동산을 포함해서 일반적으로 고수익 투자에 대한 수요를 증가시키는 주 원인으로 작용했습니다. 미래에 이자율이 높아지면 부동산 가치가 소폭이나마 하락함으로써 현재보다 부동산에서 더 높은 수익률을 얻을 수도 있겠지만 트리플 넷 리츠 매니지먼트팀 (또는 성장을 위해 인수에 의존하는 모든 리츠)은 자본비용에 대한 긴장을 늦춰선 안 될 것입니다.

헬스케어 리츠

Nareit 목록에 자산 총합이 1,290억 달러에 이르는 17개의 헬스케어 리츠 (Health-Care REITs)들이 포함되어 있습니다(표 6.6). 헬스케어 리츠는 헬스케어 제공자에게 보통 트리플 넷 임대 또는 변형된 총액 기준 방식으로 시설을 임대하여 소득을 얻습니다. (임대 구조에 대한 자세한 내용은 5장을 참고하십시오.) 이 부동산 유형에는 시니어와 요양/재활 시설, 메디컬 클리닉, 메디컬 오피스 건물(Medical Office Building: MOB), 헬스케어 실험실과 병원들이 포함되어 있습니다.

인구 증가, 고령화, 소비자 선호도 변화(병원에서 벗어나 보다 편리한 메디컬 오피스 건물 선호), 비용 절감은 병원이 아닌 헬스케어 자산의 성장을 촉진했고, 결과적으로 헬스케어 리츠를 성장시켰습니다.

헬스케어 리츠의 보상과 위험

미국은 인구 증가와 고령화를 비용 효율적인 방식으로 지원할 수 있는 헬스케어 시설을 점점 더 필요로 하고 있습니다. 이러한 강한 수요의 혜택을 헬스케어 리츠는 한동안 누릴 수 있을 것입니다. 그러나 수요가 급성장하는 곳에는 신규 공급이 지나치게 많이 이루어지기 쉽습니다. 따라서 여러 헬스케어 리츠들에 대해 평가할 때 투자자는 이들 리츠가 지닌 잠재적 위험성을 염두에 두고 어느 곳에 시설을 짓거나 매수를 하는지 살펴보아야 합니다.

헬스케어 리츠 임차인은 의사들과 헬스케어 서비스 제공자들입니다. 이들은 메디케어 및 메디케이드 환급 수준을 결정하는 정부 정책에 여러 층위로 노출되어 있습니다. 대부분의 리츠는 개인 부담 치료 시설 운영자인 임차인에게 임대를 주어 메디케어 및 메디케이드 환급 수준의 잠재적 변화에서 올 위험을 최소화합니다. 그럼에도 헬스케어 리츠의 총수익률이 정부의 메디케어 및 메디케이드 환급률 인하에 따

표 6.6 헬스케어 리츠

회사명	티커 심볼	총자산*
Welltower Inc.	WELL	$31,864
Ventas Inc.	VTR	24,804
Healthpeak Properties[a]	PEAK	14,010
Medical Properties Trust Inc.	MPW	12,452
Omega Healthcare Investors	OHI	8,996
Diversified Healthcare[b]	DHC	6,917
Healthcare Trust of America	HTA	6,323
Sabra Health Care REIT	SBRA	6,068
Physicians Realty Trust	DOC	4,248
Healthcare Realty Trust Inc.	HR	3,491
National Health Investors Inc.	NHI	3,019
New Senior Investment Group	SNR	2,204
CareTrust REIT Inc.	CTRE	1,525
LTC Properties Inc.	LTC	1,512
Global Medical REIT	GMRE	812
Community Healthcare Trust Inc.	CHCT	533
Universal Health Realty Trust	UHT	484
17개 헬스케어 리츠의 총계:		$129,262

* 2019년 9월 30일 기준 총자산(단위: 백만 달러).

[a] 2019년에 Healthpeak Properties(NYSE: PEAK)의 회사명 및 티커 심볼이 HCP, Inc.(NYSE: HCP)에서 변경.

[b] 2019년에 Diversified Health-care Trust(NASDAQ: DHC)의 회사명 및 심볼이 Senior Housing Properties Trust(NASDAQ: SNH)에서 변경.

출처: Nareit, S&P Global Market Intelligence. 이들 리츠는 대체로 장기 트리플 넷 리스 채택.

라 달라질 위험은 여전히 잠재되어 있습니다. 실제로는 아무런 변화가 없어도, 투자자들이 환급 비율이 인하될 수 있다고 믿게 된다면 아마 헬스케어 리츠 대부분이 다른 부동산 유형보다 낮은 성과를 보이게 될 것입니다. 그리고 이에 더하여, 고령화 대응 기술의 발달로 인해 과거와는 달리 나이가 들어도 자신이 살던 집에서 계속 살 수 있게 되면서 앞으로는 시니어 케어 시설에 대한 수요가 적어도 조금은 감소될 수 있습니다.

2020년 COVID-19 팬데믹은 위기 상황에서 다양한 헬스케어 시설들이 어떻게 운영될 수 있으며 리츠 임대인에게 임대료는 어떻게 지불할 수 있는지를 보여주었습니다. 생명 과학 시설 운영 업체, 병원, 메디컬 오피스 건물(MOB)이 팬데믹에 거의 영향받지 않고 합리적으로 운영될 수 있었습니다. 생명 과학 운영 업체는 식품의약국(FDA) 승인이 간소화되고 바이러스와 기타 의료 상황 대처를 위해 연구 개발 자금 유입이 증가하면서 혜택을 받았습니다. 병원과 MOB는 COVID-19 환자에게 충분한 병상과 장비를 확보해 주기 위해 예정되어 있던 수익성이 훨씬 높은 수술들을 연기하면서 수익은 감소하고 인건비와 장비 운영 비용은 커지는 상황을 겪었습니다. 게다가 사회적 거리두기 및 새로운 환자 치료 프로토콜이 시행되면서 이러한 상황은 지속되었습니다. 인건비 및 장비비의 상승 외에도 전문 간호 시설(Skilled Nursery Facility: SNF) 및 시니어홈 시설(Senior Housing Facility: SHF) 운영 업체는 코로나 초기에 점유율이 급격하게 하락하는 상황을 경험했습니다. 팬데믹 기간 동안 거주자의 사망률이 급격히 높아지고 SNF에서는 예정되어 있던 입주 절차들이 연기되었습니다. 절차가 다시 재개되면서 SNF의 점유율 증가가 이루어질 가능성이 높아졌습니다만, 팬데믹 기간에 유독 높았던 COVID-19 감염률과 사망률이 보고되었던 SHF 시설은 거주 예정자와 그 가족들이 입소를 꺼리면서 점유율이 높아지는 데 시간이 많이 걸릴 수 있습니다.

헬스케어 리츠를 검토할 때 고려해야 할 마지막 위험성은 장기 트리플 넷 리스로 운영된다는 점에 있습니다. 이자율이 높아지는 환경에서 트리플 넷 리스로 운용되는 리츠 주가는 대체로 다른 유형의 단기 리스로 운용되는 리츠보다 낮은 성과를 보인다는 점에서 장기채권처럼 평가되곤 합니다. (리츠 주가에 영향을 미치는 외부 요인에 대한 자세한 내용은 10장에서 다룹니다.)

산업 리츠

Nareit 리스트에는 2019년 9월 30일 기준, 자산 총합이 820억 달러인 14개의 산업 리츠(Industrial REITs)가 있습니다(표 6.7 참고). 산업 부동산은 유통 창고, 경공업, 연구 개발 등의 여러 다양한 목적의 기업에 임대합니다.

산업 부동산은 미국에서 가장 안정적이고 변동성은 가장 적은 부동산 유형 중 하나입니다. 미국의 국가 차원 창고/산업 점유율은 보통 89%에서 95% 범위 사이에 머무르고 있으며, 창고 및 유통 시설에 대한 수요와 공급의 펀더멘탈은 상당히 견고합니다. 신규 산업 부동산은 빠르고 쉽게 건축 가능하여 수요에 바로 공급으로

표 6.7 산업 리츠

회사명	티커심볼	총자산[*]
Prologis Inc.	PLD	$39,448
Duke Realty Corp.	DRE	8,263
Liberty Property Trust[a]	LPT	7,339
Americold Realty Trust	COLD	4,142
STAG Industrial Inc.	STAG	3,745
Rexford Industrial Realty Inc.	REXR	3,502
First Industrial Realty Trust	FR	3,377
Industrial Logistics Ppts	ILPT	2,468
EastGroup Properties Inc.	EGP	2,400
PS Business Parks Inc.	PSB	2,118
Terreno Realty Corp.	TRNO	2,045
Monmouth Real Estate	MNR	1,872
Innovative Industrial Ppts Inc.	IIPR	623
Plymouth Industrial REIT Inc.	PLYM	602
14개 산업 리츠의 총계:		$81,945

[*] 2019년 9월 30일 기준 총자산(단위: 백만 달러).
[a] 2020년 1분기에 ProLogis, Inc.가 Liberty Property Trust 인수.
출처: Nareit, S&P Global Market Intelligence.

대응할 수 있는데 이 점이 이 부문의 안정성을 보장하는 주된 요인으로 작용합니다.

산업 부동산 수요는 소비자 지출 및 GDP의 성장과 상관관계를 갖습니다. 쇼핑몰 같은 전통적인 오프라인 매장이든 전자상거래라 불리우는 인터넷 온라인이든 간에 상품에 대한 구매 수요가 커지면 소비자를 위한 상품 보관과 유통을 위한 창고의 필요성 역시 커집니다. 공급은 새로운 개발을 통해 늘어납니다. 산업 부동산은 기본적으로 6인치의 콘크리트 슬래브 위에 콘크리트 벽으로 네 면을 세운 후 이것들을 함께 지붕으로 고정시킨 구성이어서 건축이 매우 단순합니다. 산업 부동산은 착공 후 완공에 걸리는 시간이 고작 6개월에서 9개월입니다. 개발 기간이 상대적으로 짧기에 산업 부동산의 신축은 과도하게 진행되기 어렵습니다.

산업 리츠의 위험과 보상

부동산 크기(많은 창고의 크기가 현재 100만 피트 이상), 트럭 도킹 문 개수, 트럭 주차 및 회전 반경, 접근 용이성 등이 좋은 부동산을 위한 주요 지표들입니다. 역사적으로 산업 리츠들은 부문에 특화된 안정성을 누릴 수 있긴 하였으나 변동성이 큰 다른 부동산 부문처럼 강한 경제 성장기에 높은 가격 상승은 누리지 못했습니다. 그런데 2010년 이후 전자상거래 (또는 소비재를 온라인으로 사고 파는 것)가 급성장하며 (스태티스타(Statista)에 따르면) 전 세계 소매 판매의 14.1%를 차지하기에 이르렀습니다. 그리고 모든 소매업체가 신속한 배송을 추구하는 '아마존 효과(Amazon Effect)'로 인해 더 많은 창고가 필요해졌습니다. 스태티스타는 2021년에 이르면 온라인 쇼핑이 전 세계 소매 판매의 17%에서 18%를 차지할 것이라는 예측을 내놓았습니다.

COVID-19 팬데믹 때 미국 대부분의 지역에서 임시 구호소 및 재택근무 (Work From Home: WFH) 프로토콜이 발표되자 판매 채널로 자리를 잡아가고 있던 전자상거래가 비단 전자상거래 기업뿐 아니라 팬데믹 이전엔 전자상거래를 취급하지 않던 기업에까지 급격히 확산되며 증가세를 가속화했습니다. COVID-19 셧다운으로 인해 소매업체와 소비자 관점에서 전자상거래가 '선호'에서 '필수'로 빠르게 진화했던 것입니다. 이와 같은 소비자 구매 습관과 소매업 유통계의 장기적인 변화는 창고 및 물류업에 대한 지속적이고 강력한 수요 촉진과 산업 리츠의 주가 상승을 이끌었습니다. COVID-19 팬데믹 훨씬 이전에도 산업 공간은 최종 소비자를 위한 상품 배송에 유용한 도구였습니다만 팬데믹 이후에는 필요불가결한 요소로 자리잡았습니다.

임대 조건

산업 부동산 임대인은 트리플 넷 리스 또는 변형된 총액 리스를 이용합니다. 5장에서 설명했듯이 전자의 경우 임차인이 재산의 모든 유지 관리와 세금 및 보험에 대한 책임을 집니다. 후자의 경우에는 임대인(리츠)이 기본 재산세와 보험료를 지불합니다. 임대 기간은 지역 유통을 위한 소규모 공간 사용자의 경우에는 1~3년, 전국 단위 상품 유통을 위한 대규모 임차인의 경우에는 5년, 7년, 또는 10년 이상으로 잡습니다. 조건 스펙트럼에 상관없이 유통 공간이 임차인 공급망의 중요한 구성 요소이기 때문에, 즉 창고 및 유통 공간 없이는 임차인이 최종 소비자에게 상품을 제공할 수 없기 때문에 산업 부동산은 임대 갱신율이 높은 경향(약 65% 이상)을 보입니다. 산업 임대료는 매년, 또는 2년이나 3년마다 인상되는 편이며 계약상의 임대료 인상은 일반적으로 물가상승률에 따릅니다.

숙박/리조트 리츠

2019년 9월 30일 현재 FTSE Nareit All REITs Index에는 19개의 숙박/리조트(호텔) 리츠(Lodging/Resort(Hotel) REITs)가 있으며 자산의 총합은 810억 달러입니다(표 6.8 참고). 대부분의 미국 호텔은 국내 또는 국제적인 프랜차이즈 또는 브랜드와 제휴를 맺고 있습니다. 리츠는 보통 가장 널리 알려진 브랜드 호텔을 소유하고 있으며 일년 내내 수요가 높은 도시 시장이나 여행 목적지에 집중하는 경

표 6.8 숙박/리조트 리츠

회사명	티커 심볼	총자산*	NAREIT 하위자산 유형
Host Hotels & Resorts	HST	$13,132	풀 서비스 호텔
Park Hotels & Resorts Inc.	PK	11,620	호텔
Service Properties Trust^a	SVC	9,516	리미티드 서비스 호텔
Pebblebrook Hotel Trust	PEB	6,545	호텔
RLJ Lodging Trust	RLJ	5,876	풀 서비스 호텔
Apple Hospitality REIT Inc.	APLE	4,990	호텔
Ashford Hospitality Trust	AHT	4,769	풀 서비스 호텔
Sunstone Hotel Investors Inc.	SHO	3,899	풀 서비스 호텔
Ryman Hospitality Properties	RHP	3,831	풀 서비스 호텔
DiamondRock Hospitality Co.	DRH	3,315	호텔
Xenia Hotels & Resorts Inc.	XHR	3,159	호텔
CorePoint Lodging Inc.	CPLG	2,323	리미티드 서비스 호텔
Summit Hotel Properties Inc.	INN	2,149	리미티드 서비스 호텔
Hersha Hospitality Trust	HT	2,139	리미티드 서비스 호텔
Braemar Hotels & Resorts	BHR	1,767	호텔
Chatham Lodging Trust	CLDT	1,454	호텔
Sotherly Hotels Inc.	SOHO	499	풀 서비스 호텔
Condor Hospitality Trust Inc.	CDOR	244	리미티드 서비스 호텔
InnSuites Hospitality Trust	IHT	18	풀 서비스 호텔
19개 숙박/리조트 리츠의 총계:		$81,244	

* 2019년 9월 30일 기준 총자산(단위: 백만 달러).
[a] 2019년 Service Properties Trust(NASDAQ: SVC)의 회사명과 티커 심볼이 Hospitalities Properties Trust(NASDAQ: HPT)에서 변경.
출처: Nareit, S&P Global Market Intelligence.

향을 보입니다. 메리어트 인터내셔널(코트야드, 레지던스 인), 힐튼(힐튼 가든 인, 햄프턴 인), 하얏트(그랜드 하얏트, 안다즈), 인터컨티넨탈 호텔 그룹(인터컨티넨탈, 홀리데이 인) 등이 인기있는 브랜드입니다. 호텔들은 럭셔리, 특급, 고급, 중급, 이코노미 같이 제공되는 고객 서비스 품질 수준에 따라 또는 도시, 교외, 리조트, 공항 같은 위치에 따라 주로 나뉩니다. 호텔 운영자들이 변화하는 소비자 수요에 맞추어 새로운

'노브랜드(non-branded)', 부티크, 라이프 스타일 중심 호텔 등을 선보이면서 세분화가 계속 확장 진행 중에 있습니다.

호텔의 매출

위치 및 품질 수준은 호텔의 평균 일일 객실 요금(Average Daily room Rate: ADR)과 객실 점유율을 곱하여 계산하는 호텔의 사용 가능 객실당 최대 매출(Revenue Per Available Room: RevPAR)을 이끌어내는 핵심 동인입니다. 해변, 중심업무지구, 큰 규모의 대학교, 컨벤션 센터 같은 곳에 가까울수록 다른 호텔보다 좋은 위치를 선점하여 더 높은 객실 요금을 청구하면서 점유율도 높게 유지할 수 있습니다. 주로 높은 점유율에 집중하는 호텔들의 경우에는 주요 도로 근처에서 가격으로 경쟁하면서 제한적이거나 이코노미 수준의 서비스를 제공하는 경우가 많습니다.

호텔의 비용

인건비는 호텔 운영에서 가장 중요한 비용입니다. 객실 점유율에 상관없이 매일 호텔을 열고, 운영하고, 청소하기 위한 최소한의 직원이 있어야 하므로 호텔 운영을 위해서는 꽤 많은 고정 비용이 듭니다. 이 때문에 비수기나 경제 침체기에 호텔은 점유율을 높이기 위해 객실 요금을 자주 인하하곤 합니다.

호텔 리츠에 특화된 기술적 측면

호텔 리츠는 리츠 규정(보고서 8장 참고)에 의해 호텔 소유주의 직접 운영을 금지하고 있다는 면에서 다른 지분형 리츠와 구조적 차별성을 갖습니다. 호텔 운영으로 이익을 얻는 것은 능동적 (또는 '나쁜' 과세대상 리츠 소득)인 것으로서, 제3자 운영자에게 호텔을 임대하여 임대료를 징수하는 수동적 (또는 '좋은' 리츠 소득)인 사업과는 다른 것으로 간주합니다. 결과적으로 호텔 리츠는 호텔을 운영하기 위해 제3자인 호텔 매니저를 채용합니다. 호텔 매니저는 직원 고용 및 관리, 매출 관리 및 유지보수를 포함하여 호텔의 모든 운영 측면을 담당합니다. 제3자인 매니저는 일반적으로 호텔 매출의 2~4% 정도의 기본 관리 수수료(base management fee)를 운영의 대가로 받고, 특정 임계치가 넘는 이익을 냈을 경우에는 인센티브(incentive fee)도 받습니다. 이러한 제3자 호텔 매니저들을 감독하기 위해 호텔 리츠는 자산 매니저를 고용합니다.

호텔 리츠의 위험과 보상

리츠라기보다 마치 호텔 운영 회사 같아서 이 리츠가 일정 기간 동안 미래 수익을 보장하는 임대 계약(=리스)을 갖지 않는 것으로 보일 수 있겠습니다만, 대신에 호텔 리츠는 매일마다 처음부터 부동산을 다시 '리스'하고 있는 셈입니다. 강한 경제 성장기에 호텔은 즉각적으로 가격을 인상할 수 있습니다. 그 결과, 경제 사이클의 특정 시점에서 호텔 리츠는 모든 부동산 유형 중 가장 높은 연간 총수익을 달성합니다 (자세한 내용은 10장 참조). 경제 성장기의 인플레이션 상황에서 호텔 객실 임대료를 매일 변경함으로써 호텔 리츠가 매일 '임대' 가격을 재조정할 수 있다는 장점으로 인해, 결과적으로 호텔 리츠는 투자 부동산 유형 중 이자율의 영향을 가장 덜 받습니다. 경제가 경기 침체에서 회복되는 듯한 시기에는 호텔 리츠가 투자자들의 강한 매출 성장과 수익성 기대에 힘입어 다른 부동산 유형들보다 좋은 성과를 보입니다.

그러나 경기가 침체되고 있을 때 호텔 운영자는 수익성 유지를 위해 매일 객실료를 인하하고 직원들을 해고합니다. 당연하게도, 경제가 둔화되거나 침체 위험이 오고 있을 때 호텔 리츠의 성과는 다른 리츠 부문보다 훨씬 저조해집니다. 어려운 경제 시기에 다른 어떤 부동산 유형보다 호텔 리츠는 배당 삭감을 더 자주 했습니다. 최근 COVID-19 팬데믹 기간 동안 호텔 리츠들은 유동성 보전과 수요 부재를 극복하기 위해 보통주 배당을 대폭 줄이거나 또는 중단했습니다. 바이러스 퇴치를 위해 비즈니스가 중단되고 여행이 셧다운되면서 수요가 거의 사라졌기 때문입니다.

위기가 아닌 평상시에도 호텔 리츠는 성과에 영향을 미치는 계절적 수요에 따라 변동성이 크다는 점을 투자자는 알고 있어야 합니다. 가장 높은 RevPAR은 대개 여름철입니다만 위치 및 서비스 수준에 따라 다르게 나타납니다. 마지막으로 호텔 리츠가 직면한 대체 숙박업계(예: 에어비앤비(Airbnb), 브르보(Vrbo), 홈쉐어링(Homesharing))의 도전을 언급해 두고자 합니다. 젊은이들과 가족 단위 여행객들은 대체 숙박업계에서 제공하는 공간을 더 선호합니다. 이로 인한 매출 저하라는 잠재적 위험을 극복하기 위해 호텔은 제공 서비스를 더욱 차별적으로 다양화하고 있습니다.

모기지 리츠

2019년 9월 30일 기준 40개의 모기지 리츠(Mortgage REITs: mREITs)가 FTSE Nareit All REITs 지수에 포함되어 있고 자산의 총합은 6,350억 달러입니다. 은행 및 기타 금융 기관과 마찬가지로 mREITs는 모기지를 발행하여 부동산 소유자에게 직접 돈을 빌려주거나 기존 대출 또는 모기지 담보부 증권을 취득함으로써 간접적으로 돈을 빌려줍니다. 수익의 대부분을 임대에서 얻는 지분형 리츠와는 달리, mREIT의 수익은 부동산 기반 대출에서 받는 원금 및 이자 상환액입니다. mREITs는 보통 주거용 또는 상업용 모기지 시장에 중점을 두고 있습니다. 모기지 리츠에 대해 집중적으로 살펴볼 7장에서 2019년 말 상장되어 있는 주거용 및 상업용 mREIT 목록을 찾아볼 수 있습니다.

> **참고:** mREITs는 S&P Dow Jones Industrial의 GICS 부동산 섹터가 아닌 금융 부문(Financials)에 남아 있습니다.

오피스 리츠

2019년 Nareit는 20개 회사를 오피스 리츠(Office REITs)로 등재하고 있으며 이들의 총자산은 1,300억 달러입니다(표 6.9 참고). 오피스 리츠는 뉴욕시 같은 주요 대도시 지역의 고층 건물부터 노스캐롤라이나주 샬럿의 2류 중저층 교외 공간에 이르는 사무실 시장을 망라하고 있습니다. 각 시장의 현재와 미래의 임대료 인

표 6.9 오피스 리츠

회사명	티커심볼	총자산[*]
Boston Properties Inc.	BXP	$21,289
Alexandria Real Estate	ARE	17,058
SL Green Realty Corp.	SLG	13,295
Kilroy Realty Corp.	KRC	8,624
Paramount Group Inc.	PGRE	8,580
Douglas Emmett Inc.	DEI	8,521
Hudson Pacific Properties Inc.	HPP	7,428
Cousins Properties Inc.	CUZ	6,704
Highwoods Properties Inc.	HIW	4,891
Office Properties Incm Tr	OPI	4,360
Brandywine Realty Trust	BDN	4,020
Columbia Property Trust	CXP	3,926
Empire State Realty Trust Inc.	ESRT	3,925
Corporate Office Properties Tr	OFC	3,855
Piedmont Office Realty Trust	PDM	3,752
Equity Commonwealth	EQC	3,731
Easterly Government Ppts Inc.	DEA	2,224
Franklin Street Properties	FSP	1,843
City Office REIT Inc.	CIO	1,190
CIM Commercial Trust Corp.	CMCT	660
20개 오피스 리츠의 총계:		$129,876

[*] 2019년 9월 30일 기준 총자산(단위: 백만 달러).
출처: Nareit, S&P Global Market Intelligence.

상 여부, 부동산 점유율을 결정하는 가장 중요한 요인은 위치입니다. 도시 중심업무지구(CBD)에 위치한 부동산은 대중교통 노선, 산업 자원이나 지역 기반 사업 기업이 선호하는 노동 시장과의 근접성 등의 혜택을 받아 교외 지역에서보다 임대료가 높습니다. 교외에 위치한 사무실 건물은 낮은 임대료, 직원 주거 지역과의 근접성, 충분한 주차 공간으로 직원들의 자차 출퇴근이 가능하다는 점을 임차인에게 장점으로 내세울 수 있습니다.

오피스 건물은 건물의 질(구조 및 재료), 기계 및 기타 내부 시설 조건, 건물 내 편의 시설(예: 체육관 또는 레스토랑), 위치에 따라 분류합니다. 새 건물은 일반적으로 A급입니다. 기계 및 전기 시스템 효율이 좋지 않거나 미적으로 아름답지 못한 낡은 건물은 B급이나 C급으로 봅니다. 이러한 등급은 다소 주관적이고 시장에 따라 다르게 나타날 수도 있으나 지역이나 국가 수준에서 임대료 및 부동산 가치 벤치마킹을 위해 유용하게 쓰일 수 있습니다. 예를 들어, B 또는 C급 시장에 A급 건물을 가지고 있는 경우 B급 또는 C급에 해당하는 다른 건물들과 비교하여 경쟁력 있는(=낮은) 임대료를 정해 유지할 수 있습니다.

임대 조건

대형 사무실 부동산에는 일반적으로 여러 임차인이 있기 때문에 임차인 관련 위험이 분산됩니다. 사무실 임대는 일반적으로 초기 기간이 5년에서 7년이고, 한 번 또는 그 이상 다년간의 갱신 옵션이 있는 풀 서비스 임대입니다. 풀 서비스 임대차 계약(5장 참조)에서는 임대인이 조경, 부동산 세금 및 보험을 포함한 부동산의 모든 운영 비용을 부담하지만 대부분의 비용을 풀 서비스 임대 및 공용 구역 유지 관리(Common Area Maintenance: CAM) 관련 비용 제한 형태나 공용 구역 유지비용(CAM charge)으로 임차인에게 전가할 수 있습니다. 사무실의 임대는 인플레이션으로 비용이 증가할 때에도 임대인의 이윤을 보호하기 위해 연간 임대료 인상(범프 또는 스텝업이라고도 함)을 포함합니다.

지난 10년 동안 단기나 하루 동안 공간을 임대한다는 새로운 개념을 위워크(WeWork(비상장))가 개발하여 큰 인기를 끌었습니다. 2019년, 미국 내 모든 신규 오피스 공간의 약 10%가 위워크 같은 회사에 장기적으로 임대되어 임차 환경이 개선된 후에 스타트업 및 여타 기업들에게 훨씬 더 높은 가격과 보다 짧은 임대 기간으로 임대되었습니다. 게다가 2019년에 발효된 새로운 회계 규칙(보고서 5장 참고)에 의해 임차인은 장기 임대로 예상되는 미래 비용을 부채로 기록해야 합니다. 대차대조표에서 임대 관련 부채를 최소화하는 데 유용하기에 많은 기업들이 더 짧은 기간 동안의 공간 임대를 선호합니다.

오피스 리츠의 위험과 보상

오피스 리츠 수익률은 주기적인 과잉 신축으로 인해 평균적인 지분형 리츠보다 더 주기적입니다. (10장에서 다양한 시장 상황에서의 리츠 성과를 참조하십시오.) 새로운 공간에 대한 수요가 공급의 증가보다 높지 않다면 해당 시장의 사무실 공실은 증가하고 임대료는 하락합니다. 오피스 부분에서 역사적으로 과잉 신축에 기여하는 주요 요인은 사무용 건물 건축에 필요한 상당히 긴 시간입니다. 오피스 타워 완공에 2년 이상이 걸리는 동안 일자리 증가와 지역 경제 함수로 나타난 사무실 공간에 대한 현지 수요가 상당히 변화하여, 사무실 공간 수요가 실질적으로 다시 회복되거나 또는 다른 오래된 오피스 건물로부터 세입자들을 끌어올 수 있을 때까지 건물은 완전히 또는 대부분 비어 있는 경우가 생깁니다.

경제 성장기에도 임차인이 공간을 사용하는 방식이 사무실 공간 수요에 극적인 변화를 가져올 수 있습니다. 지난 20년 동안 커뮤니케이션의 발전으로 재택근무가 근로자들에게 실현 가능한 대안으로 떠올랐습니다. 모든 사무실 문화나 산업군에서 직원들의 외부 업무 수행이 가능하진 않지만, 재택 업무 기능으로 인해 대부분의 지역에서 전반적으로 사무실 공간에 대한 필요가 줄었습니다. 같은 평방피트의 사무실 공간에서 더 많은 수의 직원을 위한 공간 계획인 고밀도화, 그리고 일부 직원을 위한 지정석을 제거하는 호텔링(hoteling) 또는 핫 데스킹(hot desking)이

2000년 이후 사무실 공간의 필요성을 극적으로 줄인 두 가지의 추가 트렌드입니다. 2000년의 고용주는 일반적으로 한 사람의 직원에게 250평방피트의 예비 공간을 부여했습니다. 20년이 지난 후 이 공간은 125~200평방피트로 나타났습니다(출처: Cushman & Wakefield). 중간 기준으로 한 사람 당 평균 22%의 평방피트가 감소한 것입니다.

고밀도화와 호텔링은 2020년 초 COVID-19 팬데믹이 발생했을 때 이미 완성 단계에 접어들고 있었습니다. 사회적 거리두기의 필요성으로 인해 팬데믹 초창기에 수십만 명의 사무직 근로자가 재택근무 상황으로 내몰렸습니다. 그해 5월 중순, 트위터(NYSE: TWTR)의 CEO가 직원들이 '영원히' 재택근무할 수 있다고 발표했을 때 리츠 투자자들은 사무실 공간에 대한 수요가 영구적 손상을 입었다는 우려를 표명했습니다. 얼마 지나지 않아 월스트리트 저널은 트위터 CEO의 말을 인용하면서 많은 직원들이 계속 재택근무를 할 수 있고 그럼에도 소셜 미디어 회사가 "사무실 폐쇄나 축소 계획을 갖고 있지 않다"는 것을 분명히 밝힌 기사를 올렸습니다(월스트리트 저널, "사무실로 돌아갈 때가 되어도 여전히 그곳에 있을 것인가?", 2020년 5월 16일, Dana Mattioli와 Konrad Putzier). 직원들이 직장에서 사회적 거리두기를 실천하고 향후 팬데믹 기간에도 업무를 계속해야 한다는 필요성 때문에 고용주들은 공간 사용의 고밀도화에 대해 신속히 재고해야 했습니다. 재택근무와 고밀도 공간 감소 중 어느 추세가 사무실 수요에 더 큰 영향을 미치게 될지를 투자자가 알 수 있으려면 몇 년이 더 필요합니다. 그 동안 사람들이 업무 수행에 사무 공간을 사용하는 (혹은 사용하지 않는) 공식적인 방식은 오피스 부동산 부문이 당면한 도전으로 남게 될 것입니다.

주거용 리츠

주거용 리츠(Residential REITs) 부문에는 21개의 REIT가 포함되어 있으며 자산의 총합은 1,500억 달러입니다. 주거용 리츠에는 아파트 (또는 콘도미니엄을 제외한 다가구), 매뉴팩처드 하우스, 단독 주택이라는 세 가지 하위 범주가 있습니다.

아파트 리츠

Nareit에 있는 15개 아파트 리츠(Apartment REITs)의 총자산은 1,080억 달러로 집계되고 있습니다(표 6.10 참고). 과거의 아파트 리츠에는 전통적인 아파트 건물을 소유한 회사만 포함되어 있었습니다. 그러나 최근에는 학생 기숙사 아파트 단지와 임대용 단독 주택을 소유한 리츠까지 확장되었습니다.

전통적인 아파트 건물은 가든 스타일(미국 교외 지역) 또는 고층 건물(일반적

표 6.10 아파트 리츠

회사명	티커 심볼	총자산*	NAREIT 하위 자산 유형
Equity Residential	EQR	$21,054	다가구
AvalonBay Communities Inc.	AVB	19,060	다가구
Essex Property Trust Inc.	ESS	12,998	다가구
MAA	MAA	11,248	다가구
UDR Inc.	UDR	8,698	다가구
American Campus Communities	ACC	7,669	학생 주택
Camden Property Trust	CPT	6,649	다가구
Aimco	AIV	6,539	다가구
Preferred Apartment Comm.	APTS	5,268	다각화
Bluerock Residential Growth	BRG	2,090	다가구
Independence Realty Trust Inc.	IRT	1,653	다가구
NexPoint Residential Trust Inc.	NXRT	1,624	다가구
Investors Real Estate Trust	IRET	1,404	다가구
BRT Apartments Corp.	BRT	1,193	다가구
Clipper Realty Inc.	CLPR	1,138	다각화
15개 아파트 리츠의 총계:		$108,285	

* 2019년 9월 30일 기준 총자산(단위: 백만 달러).
출처: Nareit, S&P Global Market Intelligence.

으로 도심 지역)로 나뉩니다. 가든 스타일의 아파트는 일반적으로 높이가 1~4층인 여러 건물로, 수영장 또는 기타 공용 공간 같은 커뮤니티 편의 시설을 중심으로 구성되어 있습니다. 고층 아파트 건물은 고밀도 도시나 도심에 지어진 아파트를 포함한 고층 건물을 말합니다. 이러한 지역에서는 높은 토지 비용과 임대인이 청구할 수 있는 높은 월 임대료로 고층 건축에 따르는 평방피트당 추가 비용을 충당할 수 있습니다.

두 스타일 모두에서 아파트 부동산에는 스튜디오, 원베드, 투베드 아파트 유닛들이 혼합되어 있습니다. 부동산은 A, B, C 등급으로 분류됩니다. A 등급 건물은 중심 위치에 있는 비교적 새로 지어진 건물입니다. B와 C 등급 건물은 좀 오래되고 거주자를 위한 편의 시설이 더 적으며 별로 좋지 않은 곳에 위치해 있는 경우일 것입니다. 미국의 아파트 임대 계약은 보통 12개월을 단위로 합니다. 그러나 계약 종료 전이라도 임차인이 한 달이나 그 이전에 서면으로 미리 통지하면 임대 계약 취소가 가능합니다. 임대인이 임대 자산 유지 비용을 부담하지만, 풀 서비스 임대에서와 마찬가지로 기본적으로 임대인이 지불하는 비용은 임차인의 임대료로 충당됩니다. 유틸리티가 개별적으로 계량되는 부동산 말고는 임대인이 수도, 난방, 환기, 냉방 서비스에 대해 합리적인 비용을 고려하여 임대료로 책정합니다.

아파트에 대한 꾸준한 수요

오피스 공간에서와 유사하게 아파트에 대한 수요는 고용 동향과 높은 상관관계를 보입니다. 어떤 지역의 고용이 증가하면 해당 지역으로 새로 이주하는 근로자가 거주하기 위한 아파트에 대한 수요도 따라 증가합니다. 반면, 오피스 부문과 달리 아파트에 대한 수요는 경기 침체기에도 증가세를 보입니다. 이전의 자가 소유자들이 자신의 집을 매도하고 임차인으로 돌아가기 때문입니다. 실업률이 높아지면 지역 내 경쟁 정도에 따라 아파트 임대인은 점유율을 유지하고자 월 임대료 인하, 몇 달 간의 무상 임대, 무료 주차 및 피트니스 센터 멤버십 등의 혜택을 줍니다. 경제가 회복되어 확장하는 중이면 아파트 임대인은 임대 기간을 짧게 해서 해마다 공격적으로 임대료를 인상하고, 세입자를 새로 들이거나 유지하고자 기존에 제공했던 할인 혜택을 신속히 거둬들입니다.

　　대학교에 학생 기숙사용 아파트를 짓는 다가구 리츠는 해당 교육 기관의 학부 및 대학원의 등록율이 높아질수록 더 많은 혜택을 받게 됩니다. 2008~09년의 대불황에서처럼 경제적으로 어려운 시기에는 등록율이 상승하는 편입니다. 반대로 경제 성장기에는 등록율이 하락합니다. 이처럼 거시적인 경제 변화에 따라 수요가 빠르게 변화할 수 있기에 학생 주택 리츠에서는 시장에 공급과잉이 일어나는지 주의깊게 살펴보아야 합니다.

아파트 리츠의 위험과 보상
　　아파트에 대한 수요는 상당히 안정적인 경향이 있기 때문에 이 부문 관련 주요 위험은 공급의 과잉입니다. 아파트 임대료가 상승하면 민간 개발업체와 공공 리츠는 강력한 수요의 이점을 활용하고자 아파트를 더 많이 건축합니다. 다른 모든 부동산 유형과 마찬가지로 공급이 너무 많아지면 시장의 임대료와 점유율 수준이 하락합니다. 그리고 과잉 건설이 일어났다고 보는 시장에 상당히 노출되어 있는 아파트 리츠의 주가가 하락하게 됩니다. 아파트는 또한 Fannie Mae, Freddie Mac, Ginnie Mae 같은 정부 지원 모기지 제공업체로부터 보조금을 받는 모기지를 이용할 수 있는데, 모기지 이자율이 낮아질수록 아파트의 캡레이트(cap rates)가 낮아집니다.

매뉴팩처드 하우징 리츠
　　매뉴팩처드 하우징 리츠(Manufactured Housing REITs)는 단 3곳으로 총자산은 130억 달러입니다(표 6.11 참고). 흔히 모바일 홈으로 알려진 매뉴팩처드 하우징 커뮤니티는 주택 소유에 대한 저비용 대안으로 은퇴자와 저소득 근로자들에게 인기가 있습니다. 이 부동산 틈새 시장에서 리츠는 토지 임대차 계약에 따라 개인에게 임대되는 토지를 소유합니다. 임차인들은 커뮤니티 내의 승인 받은 위치에 놓여 있는 조립식 주택(prefabricated house)을 구매합니다. 최근의 매뉴팩처드 홈 커뮤니티는 이동 주택을 위한 부지 및 유틸리티 제공 외에도 조명이 설치된 거리, 수영

표 6.11 매뉴팩처드 하우징 리츠

회사명	티커 심볼	총자산*
Sun Communities Inc.	SUI	$7,398
Equity LifeStyle Properties	ELS	4,137
UMH Properties Inc.	UMH	1,010
3개 메뉴팩처드 하우징 리츠의 총계:		$12,545

* 2019년 9월 30일 기준 총자산(단위: 백만 달러).

출처: Nareit, S&P Global Market Intelligence. 이들 리츠는 대체로 장기 트리플 넷 리스 및/또는 그라운드 리스 채택.

장, 커뮤니티 레크리에이션 시설 또는 클럽하우스 같은 커뮤니티 중심의 편의 시설을 갖추고 있습니다. 임대인(=리츠)은 해당 부동산에 임차인의 집을 지을 수 있는 권리를 각 임차인에게 주는 대신 월 이용료를 부과하여 받습니다. 명목상 개개인은 언제든지 이사를 나갈 수 있습니다. 그러나 경쟁 커뮤니티로 주택을 옮기려면 상대적으로 상당히 높은 비용을 지불해야 하기에 매우 높은 재계약율로 이어집니다. 결과적으로 임대인은 상당히 안정적인 수입원 확보가 가능한 편입니다.

단독 주택 리츠

2019년 말 시점, 임대용 단독주택을 소유한 리츠는 3개입니다. Nareit는 최근 이들을 스페셜티 리츠(specialty REITs)에서 분리하여 단독주택 리츠(Single-Family Home REITs)라는 하위 부동산 유형을 만들어 넣었습니다(표 6.12 참

표 6.12 단독 주택 리츠

회사명	티커 심볼	총자산*
Invitation Homes Inc.	INVH	$17,660
American Homes 4 Rent	AMH	9,140
Front Yard Residential Corp.	RESI	2,077
3개 단독 주택 리츠의 총계:		$28,877

* 2019년 9월 30일 기준 총자산(단위: 백만 달러).

출처: Nareit, S&P Global Market Intelligence. 이들 리츠는 대체로 장기 트리플 넷 리스 채택.

고). 주거용 리츠의 하위 범주인 단독 주택 리츠는 2008~09년의 대침체 시기에 대폭 할인된 가격으로 주택을 매수하여 원래의 소유주나 새 거주자에게 재임대하며 시작된 비즈니스에서 발전했습니다. 요즘엔 아이들이 있어 여유로운 집 주변 공간과 좋은 학교를 원하지만 주택을 구입할 수 있는 재정적 여건이 안 되는 많은 밀레니엄 세대들이 이러한 부동산을 임대합니다. 단독 주택 리츠 소유의 위험 중 하나는 관리팀이 가이드라인 제공에 어려움을 겪어왔다는 점이고, 또다른 어려움은 주택 소유 관련 자본 지출 부담이 무겁다는 데서 옵니다. 임차인이 일상적 유지 관리(잔디 관리, 제설) 비용을 지불하긴 하지만 소유주(리츠)가 구조적 수리(지붕, 창문, 외벽 마감재, 진입로 재포장) 및 시스템 유지보수 비용을 지불해야 합니다. 이러한 이유로 리츠의 조정된 운영 자금(현금흐름)이 일부 회계 보고 기간에 예기치 않게 감소할 수 있습니다.

소매 리츠

2019년 소매 리츠 부문은 자산 총합 2,010억 달러의 37개 리츠가 포함되어 있습니다. Nareit는 소매 리츠(Retail REITs)의 세 하위 범주를 추적합니다. 자산이 759억 달러인 19개의 쇼핑센터 리츠(Shopping Center REITs), 자산이 780억 달러인 7개의 지역 몰 리츠(Regional Mall REITs), 자산이 480억 달러인 11개 독립형 소매 리츠(Freestanding Retail REITs)가 그것입니다.

앵커 테넌트(anchor tenants: 높은 브랜드 인지도와 대형 매장을 갖춰서 대규모 트래픽을 이끌어 낼 수 있는 임차인)에 대한 첫 임대 기간은 보통 15년에서 20으로 협상됩니다. 인라인 테넌트(in-line tenants)는 센터의 소규모 상점들로서 5년에서 10년간 공간을 임대합니다. 리테일 소유주(=임대인)들은 넷 리스나 변형된 총액 리스를 사용합니다(5장 참조). 리테일 임대인은 표면 임대료(face rent)와 CAM(공용 구역 유지 관리) 수수료 외에 퍼센트 임대료(percentage rent)를 받을 수도 있습니다. 퍼센트 임대료는 임차인이 해당 연도에 기준 연도(또는 첫해) 수익을 초과하여 달성한 총 매출의 일부(일반적으로 1%에서 2%)로 계산합니다. 예를 들어 임차인 A가 임대 첫해에 평방피트당 $100의 매출을 올렸다고 가정해 보겠습니다. 임차인 A가 다음 해에 평방피트당 $110의 매출을 얻었을 때 소유주가 기준 연도 매출보다 매출이 높은 해에는 임대료의 1%를 더 받기로 협상했다면 퍼센트 임대료로 평방피트당 $0.10를 추가로 받게 됩니다. 경제 확장의 시기에 소유주는 퍼센트 임대료로 부동산의 전체 수익률을 높일 수 있습니다. 그러나 경제 성장이 둔화되거나 위축되는 시기에는 소유주가 퍼센트 임대료를 전혀 받지 못할 수 있으며 이는 소매 리츠 수익에 대해 하방 위험으로 작용합니다.

쇼핑센터 리츠

쇼핑센터라는 용어는 식료품점 중심의 근린 및 커뮤니티 센터(community center)부터 파워 센터(power center)에 이르기까지의 다양한 형태를 포괄합니다. 국제쇼핑센터협의회(International Council of Shopping Center: ICSC)에 따르면 근린 쇼핑센터는 규모가 30,000에서 125,000평방피트 정도로 위치 반경 3마일 이내 지역에 서비스를 제공합니다. 표 6.13은 Nareit가 추적한 19개의 쇼핑센터 리츠들을 나타냅니다.

근린 및 커뮤니티 센터는 입지가 좋으면 거시적인 경제 동향에 상관없이 임대가 잘 되는 경향이 있기 때문에 방어가 가장 잘 되는 부동산 유형 중 하나입니다. 쇼핑센터의 앵커 테넌트는 일반적으로 트래픽을 쇼핑센터로 끌어들이도록 설계된 식료품점이나 약국입니다. 쇼핑센터의 인라인 테넌트는 이발소, 미용실, 주류 판매점, 드라이클리닝 및 신발 수선 같은 필수 소비재와 서비스를 판매하는 경향이 있습니다. 결과적으로 근린 및 커뮤니티 쇼핑센터 공간에 대한 수요는 일반적으로 89%에서 94%에 이르는 과거의 높은 점유율이 증명하듯이 상당히 안정적 또는 비탄력적입니다. 산업 부동산과 마찬가지로 새로운 쇼핑센터의 공급은 단시간의 개발 기간 때문에 수요를 따라가는 경향을 보입니다. 한 지역에 3,000가구가 공급되면 신규 센터 건립이 필요해집니다.

표 6.13 쇼핑센터 리츠

회사명	티커 심볼	총자산*
Regency Centers Corp.	REG	$11,173
Kimco Realty Corp.	KIM	11,085
Brixmor Property Group Inc.	BRX	8,160
Federal Realty Investment	FRT	6,608
Acadia Realty Trust	AKR	4,330
SITE Centers Corp.	SITC	4,100
Weingarten Realty Investors	WRI	3,913
Retail Properties of America	RPAI	3,601
American Finance Trust	AFIN	3,457
Retail Opportunity Investments	ROIC	2,933
Urban Edge Properties	UE	2,874
Kite Realty Group Trust	KRG	2,714
Tanger Factory Outlet Centers	SKT	2,324
RPT Realty	RPT	1,866
Retail Value Inc.	RVI	1,686
Saul Centers Inc.	BFS	1,647
Cedar Realty Trust Inc.	CDR	1,223
Urstadt Biddle Properties Inc.[a]	UBA	994
Wheeler REIT Inc.	WHLR	489
19개 쇼핑센터 리츠의 총계:		$75,176

* 2019년 9월 30일 기준 총자산(단위: 백만 달러).
[a] Urstadt Biddle Properties, Inc.의 A 등급 주식도 Nareit에 포함.
출처: Nareit, S&P Global Market Intelligence.

파워 센터에는 베드배스앤 욘드(Bed Bath & Beyond), 펫코(Petco), 딕스 스포팅굿즈(Dick's Sporting Gods), 베스트바이(Best Buy), 홈디포(Home Depot) 같은 전국적인 대형 소매업체들만 입점해 있습니다. ICSC에 따르면 파워 쇼핑센터의 평균 규모는 25만에서 60만 평방피트이며 주요 거래 지역은 5~10마일입니다. 이러한 매장에서 판매되는 상품들은 생활용품이지만 진정한 생필품은 아닙니다. 그래서 경기 침체기에 소비자는 더 저렴한 대체 브랜드를 찾게 될 수 있습니다. 파워 센터의 가장 큰 매력 중 하나는 여러 앵커 테넌트들이 한 위치에 집중되어 있어 쇼핑이 편리하다는 것입니다. 그러나 이제 성공적인 임차인은 새로운 인터넷 리테일 세계에서 경쟁을 해야 합니다.

쇼핑몰 리츠

쇼핑몰은 규모와 서비스 대상 인구에 따라 지역(regional) 또는 초지역(superregional) 쇼핑몰로 구분합니다. ICSC에 따르면 지역 쇼핑몰은 일반적으로 40만에서 80만 평방피트 규모로, 둘 이상의 앵커 테넌트가 입점해 있습니다. 초지역 쇼핑몰은 최소 80만 평방피트 이상의 규모로 최소 셋 이상의 앵커 테넌트가 있는데, 이 중 적어도 하나는 삭스 피프스 애비뉴(Saks Fifth Avenue)같이 명품이나 패션 상품을 취급하고, 반경 25마일 이내에서 가장 독보적인 쇼핑 장소입니다. 쇼핑몰을 위치, 앵커 테넌트, 주변 상권의 평균 가구 소득에 따라 질 면에서 A급과 B급으로 구분하기도 하는데 이것들은 평방피트당 쇼핑몰 매출에 영향을 미치기 때문입니다. 이러한 등급은 서로 다른 쇼핑몰 간의 생산성을 비교하는 데 필수적인 지표이기도 합니다. 표 6.14는 Nareit가 추적한 8개의 지역 쇼핑몰 리츠입니다.

앵커 테넌트들은 공간을 임대할 수도 있지만 대부분 매장을 소유하고 싶어합니다. 쇼핑몰 자체로 소비자를 끌어들일 수 있는 능력이 있기 때문에, 앵커 테넌트에 대한 선택이 프로젝트의 전반적인 성공에 결정적인 영향을 줍니다. 앵커 테넌트들 사이에는 인라인 상점이라고 하는 소규모 소매업체들이 위치해 있습니다. 윌리엄-소노마(Williams-Sonoma(NYSE: WSM)) 같은 전국적인 소매업체뿐 아니라 지역 및 현지 소매업체들이 이에 해당합니다. 쇼핑몰은 일반적으로 평방피트당 매출과 수익성을 극대화하기 위해 주요 대도시 지역과 평균 이상의 가구 소득 수준을 가진 지역에 근접한 곳 또는 그 안에 자리를 잡습니다. 많은 백화점 앵커 테넌트들의 실적이 좋지 않은 상황에서 임대인은 레스토랑, 영화관, 방탈출 카페, 스포츠 활동을 위한 실내체육관(암벽 등반 체육관(예: Earth Treks), 실내 축구 리그(예: SoFive Soccer Centers) 포함) 같은 체험 기반 소매업종으로 대체되고 있습니다.

표 6.14 쇼핑몰 리츠

회사명	티커심볼	총자산*
Simon Property Group	SPG	$33,844
Brookfield Property REIT Inc.	BPYU	19,171
Macerich Co.	MAC	8,776
CBL & Associates Properties	CBL	4,770
Taubman Centers Inc.	TCO	4,537
Washington Prime Group Inc.	WPG	4,228
Pennsylvania REIT	PEI	2,334
7개 쇼핑몰 리츠의 총계:		$77,660

* 2019년 9월 30일 기준 총자산(단위: 백만 달러).
출처: Nareit, S&P Global Market Intelligence.

독립형 소매 리츠

독립형 소매 부동산에는 패스트푸드 및 일반 레스토랑(예: 버거킹, 올리브가든), 약국, 영화관, 데이케어 서비스, 차량 관리 서비스, 대형 매장(예: 월마트, 홈디포), 주유소 등 다양한 비즈니스 업종이 입주합니다. 독립형 소매 부동산을 소유한 리츠는 일반적으로 임차인과 트리플 넷 리스로 계약을 맺습니다(5장 참조). 트리플 넷 리스를 통해 임차인은 비즈니스를 위해 늦게까지 또는 밤새도록 하는 영업을 포함해서 부동산 운영에 관한 완전한 통제권을 갖습니다. 한편 임차인이 쇼핑센터나 몰 안에 있는 공간을 임대했다면 쇼핑센터의 운영 시간 및 다른 기타 기준의 적용을 받게 됩니다. Nareit는 표 6.15와 같이 7개의 독립형 리테일 리츠를 추적하고 있습니다.

세리티지(Seritage), 스피릿(Spirit), 스토어(STORE) 등 소수의 새로운 독립형 소매 리츠들이 2010년 이후 주식을 상장했습니다. 한때는 잠잠했던 소매 리츠가 하위 범주에서 성장세를 보이고 있는 것은 부동산을 소유하기보다 임대하는 것에 편안함을 느끼는 임차인이 증가했기 때문입니다. 매각/재임대 거래(sale/lease-back transaction)에서 부동산 소유주는 새 소유주/임대인에게 부동산을 매각하여 동일 공간을 반환한 후, 일반적으로 장기 트리플 넷 리스를 사용하여 동일 공간을 다시 임

표 6.15 독립형 소매 리츠

회사명	티커심볼	총자산*	NAREIT 하위자산유형
Realty Income Corp.	O	$17,180	싱글 테넌트
STORE Capital Corp.	STOR	7,813	다각화
National Retail Properties	NNN	7,628	싱글 테넌트
Spirit Realty Capital Inc.	SRC	5,664	다각화
Seritage Growth Properties	SRG	2,793	기타 소매
Agree Realty Corp.	ADC	2,523	싱글 테넌트
Essential Properties Realty Tr	EPRT	1,805	싱글 테넌트
Four Corners Property Trust	FCPT	1,348	싱글 테넌트
Getty Realty Corp.	GTY	1,194	싱글 테넌트
Alpine Income Property Trust	PINE	150 S	싱글 테넌트
Postal Realty Trust	PSTL	88	싱글 테넌트
11개 독립형 소매 리츠의 총계:		$48,187	

* 2019년 9월 30일 기준 총자산(단위: 백만 달러).

출처: Nareit, S&P Global Market Intelligence. 이들 리츠는 대체로 장기 트리플 넷 리스 및/또는 그라운드 리스 채택.

대합니다. 점점 더 많은 기업들이 리츠와의 매각/재임대 거래로 보유 부동산을 현금화하려 하고 있습니다. 장기 임대 및 임대 갱신 옵션으로 현 장소에 대한 기본적인 통제권은 그대로 가지면서 기업들이 중요한 자본을 확보하여 운영에 투입할 수 있기 때문입니다.

리테일 리츠의 위험과 보상

2019년 연말 쇼핑 시즌이 입증했듯이 COVID-19 팬데믹에 대한 대응이 강화되면서 소비자들은 점점 더 소매점보다 온라인에서 선물과 필수품을 쇼핑하게 되었습니다(이 장의 앞부분 산업 리츠에 관한 논의 참조). 인터넷 판매, 즉 전자상거래는 전통적인 오프라인 매장의 수익성을 잠식하고 있습니다. 전자상거래의 확산에 따라 전통적인 소매업체와 이들의 임대인이었던 리츠는 점유율과 수익성을 유지하기 위해 혁신을 해야 합니다.

소매 리츠가 아마존(Amazon.com, Inc.(NASDAQ: AMZN)) 같은 전자상거래 업체들에게 임차인과 시장 점유율을 잃을 위험을 완화하기에 효과적인 전략 중 하나는 가장 매력있는 입지(소매 중심지로부터 반경 1, 3, 5마일 이내의 평균 가구 및 가처분 소득 수준으로 측정)를 소유하는 것입니다. 이러한 매력적인 위치는 임차인에게 평방피트당 더 높은 매출을 가져다 주는 경향이 있으며, 이는 임차인이 임대하는 공간이 2급 입지에서보다 더 높은 생산성과 수익성을 낸다는 의미입니다. 소매업체는 매장을 폐쇄할 때 생산성이 가장 낮은 매장(평방피트당 판매 수익으로 측정)의 문을 닫습니다.

임대인이 센터의 평방피트당 매출을 유지하기 위한 두 번째 전략은 필수 품목(예: 식료품 및 드라이클리닝)을 제공하거나, 또는 소비 스펙트럼의 다른 끝에 있는 고급 상품을 제공하는 임차인에게 공간을 임대하는 것입니다. 임대인이 경쟁 우위를 유지하기 위해 추구할 수 있는 세 번째 전략은 기존 부동산을 재개발하여 새로운 리테일 컨셉을 포착하는 것입니다. 이와 관련해서 체험형 소매업은 전자상거래로 대체될 수 없는 새로운 승자입니다. 쇼핑몰 리츠 부문에 속해 있는 Simon Property Group(NYSE: SPG)은 리테일 트렌드의 선두에 서기 위해 쇼핑몰에 재투자하는 것으로 유명합니다. 최근에는 기존에 소매업종이었던 면적을 사무실, 주거, 야외 공원 같은 레크리에이션 용도로 전환하고 있습니다. 온라인 소매업이 비용과 편의성을 이유로 다시 오프라인 매장으로 돌아와 확장을 도모하기도 합니다. 예를 들어, 아마존은 2020년에 250개의 Amazon 그랩앤고(grab-and-go) 매장 오픈 계획을 세웠습니다.

COVID-19 관련 셧다운은 대부분의 주에서 '필수' 비즈니스와 '비필수' 비즈니스로 구분되는 소매업체들에게 즉각적이고 양극화된 영향을 미쳤습니다. 타겟(Target Corporation(NYSE: TGT))과 월마트(Walmart(NYSE: WMT)) 같이 식료품 구성 요소를 포함하는 식료품 체인과 대형 매장 소매점 그리고 홈디포(The Home Depot(NYSE: HD)) 같은 주택 관련 상품 소매업은 필수적인 것으로 간주되어 셧다운으로 인한 부정적인 영향이 없었습니다. 실제로 이러한 소매업체들은 소비자들이 생필품을 구매할 수 있는 대안이 줄어들면서 대체로 수요와 매출이 증가했습니다. 반면에, 사회적 거리두기를 보장할 수 없는 비필수 소매업체들과 밀폐된 쇼핑몰은 몇 달간 영업을 중단해야 했습니다. 셧다운으로 인해 실제로 어떤 소매업체가 결과적으로 살아남을지의 여부 등 셧다운 관련 장기적인 영향은 아직 판가름이 나지 않았습니다. 이들 소매업체들이 공간을 임대하는 리츠의 현금흐름에 미치는 최종적인 영향력 또한 아직 결정이 어렵습니다.

셀프 스토리지 부동산 시장

FTSE Nareit All REITs Index는 6개 기업을 셀프 스토리지 리츠(Self-Storage REITs)로 분류하고 있으며 이들 자산의 총합은 310억 달러입니다(표 6.16 참조). 아파트 부문과 유사하게 셀프 스토리지 유닛에 대한 수요는 인구 증가, 일자리 또는 기타 이유로 장소를 옮기는 사람들에 의해 주도됩니다. 그러나 많은 사람들은 단순히 후손들을 위해 물건을 보관하려는 욕구를 가지기도 하며, 단순하게는 아무것도 버릴 수 없게 하는 정리 능력의 부재가 수요를 만들어 내기도 합니다. 아파트를

표 6.16 셀프 스토리지 리츠

회사명	티커심볼	총자산[*]
Public Storage	PSA	$11,414
Extra Space Storage Inc.	EXR	8,318
Life Storage Inc.	LSI	4,189
CubeSmart	CUBE	3,950
National Storage Affiliates Trust	NSA	3,111
Global Self Storage	SELF	58
6개 셀프 스토리지 리츠 총계:		$31,040

[*] 2019년 9월 30일 기준 총자산(단위: 백만 달러).
출처: Nareit, S&P Global Market Intelligence.

임대하거나 콘도미니엄에 거주하는 개인은 셀프 스토리지 공간을 임대하는 경향이 있습니다. 기업은 초과 재고를 보관하기 위해 셀프 스토리지를 사용합니다. 고객은 가격, 위치, 보안 및 필요에 맞는 공간 적합성을 기준으로 보관 시설을 선택합니다. 부동산 소유주들은 셀프 스토리지 사용자의 대다수가 기업이 아닌 개인 소비자이기에 수익의 상당 부분을 한 명의 고객에게 의존하지 않는 편입니다. 스토리지 유닛 자체는 단순 구조물로 소비자들이 쉽게 볼 수 있도록 번잡한 도로 근처에 위치합니다. 지붕이나 주차장 및 도로 포장 수리, 그리고 에어컨 외에는 자본이 거의 들지 않습니다. 지난 10년간 전국적인 체인점들이 효과적인 마케팅을 펼치면서 고객을 유치해 왔기 때문에 고객 유치 및 유지에 있어서 경영 관리가 더욱 중요해졌습니다.

셀프 스토리지 리츠의 위험과 보상

셀프 스토리지 유닛은 월 단위로 임대되기에 수요가 약하거나 또는 수요가 너무 강한 시기에 임대료의 변동성이 클 수 있습니다. 역사적으로 공급 과잉은 이 부문의 주요 위험 요인이었습니다. 시설 건설에 시간이 거의 걸리지 않지만 과거부터 소유권이 매우 분산되어 있어 다른 상업용 부동산 유형에 비해 수요 및 공급 정보가 투명하지 않았습니다. 이 부문 리츠가 주로 기존 지역의 부동산을 인수하여 성장하게 되면서 해당 부문의 공급 문제는 약화되고 성과 면에서 다른 부동산 유형들을 앞서고 있습니다.

결론

리츠의 성과는 부동산 부문에 따라 다르게 나타납니다. 각 유형의 부동산이 임차인 선호도, 기술 변화, 거시 경제 동향에 따라 다르게 영향을 받기 때문입니다. 10장에서는 과거 다양한 시장 상황에서 리츠가 어떤 성과를 보여주었는지 부동산 부문별로 비교하고 보다 심층적으로 분석해 보겠습니다. 부동산을 유형별로 다각화하는 투자 전략이야말로 좋은 결과를 가져올 것입니다.

7장

모기지 리츠

모기지 리츠의 개요

　　모기지 부동산투자신탁(mortgage Real Estate Invest Trust: mREITs, 모기지 리츠)은 주거용 및 상업용 부동산에 자금을 조달하는 회사입니다. 주택 소유자 또는 상업용 부동산 소유자에게 장기 자금을 제공하는 것 외에도 mREIT는 대출을 개시하여 서비스하고, 증권화(securitizations) 같은 자본 시장 활동을 수행하고, 문제 있는 신용을 재구조화하여 자본화합니다. 대부분의 공개 mREIT는 NYSE 또는 Nasdaq 같은 증권거래소에 상장되어 있습니다. mREITs의 보통주를 구매하여 투자자들은 유동성과 투명성을 갖춘 상장회사를 통해 15조 6천억 달러 규모의 주택 및 상업용 모기지 투자 시장에 진입할 수 있습니다(그림 7.1 참조).

　　그림 7.2에서 볼 수 있듯이 mREITs는 일반적으로 주식 REIT의 배당수익률에 비해 500~800bp 프리미엄이 붙은 높은 배당수익률을 지급합니다. 2007~08년 글로벌 금융위기 기간에 높은 레버리지와 신용 위험이 있던 mREIT들은 재정적 어려움을 겪었습니다. 그러나 다른 mREIT들은 위기를 극복하고 그 여파로 한층 더 유리해진 투자를 통해 오히려 급성장을 이뤄냈습니다.

　　mREIT 부문의 규모와 구성. 2019년 12월 31일 FTSE Nareit Mortgage

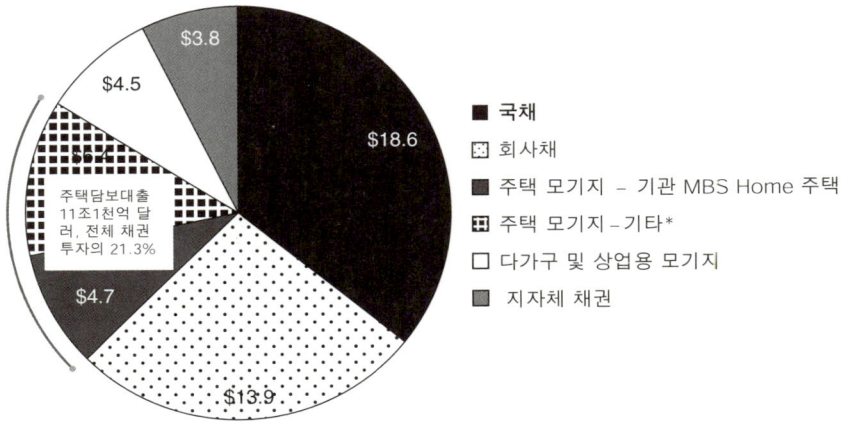

그림 7.1 채권 및 모기지 투자 세계
* 사모 MBS 및 전체 대출 모기지 포함. 수조 달러.
출처: 미국 연방준비제도이사회(Federal Reserve Board), 미국 재무 계정(Financial Accounts of the United States), 2019:3분기, Nareit.

그림 7.2 지분형 리츠(equity REITs)와 모기지형 리츠(mREITs)의 배당수익률 비교
출처: Nareit.

REITs 지수에는 40개의 mREIT가 포함되어 있습니다. 24개는 주거용 부동산에(표 7.1 참조), 16개는 상업용 부동산에(표 7.2 참조) 자금을 제공하는 mREIT입니다. 주거용 mREITs의 시가총액은 552억 달러, 상업용 mREITs의 시가총액은 278억 달러로, 전체 mREIT 부문의 총 시가총액은 829억 달러에 이릅니다.

표 7.1 주거용 mREITs

회사명	티커심볼	총자산*
Annaly Capital Management	NLY	$128,956
AGNC Investment Corp.	AGNC	109,761
New Residential Investment Corp.	NRZ	41,348
Two Harbors Investment Corp.	TWO	32,164
Chimera Investment Corp.	CIM	28,632
Invesco Mortgage Capital	IVR	24,061
New York Mortgage Trust	NYMT	19,759
Redwood Trust	RWT	15,476
ARMOUR Residential REIT	ARR	13,223
MFA Financial, Inc.	MFA	13,105
Capstead Mortgage Corp.	CMO	11,535
PennyMac Mortgage Investment Tr	PMT	10,745
Dynex Capital, Inc.	DX	5,487
Western Asset Mortage Cap'l Corp.	WMC	5,254
AG Mortgage Investment Trust	MITT	4,749
Anworth Mortgage Asset Corporation	ANH	4,582
Ready Capital Corp.	RC	4,123
Arlington Asset Investment Corp.-Class A	AI	4,100
Orchid Island Capital	ORC	3,727
Ellington Financial, Inc.	EFC	3,627
Cherry Hill Mortgage Investment Corp.	CHMI	2,876
Ellington Residential Mortgage REIT	EARN	1,674
Great Ajax Corp.	AJX	1,554
Hunt Companies Finance Trust	HCFT	657
24개 주거용 mREIT의 총계:		$491,177

* 2019년 9월 30일 기준 총자산(단위: 백만 달러).
출처: Nareit, S&P Global Market Intelligence.

표 7.2 상업용 mREITs

회사명	티커 심볼	총자산*
Starwood Property Trust	STWD	$74,434
Blackstone Mortgage Trust, Inc - Class A	BXMT	15,082
Colony Credit Real Estate, Inc. - Class A	CLNC	7,444
Ladder Capital Corp. - Class A	LADR	6,620
Apollo Commercial Real Estate Finance	ARI	6,352
TPG RE Finance Trust	TRTX	5,863
iStar Inc.	STAR	5,580
Arbor Realty Trust, Inc.	ABR	5,396
KKR Real Estate Finance Trust	KREF	5,211
Granite Point Mortgage Trust	GPMT	4,308
Exantas Capital Corp	XAN	2,472
Hannon Armstrong Sustainable Infra. Cap'l	HASI	2,279
Ares Commercial Real Estate Corp	ACRE	1,675
Jernigan Capital, Inc.	JCAP	776
Tremont Mortgage Trust	TRMT	218
Sachem Capital Corp	SACH	109
16개 상업용 mREIT의 총계:		$143,820

* 2019년 9월 30일 기준 총자산(단위: 백만 달러).
출처: Nareit, S&P Global Market Intelligence.

mREITs에 투자하기. 개인이라면 누구나 주요 증권거래소에 상장된 여느 주식과 같이 mREIT의 주식을 살 수 있습니다. 뮤추얼 펀드나 상장지수펀드(ETF)로 구매할 수도 있습니다. (뮤추얼 펀드와 ETF에 대해서는 10장에서 더 자세히 설명하겠습니다.) 과거로부터 투자자들은 상대적으로 높은 배당금의 역사를 가진 mREITs를 가치 있게 여겨 왔습니다. 높은 배당수익률은 포트폴리오로부터 경상소득을 얻고자 하는 투자자들(퇴직자 포함)에게 특히 인기가 높습니다.

주거용 mREIT

에이전시 mREITs. 오늘날 대부분의 주거용 mREIT는 Fannie Mae, Freddie Mac, Ginnie Mae가 발행한 모기지담보증권(MBS)에 집중적으로 투자합니다. 이러한 mREIT는 Fannie Mae, Freddie Mac, Ginnie Mae의 미국 정부 후원 기업(GSE)으로서의 지위와 관련하여 종종 에이전시 mREITs라고 불리웁니다. GSE가 발행하는 MBS는 대출 기관이 신용 좋은 주택 소유자 (또는 1급 대출자(prime borrower))에게 발행한 주거용 주택담보대출로 구성된 채권입니다. 대부분의 에이전시 MBS는 GSE가 원금의 적시 상환을 보장하므로 신용의 위험이 없습니다. 최근 들어 Fannie와 Freddie에서 신용 위험을 투자자에게 전가할 수 있는 신용연계채권이 조금씩 발행되기 시작했습니다. 그러나 이러한 신용위험공유증권의 전체 양은 에이전시 MBS 시장(agency MBS market)의 총 규모에 비해 상대적으로 적습니다. (9장에서 MBS 및 기타 부동산 채무증권에 대해 자세히 설명하겠습니다.)

mREITs 및 Agency MBS의 투자자들은 다른 위험에도 노출되어 있습니다. 일반적으로 주택 소유자에게는 위약금 없이 모기지를 미리 되갚을 수 있는 권리가 있어 더 낮은 이자율로 재융자를 하거나 주택을 팔고 이사를 갈 수 있습니다. 문제는 이로 인해 에이전시 MBS 투자자들이 현금흐름을 예측할 수 없게 되고, 시장 수익률이 하락하는 시기인데도 중도 상환 대금을 재투자해야만 하는 위험에 노출된다는 데 있습니다. 이러한 이자율 변동으로 인한 위험과 그 위험을 완화하기 위해 mREIT가 사용하는 도구들에 대해서는 다음에 논의하겠습니다.

비에이전시 mREITs. 글로벌 금융 위기(GFC) 이전에는 에이전시 MBS가 아닌 투자에 집중을 하는 mREIT들이 존재했습니다. 이들은 에이전시 MBS 보유 말고도 은행과 Fannie Mae와 Freddie Mac 외 금융 기관에서 발행한 서브프라임 모기지(사모증권(Private-Label Securities: PLS)이라고 함)에 더해 주택담보대출(residential whole loans: 이 장 뒷부분에서 논의되겠지만 MBS보다 유동성이 적은)과 모기지 서비스 권리 및 상업용 부동산 부채를 포함하는 비에이전시 MBS에 해당하는 회사들이었습니다. 이러한 회사들을 비에이전시 mREITs라고 부릅니다.

GFC 이전인 2006년 말, 비에이전시 mREITs는 주거용 mREIT 하위 부문 시가총액의 70% 이상을 차지하고 있었습니다. GFC 기간 주택 소유자의 채무 불이행으로 대부분 손실을 경험했으며, GFC 이전에 운영되던 25개의 주거용 mREITs 중 19군데가 GFC 기간 업계에서 사라졌습니다. GFC를 겪은 후 mREIT들의 성과는 전체 mREIT 부문과 주거용 mREIT 하위 부문의 장기적으로 보고된 총수익률에 영향을 미쳤습니다.

기타 주거용 mREIT 투자 및 활동. 여러 mREITs는 모기지 서비스 권리(Mortgage Servicing Right: MSR)에 투자하는데, 이는 주택 소유자로부터 매월 모기지 상환금을 수금하여 해당 모기지가 담보하는 MBS를 보유한 투자자들에게 이를 지급금으로 전달하는 것을 포함합니다. 모기지 서비스는 모기지 비즈니스 사업에서 필수적인 서비스이며 서비스를 수행하는 회사에 수수료 수입을 제공합니다. 그러나 MSR 투자에는 재정적 위험이 있는데, 모기지의 중도 상환 또는 재융자가 이루어지면 모기지 서비스의 필요성 (및 이로써 얻는 수수료 수입의 흐름)이 사라지기 때문입니다. MSR에 투자하는 mREITs는 종종 MBS 자체의 중도 상환 및 이자율 위험에 적용되는 것과 유사한 기술을 사용하여 이러한 위험을 헤지합니다. 이는 다음 절에서 다루어질 것입니다.

주거용 모기지, MBS 및 MSR에 투자하는 것 외에도 일부 주거용 mREIT는 상업용 모기지 및 MBS에 투자하기도 합니다. 마지막으로, 대부분의 주거용 mREIT는 모기지(1차 모기지 시장)를 원천 발행하는 것이 아닙니다. 다른 기관에서 원천 발행한 모기지를 포함한 MBS(2차 모기지 시장)에 투자하는 것입니다.

상업용 mREIT

상업용 mREITs는 상업용 부동산을 담보로 대출의 원천 발행, 자금 조달, 서비스 제공, 구조조정과 관련된 광범위한 활동을 수행합니다. 상업용 mREITs는 다음 활동 중 한두 가지를 전문으로 할 수도, 이러한 활동들 중 여러 가지를 수행하기도 합니다.

- **상업용모기지 담보부증권(CMBS).** CMBS는 Fannie Mae와 Freddie Mac 또는 private-label issuer가 발행하는 주거용 모기지 유가증권과 유사하지만 상업 및 다가구 부동산을 담보로 하는 대출을 포함합니다. CMBS는 손쉽게 사고팔 수 있어 유동성 높은 투자입니다. CMBS의 담보에는 많은 수의 대출이 포함되어 있습니다. 이는 다수의 대출자, 다양한 지리적 지역, 부동산 유형을 통해 노출을 다각화하는 데 도움이 됩니다.

- **전액 대출 상업용 모기지(whole-loan commercial mortgage).** 대출을 시작한 법인이 자체 대차대조표를 그대로 유지하면서 모기지에 자금을 조달하고 서비스를 제공하는 오래된 방식의 투자 방법입니다. 전액 대출은 CMBS에 비해 낮은 유동성을 갖고 특정 대출자, 부동산, 지역에 대해 집중도가 높습니다.

- **상업용 모기지 대출 개시 및 인수.** 상업용 mREITs는 주거용 리츠와 달리 대출을 발행하고 인수할 수 있습니다.

- **서비스 제공.** 많은 상업용 mREITs가 대출 및 CMBS를 서비스합니다. 일부는 채무 불이행 상태의 CMBS에 대한 특별 서비스에 관여합니다.

- **구조조정 및 워크아웃.** 일부 상업용 mREITs는 대출자와 협력하여 연체가 발생한 대출을 구조조정합니다. 채무불이행 시 발생할 수 있는 비용의 일부를 피하게 함으로써 모기지의 현금흐름을 개선시키는 경우가 많습니다.

- **유가증권화.** 일부 상업용 mREITs는 대량의 상업용 모기지를 풀(pool) 구조로 모으고 이 풀을 지원하는 CMBS를 생성하여 투자자들에게 CMBS를 판매/분배하는 증권화 프로세스를 수행합니다.

- **부동산.** 일부 상업용 mREITs는 상업용 부동산에 대한 지분을 투자로서 보유합니다.

mREIT 자금의 원천

mREITs는 대부분의 모기지 및 MBS 투자자들과 마찬가지로 주식과 부채를 모두 사용하여 포트폴리오 자금을 조달합니다. 부채의 양을 늘리거나 레버리지를 크게 하면 같은 주식 투자로 얻을 수 있는 포트폴리오의 크기를 키울 수 있습니다. 레버리지는 에쿼티 투자자들의 수익률을 높일 수 있지만 경기침체기에 레버리지를 사용하면 손실이 증폭될 수 있으므로 위험 또한 높아집니다. 자본 출처에는 보통주, 우선주, 장기 부채, 환매조건부채권(뒤에 논의될 단기 부채 금융(short-term debt financing)), 은행 대출이 포함됩니다.

mREIT의 위험 및 위험의 관리

다른 금융 사업과 마찬가지로 mREITs는 특정 위험에 직면합니다. 대부분은 이러한 위험을 완화하기 위한 기법을 사용합니다. 그러나 어떤 위험 관리 전략도 위험을 100% 제거할 수는 없습니다. 실제로 GFC 동안, 일부 mREITs는 심각한 압박을 겪었으며 일부는 실패를 했습니다. 결과적으로, 위기 이후 대부분의 mREITs는 GFC 때 어려움을 겪게 했던 위험 유형에 덜 취약한, 보다 보수적인 비즈니스 모델들을 선택하게 되었습니다.

mREIT가 직면한 위험의 주요 유형은 다음과 같습니다.

- **이자율 위험.** 장단기 이자율 변화의 영향 관리는 mREITs 사업 운영에 필수적인 요소입니다. 이자율 변화는 순이자 마진에 영향을 줍니다. 순이자 마진은 mREIT의 평균투자수익률(average investment yield)과 평균자본비용(average cost of capital) (또는 가중평균자본비용(Weighted Average Cost of Capital: WACC) - 10장 및 11장에서 논의) 사이의 차이이자, 모든 mREIT의 기본 수익원입니다. 이자율의 변화는 또한 mREITs의 모기지 자산의 가치, 나아가 기업의 순자산가치에 영향을 주기도 합니다. 이는 미국 국채의 가격이 평가되는 방식과 유사합니다. 이자율이 증가하면 트레져리 빌, 노트, 본드(treasury bill, note, bond)의 가치나 가격은 하락합니다. 일반적으로 mREITs에 대한 단기 차입 관련 위험 관리 및 완화는 이자율 스왑(interest rate swap), 스왑션(swaption), 이자율 칼라(interest rate collar), 상한(cap) 또는 하한(floor) 및 기타 금융 선물 계약을 포함하여 기존부터 널리 사용되어 온 헤지 전략으로 이루어지고 있습니다. 또한 mREITs는 이외의 여러 다른 방식을 취하여 위험을 관리합니다. 대체적 이자율 환경에서 중도상환의 가능성에 기반해서 특정한 MBS 투자를 선택하거나, 차입금뿐 아니라 자산의 평균 만기를 조정하거나, 금리 변동 기간 현금 비중을 늘리고 차입금을 줄이기 위해 자산을 매각해서 현금을 보유하는 등의 방식들입니다.

- **신용 위험.** 주거용 mREITs가 매입한 모기지 증권들의 대부분은 연방 정부가 보증한 에이전시 증권들이며, 이것들은 한정적인 신용 위험에 노출됩니

다. 상업용 mREITs는 개별적 브랜드로 발행한 주거용 MBS와 CMBS를 통해 신용 위험에 노출될 수 있습니다. 어떤 특정 증권에 대한 신용 위험의 정도는 해당 대출에 대한 신용 성과물과 그 증권의 구조 (즉, 증권의 어떤 클래스들이 먼저 지불되고 어떤 것들이 나중에 지불되는지) 그리고 과잉 담보(over-collateralization: 담보로 보유된 모기지론의 액면가가 주거용 MBS 또는 CMBS가 발행한 액면가를 초과하는 경우)의 정도에 따라 달라집니다.

- **중도 상환 위험.** 대출자가 모기지를 재융자하거나 중도 상환할 가능성에 영향을 미치는 것은 이자율 변화 또는 대출자 주택의 매각입니다. 이러한 재융자 또는 중도 상환이 발생하면 그 모기지나 MBS를 보유한 투자자는 그 시점에 지배적인 금리 환경에 재투자를 해야 합니다. 이로써 수익이 낮아지거나 높아질 수 있습니다. 투자자들 또한 중도 상환이 이루어진 MBS에 대한 투자 프리미엄을 상실합니다. mREITs는 이자율 위험을 헤지하는 데 사용하는 것과 유사한 도구와 기법을 사용하여 중도 상환의 위험을 헤지하고자 합니다.

- **자금 조달 또는 유동성 위험.** mREIT 자산은 주로 장기(long-term) MBS 및 모기지인데, 이 중 특히 주거용 모기지 리츠의 경우 상당량의 단기 부채를 포함할 때가 있습니다. 이러한 기간 불일치 때문에 자산에 만기가 닥치기 이전에 단기 부채를 롤오버해야 합니다. 이를 수행할 수 있는 능력은 유동성 및 환매조건부채권(repo) 시장을 포함한 단기 채권 시장의 유연한 작동에 따라 좌우됩니다. 환매조건부채권 시장은 유동성이 매우 높습니다. 약 2조 달러의 미결제 상품과 수천억 달러의 일일 거래량을 가지고 있습니다. 또한 은행과 딜러들이 환매조건부채권 시장을 시장 유동성의 중요한 원천으로 사용합니다. 금융시장에서 에이전시 MBS 및 TBA(To Be Announced, 발표 예정) 시장의 유동성은 국채 시장과 견줄만 합니다. (TBA 시장에서 에이전시 MBS의 선물 계약 거래는 향후의 특정 날짜와 결정을 미리 결정하여 인도가 이루어집니다만, 정확히 어떤 모기지 증권이 인도될지에 대해서는 명시하지 않습니

다.) 상업용 mREIT는 자산과 부채의 기간을 일치시키는 경향이 있으며 롤오버 위험에 거의 직면하지 않습니다.

mREITs와 2007~08년 금융위기

mREITs는 GFC에 앞서 있었던 주택 호황기에 빠르게 성장했습니다. mREITs의 총 모기지 및 MBS 보유액은 2000년 200억 달러 미만에서 2007년 중반 1,000억 달러 이상으로 증가했습니다. 이러한 성장의 대부분은 비에이전시 MBS 보유가 증가한 결과였습니다. 이러한 증권에는 GSE가 증권화할 수 있는 모기지의 상한 규모를 초과하는 '점보' 모기지 담보로 보장되는 MBS뿐만 아니라 서브프라임 및 Alt-A 모기지로 보장되는 MBS도 포함되었습니다.

비에이전시 MBS의 mREITs 총 보유액은 70억 달러로, 2000년의 mREITs 총 MBS 보유액의 20% 미만이었습니다. 그러나 2006년까지 비에이전시 지분은 450억 달러로 증가하였고, 총 MBS 보유액의 절반 정도를 차지하게 되었습니다(그림 7.3 참조).

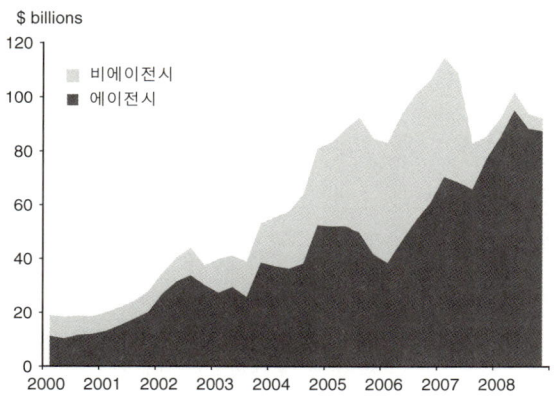

그림 7.3 주택 금융 mREITs의 모기지 자산
출처: S&P Global Market Intelligence, Nareit.

2008~09년에 비에이전시 MBS의 신용 노출을 위기에 처하게 한 여러 상황들이 있었습니다. 비에이전시 MBS의 대부분을 구성하는 서브프라임과 Alt-A 모기지에 대한 신용 심사는 종종 느슨했으며, 서브프라임 모기지 시장에서 대출받은 많은 주택 소유자들은 상환을 계속할 의사가 없거나 할 수 없었습니다. 티저(teaser)[1] 이자율이 시장 기반 이자율로 재설정되었을 때 상환 불이행이 눈에 띄게 증가했습니다. 이에 더해, GFC가 진행되면서 주택 가격의 하락이 시작되었고, 담보 가치가 하락하여 비에이전시 MBS를 보유하고 있던 mREITs를 포함하여 많은 대출 기관들에게 큰 손실을 입혔습니다.

신용 위험 부담 여부의 결정은 mREIT가 GFC에서 살아남을지를 결정하는 주요 요인이었습니다. 실제로, 비에이전시 MBS에 집중했던 대부분의 mREITs들이 위기 동안 실패했는데, 이들 포트폴리오의 MBS는 mREITs가 보유한 전체 비에이전시 MBS의 87%를 차지했음이 드러났습니다(그림 7.4 참조; 가장 연한 회색의 줄무늬 영역). 대조적으로, 모든 주요 에이전시 mREITs는 GFC에서 살아남았고, mREITs가 보유한 에이전시 MBS의 94% 이상이 그렇게 GFC에서 살아남은 mREITs의 대차대조표에 올라 있었습니다.

금융위기 이후의 mREITS

에이전시 MBS 시장 재자본화. mREIT 섹터는 GFC 시작 이후 더욱 빠르게 성장했습니다. 일반은행, 투자은행, 주택저당증권(GSE), Fannie Mae와 Freddie Mac 같은 대부분의 전통적인 MBS 투자자들은 MBS 포트폴리오와 관련하여 심한 자금 조달 압박을 받았습니다. 많은 투자자들이 보유 자산을 줄이거나 포트폴리오를 청산해야 했고, 이로 인해 자산 가격에 하방 압력이 가해지고 투매에 대한 우려가

---

[1] 홍보를 위해 대출 초기의 한정된 기간 제공하는 저렴한 이자율입니다. 그 기간이 경과하면 대출자에게는 더 높은 일반 이자율이 적용됩니다.

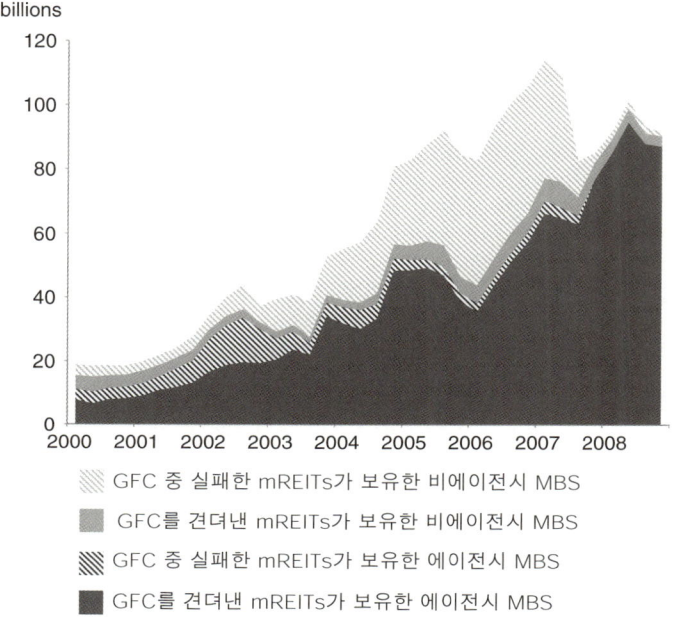

그림 7.4 GFC 기간 중 주택 금융 mREITs의 모기지 자산 및 실패 사례
출처: S&P Global Market Intelligence, Nareit 2018.

커졌습니다. 이 기간 여러 mREIT가 에이전시 MBS를 구매하여 자산 가격 안정화에 도움을 주었습니다. 연방준비제도이사회(FRB) 또한 시장 유동성 개선을 위해 국채 뿐만 아니라 에이전시 MBS를 매입하기 시작했습니다. mREIT의 에이전시 MBS 보유분은 2008년 말 900억 달러 미만에서 2012년 3,800억 달러로 증가했습니다(그림 7.5 참조). 에이전시 MBS에 대한 mREITs의 투자가 위기를 진정시키려는 연방 정부의 노력을 강화하는 데 일정 부분 기여했습니다.

mREITs는 이러한 투자에 자금을 지원하기 위해 보통주를 발행하였습니다. 대부분의 포트폴리오 성장 초기 기간인 2010년부터 2013년 동안, 지분 발행은 총 510억 달러였으며, 2009년부터 2019년까지 조달된 총 금액은 930억 달러에 이르렸습니다(그림 7.6 참조). 금융위기에 기여한 요인들 중 하나는 과도한 부채와 높은 레버리지의 사용이었습니다. 즉, 상업은행 및 투자은행 부문을 포함한 모기지 투자를 지원할 영구적인 자기자본(equity capital)이 부족한 것이었습니다. 상당한 규모의 자기자본을 조달함으로써 mREIT 부문은 모기지 및 MBS 부문의 재자본화에 도움이 되었습니다.

mREIT가 조달한 930억 달러의 자기자본은 대차대조표상의 성장을 촉진했을 뿐만 아니라 자체 대차대조표 포지션을 강화할 수 있게 해 주었습니다. 글로벌 금융위기 이전 mREIT의 장부상 자기자본 대비 부채의 레버리지 비율 중앙값은 8.5배였습니다(그림 7.7의 짙은 회색 막대 참조). 장부상 자기자본 대비 부채는 부채의 장부가액을 자기자본의 장부가액으로 나눈 값으로, 여기서 부채와 자본은 10-Q 및 10-K SEC 제출 서류에서 리츠의 연결 대차대조표에 표시된 값입니다. 장부상 자기자본은 대차대조표에 기재된 총 장부 자산에서 장부 부채를 차감하여 계산할 수도 있습니다.

$$\frac{부채}{장부상\ 자기자본} = \frac{장부\ 부채}{총\ 장부\ 자산 - 장부\ 부채}$$

상업용 mREIT 부문보다 높은 레버리지를 사용하는 경향이 있는 주택 금융 mREITs의 레버리지 비율 중간값은 2006년 11.9배(그림 7.7의 검은색 막대)였고, 상업용 mREITs의 레버리지 비율의 중간값은 2007년 6.5배(그림 7.7의 밝은 회색 막대)로 정점에 달했습니다. 그러나 GFC 이후 레버리지 비율은 급격히 감소했습니다. 전체 mREITs 중 레버리지 비율의 중간값은 3배까지 떨어졌다가 이후 소폭 상승하여 2019년 3분기 기준 4.2배로 상승했습니다. 이는 주택 금융과 상업용 mREIT 부문의 레버리지 비율의 중간값이 각각 6.8배와 3.0배임을 반영한 것입니다.

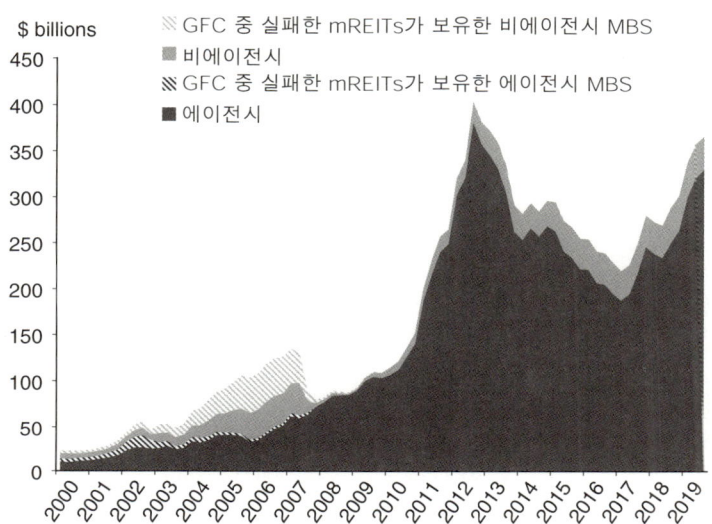

그림 7.5 주택 금융 mREITs의 모기지 자산, 2000-19년
출처: S&P Global Market Intelligence, Nareit.

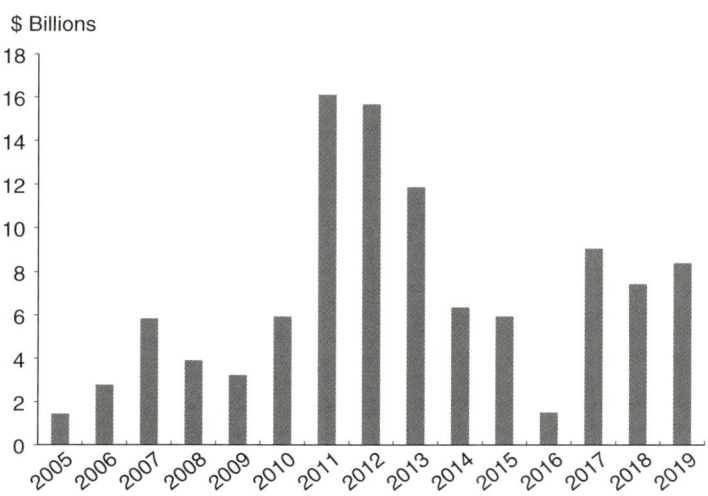

그림 7.6 mREITs의 총 주식 발행 규모, 2005~19년
출처: Nareit.

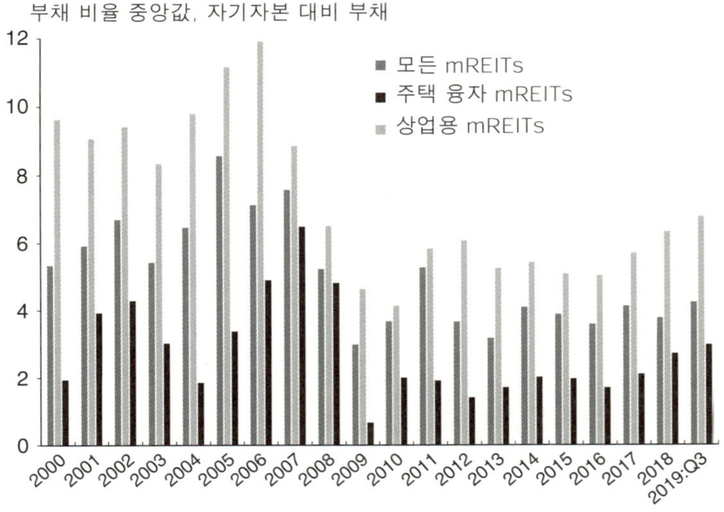

그림 7.7 mREIT 장부상 자기자본 대비 부채 레버리지 비율 중앙값
출처: S&P Global Market Intelligence, Nareit.

비에이전시 MBS 시장의 구조조정. GFC의 핵심 문제는 2007년 기준 총 2조 3,000억 달러에 달하는 대량의 신용 불량 모기지와 비에이전시 MBS가 일반 은행 및 기타 투자자들의 포트폴리오에 보유되어 있다는 점이었습니다. 이렇게 문제가 있는 투자를 어떻게 처리할 것인지에 대한 도전은 글로벌 금융위기 직후에도 국가 정책 입안자와 민간 금융 부문 리더들의 주요 관심사였습니다. 최악의 위기가 지나간 후에도 대부분의 은행들은 부도가 났거나, 비유동적이거나, 기타 신용 불량 자산들(레거시 비에이전시 MBS라는 용어는 GFC 이전에 발행된 비에이전시 MBS의 현재 보유 자산을 뜻함)을 매각하여 대차대조표의 전반적인 질을 개선시키고자 하였습니다. 주요 투자자들 대부분이 노출을 줄이고자 하는 상황이었기에 잠재적인 구매자들은 별로 없었습니다.

1986년부터 1990년대 초까지 지속된 저축 및 대출 위기의 여파로 주식형 리츠가 침체된 상업용 부동산 가격에서 이득을 취했던 것처럼, GFC를 견뎌낸 몇몇

mREITs는 은행 및 기타 투자자들로부터 레거시 비에이전시 MBS를 매우 기회주의적인 가격으로 매수했습니다. mREITs가 보유한 총 비에이전시 MBS는 2009년 초 43억 달러의 최저치에서 2012년 250억 달러로 증가하기 시작했습니다. 비에이전시 MBS의 보유액은 조금 더 증가했지만 2015년 이래 300억 달러에서 380억 달러로 안정적으로 유지되고 있습니다. 이러한 자산 대부분이 액면가에서 크게 할인된 가격, 종종 달러 당 50센트 미만으로 매수되었는데, MBS 기반 모기지 신용에 문제가 있음을 반영한 것이었습니다. mREITs가 보유한 레거시 비에이전시 MBS의 추정 액면가는 2019년 기준 총 레거시 비에이전시 MBS의 최대 15%를 차지하고 있습니다(2019년 9월 30일 기준 총 비에이전시 MBS의 액면 가치는 4,520억 달러).

비에이전시 MBS(Non-Agency MBS)의 기반이 되는 모기지들 중 일부는 재실행 중에 있습니다. 즉, 위기 기간 재정적으로 어려움을 겪다 파산에 이르렀을 수 있었던 주택 소유자들이 그 후에 모기지 상환을 다시 시작한 것입니다. 또 다른 모기지들은 소유자가 주택에 남아 있는 것을 돕고 압류 및 주택 매각 비용을 피하기 위해 구조를 변경했습니다(본질적으로 대출자와 대출 기관이 과거 연체 비용을 분담하는 데 동의하여 주택 소유자의 향후 상환을 돕고자 하였습니다). 이들 중 또 다른 모기지들은 새로 발행된 MBS를 보증하기 위해 재증권화되었습니다. 즉 새로운 모기지 풀로 패키지화되었습니다.

이처럼 레거시 비에이전시 MBS와 모기지를 할인된 가격으로 구매하고 주택 소유자가 앞으로 상환이 가능하도록 개선하는 조치를 취함으로써 mREITs는 이러한 레거시 자산에 대해 상당히 좋은 수익을 얻을 수 있었습니다.

에이전시 mREITs의 총수익

FTSE Nareit Mortgage REITs Index는 지수의 mREIT 구성종목의 수익

률에 대한 유동주식으로 조정된 시가총액 가중 지수입니다. GFC 이전의 기간에는 앞서 언급되었듯이 주택 금융 하위지수 시가총액의 70%를 차지하고 있는 비에이전시 mREITs의 수익률에 큰 비중의 가중치를 포함시켰습니다. 이러한 구성종목 대부분은 GFC 동안 상당한 손실과 마이너스 수익률을 보였고 mREIT 부문에서 보고된 수익률을 아래로 끌어내렸습니다.

이 지수는 GFC 이전에 존재했던 해당 부문의 성과를 측정하기에는 적합하지만, 현재의 산업계 구성은 매우 다릅니다. 위에서 언급한 바와 같이, 원천 발행 서브프라임 MBS에 투자하는 mREITs는 없습니다. 사실 현재 미국에서는 서브프라임 모기지라는 것은 사실상 거의 발행되지 않습니다. 오히려 오늘날의 mREIT 부문은 주로 에이전시 MBS에 투자하는 회사들, 에이전시 MBS와 레거시 비에이전시 MBS(대폭 할인된 가격으로 매수)에 투자하는 다른 mREITs, 상업용 mREITs로 구성되어 있습니다.

Nareit는 GFC를 통해 운영되고 있던 에이전시 mREITs 및 GFC 이후 형성된 에이전시 mREITs의 총수익률 지수를 구성했습니다. 지난 15년 동안 이러한 에이전시 mREITs의 총수익률은 지분형 리츠 및 Russell 3000 Stock Index를 포함한 다른 부문의 투자 수익률과 비견할 수 있었습니다.

- FTSE Nareit Mortgage REITs 지수의 15년 동안의 연간 총수익률은 1.2%(2019년 12월 31일까지)였으며, FTSE Nareit All Equity REITs 지수의 수익률은 7.8%, Russell 3000 index에 포함된 주식들의 수익률은 9.0%였습니다.
- 에이전시 mREITs는 이 기간 6.8%의 연간 수익률을 기록하여 FTSE Nareit mREIT 지수를 크게 상회했습니다.

GFC 이전의 비에이전시 mREITs를 포함한 지수의 총수익률 1.2%와 에이전시 mREIT의 수익률 6.8%의 차이는 GFC 이전의 서로 다른 두 비즈니스 모델들을 보여줍니다. 비에이전시 MBS mREITs는 상당한 신용 위험을 감수했고, 에이전시 MBS에 집중했던 mREITs는 신용 위험이 낮았습니다. 오늘날의 이 섹터는 신용 위험을 거의 또는 전혀 보유하고 있지 않습니다. 따라서 에이전시 mREIT 지수가 오늘날의 mREIT 투자자에게 적합하다고 말할 수 있습니다.

현 시점에서의 mREITs 규제 이슈

2020년 초 현재, mREITs에 관한 두 가지 규제 문제가 있습니다. 첫째, 여러 mREITs가 캡티브 모기지 회사 자회사를 통해 연방주택대출은행(FHLB) 시스템에서 차입을 해 오고 있었습니다. FHLB는 주택 모기지 시장에 자금과 유동성을 제공하기 위해 설립된 것으로, 시스템 구성원의 다수가 은행 및 기타 예금 기관과 보험 회사로 이루어져 있었습니다. 2016년 FHFA는 mREITs가 소유한 보험 회사를 포함하여 캡티브 보험 회사의 멤버십을 제한함으로써 FHLB에 대한 접근을 제한시켰습니다. 캡티브 자회사를 통해 FHLB로부터 차입했던 mREITs에게는 해당 차입금의 상환에 2년에서 5년의 기간이 주어졌습니다. 그러나 mREITs가 주택 모기지 시장의 자금 조달 역할을 도울 수 있게 하려면 FHLB에서 차입할 수 있도록 허용해야 한다는 의견에 대한 논의가 이루어지고 있습니다.

두 번째 규제 문제는 리츠의 적격성 여부로서 모기지의 신용 위험을 GSE로부터 투자자에게 이전하는 특정 MBS에 투자할 수 있는지에 관한 것입니다. GSE는 GFC 이후 이러한 유가증권을 도입하여 향후 위기 시 금융 안정성을 위협할 수 있는 위험의 집중이 감소될 수 있도록 했습니다. 그러나 이러한 신용 위험 이전(Credit Risk Transfer: CRT) 증권의 구조는 해당 증권이 'whole pool certificate'로 분류되는지 또는 'partial pool certificate'으로 분류되는지에 따라 리츠 투자를 배제시키게 됩니다. 이 책이 발행되는 시점에도 이 문제는 해결되지 않았으며 CRT 증권의 리츠 투자에 대한 적격 여부는 불확실한 상태로 남아 있습니다.

결론

지난 10년 동안 mREITs 부문은 빠르게 성장해 왔고 부문 구성도 변해 왔습니다. 특히 주택 부동산 금융을 제공하는 mREITs에서 변화가 컸습니다. GFC 이전에 신용 위험에 노출되어 있던 mREITs는 이 부문에서 탈락하였고, 정부 기관이 보증하는 모기지 증권에 투자하는 mREITs로 거의 모든 주택 금융 mREIT의 하위 부문이 채워졌습니다. GFC가 촉발되고 이후 수년간, mREITs는 미국 금융 산업계의 필수적인 참여자임을 증명했습니다. 은행들이 대차대조표를 재자본화하고 재정 건강을 회복할 수 있도록 도왔고, 미국 경제 성장에 필요한 주택 소유와 상업용 부동산 투자 지원을 위해 보다 많은 유동성을 공급하였습니다.

파트

II

리츠 투자 기술

　　파트 II는 파트 I에서 다루었던 기본 정보를 토대로 합니다. 8장에서 11장은 1장에서 7장까지 쌓아온 리츠에 대한 학문적 이해를 바탕으로 하여 투자 목적으로 실제 기업에 적용하려는 투자자를 대상으로 합니다. 리츠에 익숙하지 않은 개인투자자와 자산관리자, 리츠 분석의 기본에 충실하게 고객에게 더 나은 서비스를 제공하려는 금융 어드바이저에게도 유용할 것입니다. 8장에서는 리츠의 중요한 기술적 측면을 논의하겠습니다. 리츠가 비상장 부동산을 인수할 때 거래 불가능한 지분인 OP 유닛을 발행할 수 있는 능력을 포함하여, 리츠 자격 및 유지를 위해 갖추어야 할 약정들을 살펴볼 것입니다. 8장의 말미에서는 공모 리츠와 사촌격인 공개 비상장 리츠를 비교하겠습니다. 이것들은 주로 유동성 측면에서 차이를 보입니다. 9장에서는 리츠의 부채 자본을 조달하기 위한 공모 및 사모 부동산 부채 대안의 유형들에 대해 알아보겠습니다. 10장에서는 리츠가 산업으로서 다양한 주식시장 및 금리 환경에서 어떤 성과를 거두어 왔는가를 알아볼 것입니다. 마지막으로 11장에서는 리츠를 분석하기 위한 계산 방법을 살펴보겠습니다. 리츠 수익성과 현금흐름, 대차대조표의 건전성, 포트폴리오의 위험 및 강점, 가중평균자본비용, 순자산가치 등 리츠를 평가하기 위한 지표들입니다.

8장

기술적인 이해

리츠 분석에 사용되는 다양한 지표를 11장에서 논의하기에 앞서 리츠에 특징적인 몇 가지 중요한 기술적 내용을 먼저 짚어 보겠습니다..

리츠의 구조

이 책의 서두에서 설명했듯이 리츠는 수익성 있는 상업용 부동산을 소유하거나 자본을 조달하는 회사(뮤추얼 펀드와 유사한 구조)입니다. 대부분의 리츠는 지분형 리츠(에쿼티 리츠 equity REITs)로 임차인이 지불한 임대 수익이 주 수입원입니다. 1992년 이전에는 지분형 리츠가 직접 또는 합작 투자를 통해 상업용 부동산을 소유했습니다. 그림 8.1에서처럼 리츠는 주식 증권(보통주나 우선주)이나 부채(예: 채권 또는 모기지)를 발행하여 자본을 조달합니다. 일반 투자자들은 리츠의 주식을 구매하고 리츠는 임대 가능한 부동산에 그 돈을 투자합니다. 그리고 나중에 부채 투자자들에게는 이자를, 주주들에게는 배당금을 지급합니다. 리츠 투자자들은 현재 수익률과 투자 지분 가치 상승 가능성 외에도 개개인으로는 직접 매수가 거의 불가능한 대형 부동산에 대한 전문적인 관리와 투자 접근 권한을 얻습니다.

전통적인 리츠 구조(그림 8.1)에서는 일반 주주들이 기본적으로 리츠 비즈니스 기업의 일부, 즉 리츠의 총 발행 주식 대비 소유 주식 수에 따라 비례 분배된 소유

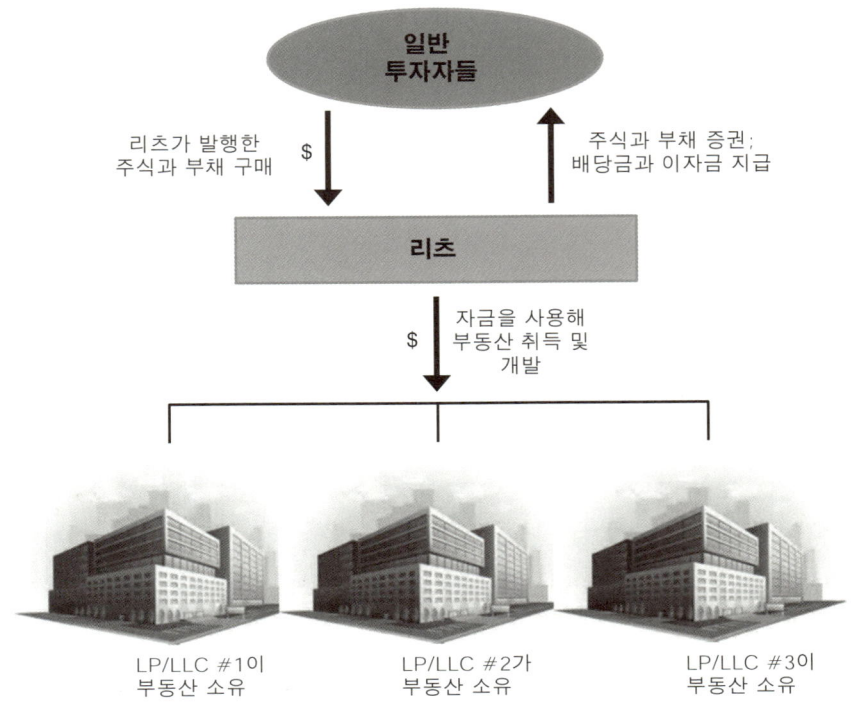

그림 8.1 리츠 구조

분을 갖습니다. 어느 투자자가 리츠가 발행한 보통주를 5% 소유하고 있다면 본질적으로 해당 리츠의 자산 및 운영의 5%가 해당 투자자 소유가 됩니다.

업리츠

1992년의 업리츠(Umbrella Partnership REIT: UPREIT) 구조와 운영 파트너십 유닛(Operating Partnership Unit: OP Unit) 도입이 이루어진 것은 리츠의 기업 소유 구조에 가히 혁명적인 변화를 가져왔습니다. 1992년 IPO를 통해 업리츠 구조를 혁신한 공을 세운 회사는 타우브만센터스(Taubman Centers, Inc.(NYSE:

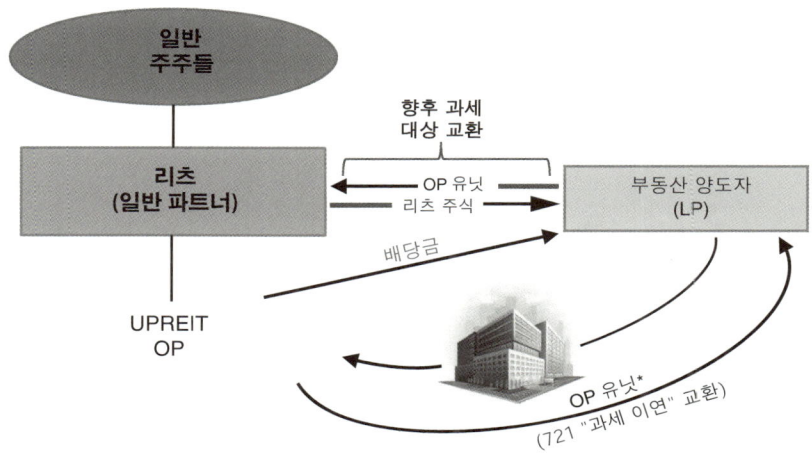

그림 8.2 721 교환 예시

* 업리츠 운영 파트너십(UPREIT OP)은 부동산 매매시 OP 유닛으로, 또는 현금, OP 유닛, 매각 부동산 부채 인수의 조합으로 대금을 지급합니다.

TCO))로, 세법 섹션 721조에 의거하여 투자 부동산 소유자로 하여금 소유권을 업리츠로 이전하여 파트너십 유닛과 교환하고 교환된 부동산 관련 자본이득(=양도소득세)은 이연할 수 있도록 하였습니다(721 교환(721 exchange)). 그림 8.2에서 전형적인 721 교환의 예시를 볼 수 있습니다.

업리츠 구조가 기존의 전통적인 리츠와 다른 두 가지 측면은 다음과 같습니다. 첫째, 그림 8.3에서 볼 수 있듯이 리츠는 부동산을 직접 소유하지 않습니다. 리츠는 대신 엄브렐라 운영 파트너십(OP)이라는 합자회사 유닛을 보통, 다량 소유하고 이 합자회사(limited partnership)를 통해 부동산을 소유하고 운영합니다. 전통적인 리츠처럼 이 운영 파트너십은 여전히 각각의 부동산 소유를 위해 개별 LP 또는 LLC를 이용합니다. 그림 8.3에서 볼 수 있듯이, 업리츠는 자신의 운영 파트너십의 이권(interest)을 소유하는 유일한 일반 파트너(general partner)로 존재합니다. 리츠가 업리츠 구조를 사용하여 일반 투자자들에게 새로운 보통주나 우선주를 발행하면,

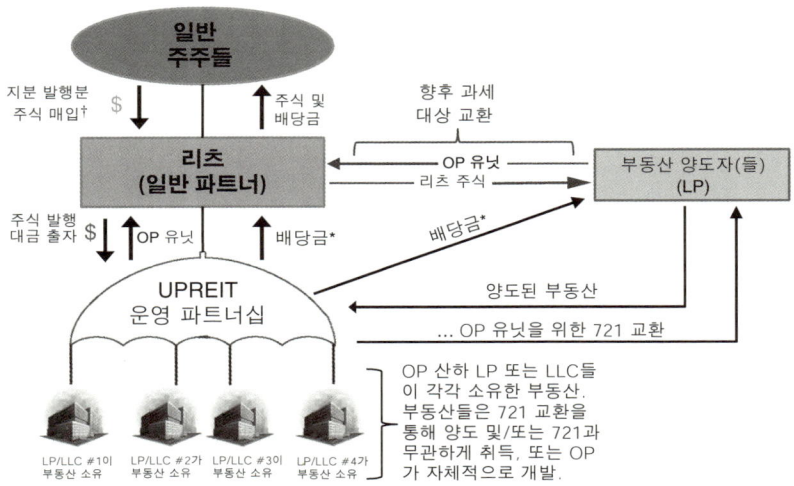

그림 8.3 UPREIT 기업 구조

† 리츠는 투자자들에게 보통주나 우선주를 발행하고 그 수익 대금을 UPREIT OP에 출자합니다. UPREIT의 부채 자본(담보 또는 무담보) 발행은 OP 수준에 따릅니다.

* 일반 주주들은 REIT로부터 배당금을 받습니다. REIT(OP의 일반 파트너)와 OP 유닛 보유자들(유한 파트너들)은 OP로부터 배당금을 받습니다.

참고: 한 개인이 721 교환을 통해 부동산을 양도하면, OP는 LP를 통해 그 부동산을 소유합니다. 개인들의 집단이 부동산(들)을 양도하면, OP는 LLC(Limited Liability Corporation; 유한책임회사)를 통해 이를 소유합니다.

그 대금은 추가 OP 유닛을 받는 대가로 OP에 예치됩니다. 기술적인 측면에서 OP는 부동산을 취득 및 개발하고 이를 운영하는 법인을 의미합니다. OP는 부동산을 운영하여 벌어들인 수익금 중 일부를 리츠에 배분하고, 리츠는 주주에게 배당금을 지급합니다(대출자에게는 이자를 지급합니다). OP는 일반 주주들에게 투명하게 공개되는 패스쓰루(pass-through) 메커니즘입니다.

전통적인 리츠와 업리츠의 두 번째 차이점은 후자는 현금과 보통주 말고도 관리팀이 부동산을 취득할 수 있는 추가적 통화, 즉 OP 유닛을 가지고 있다는 것입니다.

OP 유닛

모든 미국 파트너십의 경우와 마찬가지로, 업리츠의 운영 파트너십은 부동산 매도인에게 OP 유닛 발행이 가능하기에 보통주 발행과 유사한 형태로 간주될 수 있습니다. 오늘날 OP 유닛은 OP 유닛 보유자가 각 OP 유닛에 대해 받는 분배금이 각 일반 주주들에게 지불된 배당금과 동일하다는 점에서 경제적으로 보통주의 지분과 같습니다. 보통주와 다른 점은, OP 유닛은 공개적으로 거래할 수 없고, OP 유닛 보유자가 업리츠 기업지배구조 문제에 관해 투표할 수 없다는 것입니다. (역사적으로 타우브만 센터(Taubman Centers, Inc.) 같은 일부 초기 업리츠는 설립자에게 '추적 지분(tracking shares)'을 발행했는데, 이 추적 지분에는 단순한 투표권이 아닌, 각 OP 유닛 당 종종 한 표 이상을 행사할 수 있는 슈퍼 투표권이 주어졌습니다. (추적 지분은 결국 일반 주주들과 이해상충을 가져왔고 단계적으로 폐지되었습니다.) 거의 모든 경우, OP 유닛 보유자는 자신의 단독 선택에 따라 원하는 시기에 각 OP 유닛을 공개적으로 거래 가능한 리츠의 보통주 1주로 전환하거나, 전환권 조건에 따라 현금으로 전환할 수 있습니다. (기술적으로 이야기하면 각 OP 유닛 보유자는 리츠에 대해 '풋' 권리를 가집니다.) 유닛 보유자가 UPREIT의 OP 유닛을 보통주로 전환하면 해당 유닛 보유자는 리츠의 주주가 됩니다. 그림 8.3이 보여주는 것처럼, OP 유닛을 보통주로 전환하면 일반적으로 매도하는 유닛 보유자에게 과세 이벤트가 발생합니다. 부동산 양도 시 유닛 보유자가 부동산을 매입했던 시점의 과세 기준(tax basis)[1]과 양도 시점의 가격 차에 따라 유닛 매도자에게 양도소득세(capital gain tax)가 부과되는 것입니다. 이로 인해 유닛 보유자가 생존해 있는 동안에는 유닛을 주식으로

---

[1] 역주. 과세 기준이 높을수록 매도가액과의 차이인 양도차액이 줄어 양도소득세가 줄어듭니다. 과세 기준은 보통 매입 가격을 포함해서 부동산 수수료와 세금 등 매입자가 지불한 총 금액이라고 생각할 수 있습니다. 하지만 매입 이후에 집을 리노베이션해서 가치가 높아지는 투자가 일어나면 더 많은 가격을 지불한 것과 같으므로 과세 기준이 더 높아집니다. 게다가 홍수나 화재 등으로 집을 고쳐야 했을 경우의 비용 역시 과세 기준을 높입니다. 각종 자잘한 비용 또한 모두 증빙해야 합니다. 때문에 실질적 계산은 수십 년 된 영수증 더미를 찾아 헤메는 복잡한 작업이 될 경우가 많습니다.

전환하는 경우가 거의 없습니다. 일반적으로 유닛 보유 메커니즘은 상속 시 자산 이전 계획의 수단으로 여겨집니다.

> OP 유닛은 부동산 판매자의 세금을 이연하기 위해 만들어졌습니다. 일반적으로 IRS(Internal Revenue Service, 국세청)는 OP 유닛을 포함한 파트너십 이권에 대한 대가로 부동산을 합자 회사에 제공하는 것을 721 세금 이연 사건으로 간주합니다. 따라서 OP 유닛을 대가로 부동산을 양도한 당사자는 OP 유닛을 리츠의 주식 또는 현금으로 전환할 때까지 자본이득 (및 관련 세금)에 대한 과세를 연기할 수 있으며, 사망 시 상속인은 상속 시의 높아진 과세 기준을 적용받아 양도소득세를 전액 면제받을 수 있습니다. 하지만 양도소득세를 면제받는다고 해도 상속세를 피할 수 있는 것은 아니라는 것을 밝혀 둡니다.[2]

      OP의 파트너십 구조는 IRS로 하여금 업리츠의 OP 유닛을 섹션 721에 따라 부동산 소유자가 양도한 부동산에 대한 양도자가 이전에 가지고 있던 파트너십 이권과 교환 가능한 것으로 보도록 합니다. 투자의 본질은 바뀌지 않습니다. 하나의 파트너십 이권이 다른 것으로 교환되는 것입니다. 하지만 이 과정에서 보통주가 지불되었다면 파트너십 이권을 주식과 교환하여 포기한 것이 되어 동종 교환이 아니게 되고 결국 부동산 양도자에게 세금이 부과됩니다. 요컨대, 부동산 대금을 현금이나 보통

---

2 역주. 한국과 미국의 부동산 상속 절세 전략 차이. 부동산 상속에 대한 과세는 한국도 이에 준하는 원칙을 적용하지만, 미국과 한국의 세율이 다르기 때문에 적용되는 절세 전략도 다릅니다. 미국과 한국 모두 부동산을 시가로 상속받아 즉시 매도하면 상속자는 양도소득세를 전혀 내지 않습니다. 왜냐하면 같은 가격에 매입해서 매도한 것이기 때문입니다. 하지만, 높은 시가로 상속을 받을수록 상속세가 늘어나기 마련입니다. 만약에 상속세 요율이 양도소득세보다 훨씬 더 높거나 장기 보유 등으로 양도소득세를 줄일 수 있다면 양도소득세를 내는 것이 더 낫습니다. 한국의 상속세의 경우 2023년 현재 최하 10%에서 시작해 30억 원을 초과하면 최고 요율이 50%나 됩니다. 반면에 미국의 경우 12.9백만불(약 160억 원) 이상의 상속에 대해서만 비로소 국세의 과세가 시작되며 이마저 배우자에게는 면제됩니다. (대부분의 주는 지방세 차원의 상속세가 없습니다.) 거의 대부분의 상속이 수십억 원 이내이니 결국 아무도 상속세를 내지 않는 것입니다. 이러한 미국에서는 양도소득세를 이연해서 상속세를 내는 것이 간단하고도 당연한 절세 전략입니다. 한국에서 같은 전략을 적용하려면 세무 전문가와 상의를 해 보아야 할 것입니다. 높은 상속세율로 인해 도리어 세금이 늘어날 수 있기 때문입니다.

주가 아닌 업리츠의 OP 유닛으로 받으면 부동산 양도자는 자산 매각 시점에 발생하는 양도소득세의 납세의무를 이연할 수 있습니다.

721 교환은 1031 교환과 유사하지만 더 많은 혜택이 있습니다. 1031 교환과 마찬가지로 721 교환은 세금 이연이 가능한 부동산 교환을 허용합니다. 그러나 1031과 달리 721 교환은 부동산 제공자의 투자를 다각화시켜 주는데, 이는 OP 유닛 보유자들이 받는 분배금이 OP 전체 포트폴리오 결과를 토대로 산정되기 때문입니다. 721 교환은 또한 부동산 제공자에게 미래에 유동성 발생 이벤트를 가져옵니다. 그러나 앞서 언급했듯이 OP 유닛을 리츠 주식으로 전환하면 통상 양도 소득 및 기타 세금이 발생할 수 있습니다.

OP 유닛을 통해 리츠는 파트너십에 부동산을 정기적으로 제공하는 것과 같은 방식으로 부동산을 취득할 수 있게 되었기에, 1992년 이후 대부분의 리츠들은 IPO를 위해 업리츠 구조를 도입했으며, 시간이 흐를수록 1992년 이전에 상장되었던 많은 리츠들 역시 업리츠 구조를 받아들였습니다. 전환하지 않은 리츠는 개인 소유 부동산을 인수할 때 721 구조화를 위해 다운리츠(뒤에서 설명)를 이용합니다.

OP 유닛과 부동산 상속 계획

개인 부동산 운영자들은 일반적으로 LP(제한적 파트너십)에서 그들의 자산을 소유하는데, 각 합자 파트너(투자자)가 파트너십 손익을 각각 비례 배분한 지분에 대한 권리를 갖습니다. 미국 세법에 따라 임대인은 건물의 가치(토지 가치는 제외하고)를 건물의 '내용년수(useful life)' 동안 감가상각할 수 있습니다. 개인 임대인들이 부동산을 소유한 수년 동안 한 번 이상의 현금 인출 모기지 리파이낸싱(비과세 사건)을 완납했다면, 소득세법상 그들은 각 자산에 대해 아주 낮거나 심지어 마이너스인 기준을 가지고 있을 것입니다. 따라서 현재 시장가치로 자산을 매각하면 매도 시 자본이득이 크게 발생하여 상당한 조세 채무가 생깁니다.

현금 인출 리파이낸싱을 사용하면 부동산 투자자는 출자했던 지분을 모두 회수하거나 몇 배 이상 회수할 수 있어 투자에 대한 과세 기준이 마이너스가 될 수 있습니다. 때로는 이 기준이 너무 낮고 리파이낸싱 직후 파트너십에 남아 있는 레버리지 지분이 너무 적어서 자산 매각에 대한 세금 부채가 소유주에게 지급되는 현금 수익보다 훨씬 커질 수도 있습니다. 이를 '잠긴(locked up)' 또는 '과세 불능(tax impaired)' 자산이라 부르고 이처럼 어떠한 이유로든 투자자의 자산 매각이 전혀 이치에 맞지 않은 경우를 통칭합니다. 그런데 업리츠 유닛의 사용은 과세 사건을 유발하지 않고도 리츠에 '매각'을 허용하여 이 문제를 근본적으로 해결합니다. 이전의 '소유자/파트너'는 자산 양도 후 리츠의 더 큰 전체 포트폴리오(자신이 양도했던 자산을 포함) 중 작은 부분을 보유합니다. 이로써 하나의 부동산만 소유하던 유닛 소유자는 전문적인 관리가 이루어지는 보다 크고 다양한 부동산의 포트폴리오로 투자의 다각화를 이뤄낼 수 있습니다.

IRS는 OP 유닛을 다른 파트너십들에 대한 출자와 같은 맥락으로 여겨질 수 있다고 보기 때문에 양도자는 현재의 과세 부담을 이연시킬 수 있습니다.[3] 양도 시 현금이나 보통주 대신 업리츠의 OP 유닛을 판매 가격의 일부로 받으면 됩니다. 또 다른 중요한 점은, 유닛 보유자가 사망할 경우 상속인이 해당 OP 유닛의 과세 기준 가격을 해당 리츠 보통주의 현재 시장가치로 상향 조정하고(감정 없이도 가능) 즉시 OP 유닛을 보통주로 전환하면 양도소득세 및 관련 세금의 발생을 피할 수 있다는 사실입니다. 하지만 이러한 방식을 사용해도 상속세 자체를 회피할 수는 없습니다.

OP 유닛의 포트폴리오 관리에서 생길 수 있는 잠재적 갈등

업리츠 구조의 탄생은 특히 1990년대 리츠 산업의 급성장에 직접적으로 기

---

[3] 거래를 시작하기 전에 부동산 양도자는 세무사와 상의하여 현행 미국 세법에 따라 세금을 이연할 수 있는지 확인해야 합니다.

여한 일종의 분수령이었습니다. 1장의 표 1.1에서 보았듯이 지분형 리츠의 시장 자본은 1991년 말 90억 달러에서 2001년 말 1,470억 달러로, 연평균 성장률 32.6%를 보이며 급격히 증가했습니다. 업리츠 구조가 리츠 산업의 성장에 기여했던 만큼, 투자자들이 잘 인지하지 못하고 있지만, 업리츠 세금 유예 구조에 포함된 핵심 요소가 업리츠 파트너십 유닛 보유자와 리츠의 일반 주주 사이에 잠재적인 이해 상충을 가져올 수 있다는 점을 명심해야 합니다. 구체적으로 설명하자면, 업리츠가 유닛을 교환하여 부동산을 취득하는 경우 리츠의 과세 기준은 새 취득가가 되는데 이전의 낮은 과세 기준과 관련 세금 이연은 부동산 제공자(양도자)에게 남습니다. 그래서 리츠가 자산을 재매각하면 721 교환에서의 세금 배상(tax indemnification) 조항에 의해 이 부동산 재매각으로 이연되었던 세금 전액은 부채가 될 뿐 아니라 원래 양도자가 아닌 리츠가 그 부채에 대한 지불 책임을 져야 합니다.

이러한 이유로 리츠와 출자 파트너 사이의 모든 업리츠 거래에는 세금 면책 조항이 포함되어 있으며, 리츠가 취득 자산을 특정 기간(일반적인 잠금 기간(lock-up years)은 5년, 7년 또는 10년이며, 대부분이 7년) 내에 매각하는 경우, 리츠는 (1) 원래 부동산을 매각한 수익금에 해당하는 대체 부동산과 교환하는 1031 교환을 수행해서 양도자/출자자의 세금 책임을 계속 연기하거나, (2) 자산 매각으로 인해 발생하는 원래 출자자의 세금을 납부해야 합니다. 이러한 업리츠 판매 조항의 의미는 명백합니다. 즉, 모든 사람들이 양도된 자산이 잠금 기간 매각되지 않을 것이라는 사실을 알고 있다는 것입니다. 이러한 사실은 리츠의 경영진이 외부 세금 영향을 염두에 두고 포트폴리오를 관리하도록 한다는 점에서 포트폴리오 관리의 유연성 측면에서 부정적일 수 있습니다. UPREIT 거래에서 더 복잡한 갈등 요소는 경영진 및/또는 이사회가 부동산 양도자인 경우에 있습니다. (실제로 종종 그러합니다.) 자산 잠금 기간이 다 지난 이후에도 이연된 세금 책임은 계속 개인에게 남아 있습니다. 이로 인해 세금 납부를 피하기 위해 별문제가 없었다면 리츠가 매각했을 부동산에 대해 이들이 계속 보유하려는 동기를 갖게 되는 갈등이 발생하게 됩니다. 세금 회피 때문에 이미 "매각 시점"이 훨씬 지난 부동산을 계속 보유하는 경우들도 있었습니다.

시간이 지남에 따라 많은 721 교환과 관련된 세금 부담은 소멸합니다. 또한 업리츠의 경영진이 몇 년간의 잠금 기간에는 자산을 재매각하지 않겠다는 "최선의 노력"만을 협상하게 하기도 했습니다. 다시 말해 올바른 자산관리 운용 전략하에서 기본적으로 자산을 자유롭게 재매각할 수 있도록 했습니다. 따라서 모든 업리츠가 과세 불능 부동산을 OP에 포함하고 있는 것은 아닙니다. 하지만 투자자들은 다른 회사 포트폴리오와 비교할 때 성과가 저조하거나(예를 들어 점유율로 측정) 전략적으로 부적합한 자산을 경영진이 계속 보유하려는지에 대해 의문을 가져야 할 것입니다.[4]

다운리츠

1992년 이전에 주식이 상장된 리츠의 경우 업리츠 구조로 전환하려면 매우 많은 비용이 들었습니다. 예를 들어, 리츠로부터 새 엄브렐러 파트너십에 부동산을 양도하기 위해 밟아야 하는 법적 절차는 잠재적으로 막대한 주 수준(state-level)의 양도세를 발생시켰습니다. 개인 소유 자산의 구매에서 업리츠와 경쟁하기 위해 일부 리츠가 다운리츠(DOWNREITs) 유닛을 발행하고 유사한 세금 유예를 제공하는 다운리츠 구조를 사용하여 자산을 취득하기 시작했습니다. 다운리츠 구조는 리츠와 부동산 양도자의 일종의 합작 투자로서, 다운리츠(LP 또는 LLC 조직)가 부동산 양도자의 투자 부동산(들)에 대한 대가로 다운리츠 유닛을 발행합니다. 업리츠의 OP 유닛과는 달리 다운리츠 유닛의 가치는 다운리츠 거래일의 해당 리츠의 보통주 가격에 연동되어 있지 않습니다. 대신에 다운리츠 유닛은 양도된 부동산의 공정시장가치에 연동되어 있습니다. 그림 8.4에서 볼 수 있듯이, 리츠는 자산을 직접적으로 소유할 수 있을 뿐 아니라, 다운리츠 구조(베이비 리츠(baby REIT)로도 불림)를 통해서도 소유할 수 있습니다.

---

4 리테일 리츠의 최고재무책임자를 역임한 후 리츠를 다루는 영향력 있는 주식 리서치 애널리스트로 활동했으며 현재 존스홉킨스 캐리비즈니스스쿨에서 부동산 자본 시장을 가르치고 있는 David M. Fick, CPA가 앞의 두 단락의 내용 대부분과 OP 유닛에 대한 논의의 편집에 기여했음을 밝힙니다.

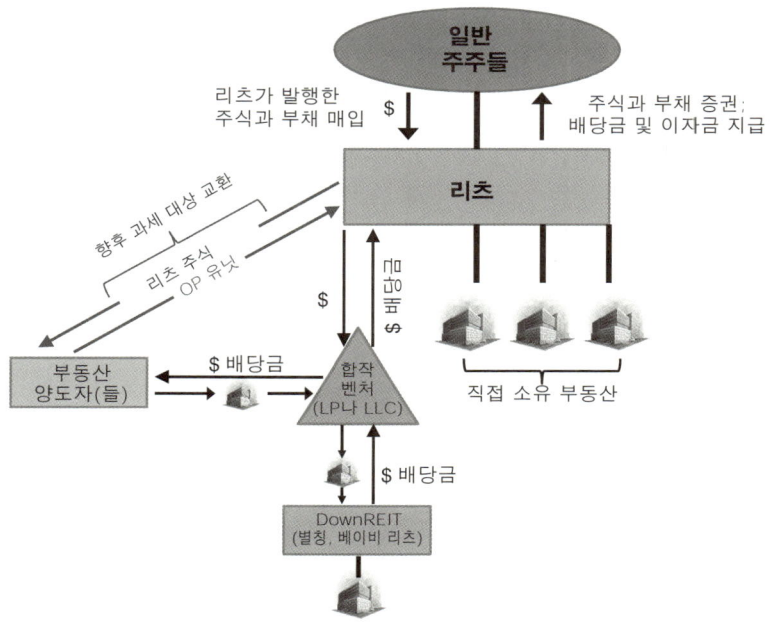

그림 8.4 다운리츠 기업 구조

　　다운리츠 구조에는 여러 가지 단점이 있습니다. 첫째, 리츠가 향후 다운리츠의 부동산들을 팔 수 있도록 허용하는 데 있어 721 교환 계약보다 제약이 더 많습니다. 둘째, 역사적으로 다운리츠 유닛 소유자들은 상장된 REIT의 주주들과 다른 투표권을 가지고 있었습니다만, 지속 불가능할 정도의 갈등을 일으키는 게 입증되며 나중에 바뀌었습니다. 셋째, 다운리츠 유닛의 전환 비율이 합작 투자의 자산가치에 기초합니다. 그 가치는 REIT의 성과와 연결되어 있지 않으며 REIT가 직접 소유한 자산보다 훨씬 더 높은 감정가를 갖고 있다고 여겨질 수 있습니다(또는 반대로 벤처의 자산이 더 저조한 실적을 보이고 있다고 여겨질 수도 있습니다). 다운리츠 유닛 소유자의 관점에서, 다운리츠 OP 유닛 소유자가 받는 배당은 리츠의 전체 포트폴리오의 성과가 아닌, 다운리츠에 속한 부동산의 수익에 기반합니다. 따라서 다운리츠 유닛 소유자들의 현재 수익률은 리츠 주주들의 수익률과 크게 다를 수 있습니다.

REIT의 기업지배구조와 정보 공개에 있어 발전이 이루어지면서 많은 다운리츠 갈등이 제거되거나 완화되었습니다. 이상의 한계점들에도 불구하고 다운리츠 구조는 킴코리얼티(Kimco Realty)(뉴욕증권거래소: KIM) 같은 전통적인 리츠에 의해 필요 시 매도인의 양도소득세를 유예하면서 자산을 취득하기 위한 유용한 도구로 활용되었습니다.

리츠의 자격

월트 디즈니 컴퍼니(NYSE: DIS)와 애플(NASDAQ: AAPL)이 C-corporation에 적용되는 내국세법(Internal Revenue Code, the Tax Code)을 준수해야 하는 것과 같이, 리츠는 과세 자격을 갖추고 유지하기 위해 특정한 조항을 준수해야 합니다. 리츠가 준수해야 하는 내국세법의 주요 조항을 요약하면 다음과 같습니다.

배당 요건 - REIT는 다음을 충족해야 합니다.
- 그 과세소득의 90% 이상에 해당하는 배당금을 지급해야 합니다. (1980년부터 2001년 1월 1일까지 최소 배당요구액은 과세소득의 95%였습니다.)

자격 요건 – REIT는 다음을 충족해야 합니다.
- 미국의 50개 주 또는 콜롬비아 특별구 중 하나에서 설립된 법인이어야 합니다.
- 이사회 또는 신탁위원회에 의해 관리되어야 합니다.
- 완전히 양도 가능한 주식을 가지고 있어야 합니다.
- 두 번째 과세 연도까지 최소 100명의 주주들을 보유하고 있어야 합니다.
- 각 과세 연도의 마지막 절반 동안 5명 또는 그 이하의 개인이 보유한 지분이 50%를 넘겨서는 안 됩니다. 이를 '5명 이하 규칙' 또는 '5/50

테스트'라고 합니다.

연간 소득 요건 – REIT는 매년 다음을 충족해야 합니다.
- 총수익의 75% 이상을 부동산 임대료, 또는 mREIT의 경우에서처럼 부동산에 대출된 모기지 이자 그리고 부동산 매각 이익에서 창출해야 합니다. 이를 75% 소득 테스트라고 합니다.
- 총수익의 95% 이상을 앞서 정의한 75% 소득 테스트에 해당하는 항목을 포함해 배당금 및 이자 소득, 주식 또는 기타 비 부동산 투자 매각 이익에서 창출해야 합니다(95% 소득 테스트).
- 수익의 5% 이하만이 리츠가 소유하지 않은 부동산에 제공하는 제3자 관리 또는 임대료 수수료 같은 비적격 출처에서 도출되어야 합니다. 이 조항 때문에 리츠는 과세 대상 리츠 자회사(Taxable REIT Subsidiary: TRS)로 알려진 구조를 종종 사용합니다. 이를 통해 리츠 경영진은 더 높은 수준의 세입자 서비스를 제공할 수 있는 능력을 향상시킬 수 있는 부동산 관련 비즈니스 기회를 추구할 수 있습니다. TRS는 일반 회사들처럼 과세대상이기 때문에 리츠가 각 TRS 주식을 100% 소유할 수도 있습니다. 많은 리츠들이 TRS를 이용하여 부동산을 개발하고 (건설 중에는 수익이 없는) 개발 파이낸싱을 한 다음, 부동산을 리츠에 원가에 매각합니다. 이러한 구매를 통해 리츠는 양호한 현금흐름을 확보할 수 있습니다.

분기별 투자 요건 – 매 분기 말, REIT는 다음을 충족해야 합니다.
- 전체 자산 중 적어도 75%는 부동산 자산, 모기지 대출, 현금 및 정부 증권에 투자해야 합니다.
- 다른 회사의 지분을 10% 이상 소유해서는 안 됩니다. 다른 리츠, 적격 리츠 자회사(Qualified REIT Subsidiary: QRS) 또는 TRS는 제외됩니다. TRS의 경우, 리츠의 총자산가치의 20%(2017년 이전의

25%에서 하향 조정)를 초과하여 하나 혹은 그 이상의 TRS에 둘 수 없습니다.
- 리츠는 TRS를 제외하고는 해당 리츠의 총자산가치의 5%를 초과하는 가치의 다른 어떤 법인의 주식도 소유할 수 없습니다.

참고로, 리츠의 이사회/신탁위원회는 총자산가치(total asset value)를 측정하는 데 사용할 방법론을 투표로 결정합니다. 방법론들에는 총액 자산 가치를 이용하는 방법(감가상각되지 않은 장부가치라고도 함) 또는 리츠의 대출 기관이 지정한 방법들이 포함됩니다.

외부 자문 및 관리를 받는 리츠

FTSE Nareit All REITs Index(2019년 말 기준)를 구성한 219개 리츠 중 외부 자문 및 관리를 받는 공모 리츠는 소수에 불과하며, 이는 1986년 세법 이전의 리츠 구조와 유사합니다(10장, "리츠 구조의 개선이 주주와 경영진의 이익을 일치시키다" 절 참조).

외부 자문 구조로 인해 리츠 자문사와 리츠 주주 간에 이해 상충이 발생하면 최적의 자본배분 결정이 이루어지지 못하고 종국에는 주주들의 수익률이 낮아질 수 있습니다. 첫째, 외부 자문 리츠는 직원을 두지 않고 대신 외부의 제3자 자문사에 수수료를 지불하여 그 직원들이 리츠의 일상적인 운영을 감독하도록 합니다. 둘째, 자문사는 리츠가 취득하는 모든 자산에 대한 수수료를 받습니다. 이 인센티브로 인해 자문사가 해당 자산의 성과나 수익성을 극대화하는 것이 아닌, 리츠가 소유하고 있는 자산의 규모를 최대한 키우려 할 수 있습니다. 자문사와 주주 간의 갈등이 당장은 드러나지 않을 수 있지만, 연구 결과에 따르면, 시간이 흐를수록 외부 관리 리츠의 연평균 총수익률이 업계 평균 수익률에 뒤쳐진다는 사실이 밝혀졌습니다.

리츠가 외부에서 자문을 받거나 관리되는 리츠인지 알아보려면 해당 리츠가 SEC에 제출한 최근 양식 10-Q 또는 10-K의 처음 몇 페이지에 있는 '회사 설명'을 꼭 읽어보기 바랍니다. 만약 '자체 자문, 자체 관리 부동산투자신탁'이라고 명시되어 있다면 바로 앞에서 언급되었던 수수료에 기원하는 이해 상충이 없는 것입니다.

공모 리츠, 공모 비상장 리츠, 사모 리츠

지금까지 주로 공모 리츠에 대한 정보 제공에 중점을 두어 왔습니다. 그런데 1990년대 중반 이후부터 사모(private) 리츠와 어느 거래소에도 등록되어 있지 않은 공모 비상장 리츠(Public Non-Listed REIT: PNLR)가 급증했습니다. 이에 2015년에 금융산업규제당국(Financial Industry Regulatory Authority: FINRA)이 고객 계좌 명세서에 관한 미국증권딜러협회(National Assocaition of Securities Dealers: NASD) 규정 2340을 개정하여 이전에 PNLR과 관련된 공시 문제를 개선합니다(FINRA의 2015년 규제 변경). 이 변경 사항은 2016년 4월에 시행되기 시작하였으며 이후 PNLR의 공시는 공모 리츠와 거의 유사해졌습니다. 이후 두 조직의 가장 큰 차이는 유동성 정도만 남게 되었습니다. 표 8.1에 공모 리츠, PNLR, 사모 리츠의 유사점과 차이점을 요약하였으며, 추가적인 세부 사항에 대해서는 뒤에서 설명하겠습니다.

변동성 대 유동성

공모 리츠가 아닌 PNLR과 사모 리츠에 투자하는 투자자들은 일일 가격 변동성 (또는 변동성)이 크지 않다는 점을 선택의 주요 기준으로 꼽는 경우가 많습니다. 이러한 안정성의 대가는 유동성입니다. 공모 리츠의 주주들은 주식시장에서 즉시 매도할 수 있는 유동성 있는 투자 자산을 소유하고 있습니다. 사모 리츠나 PNLR은 투자금 상환에 몇 주 또는 몇 달이 걸릴 수 있으며, 경우에 따라서는 일정 기간 환매가 금지될 수도 있습니다. 즉각적인 유동성이 필요한 투자자라면 사모 리츠나 PNLR

에 대한 투자를 피해야 할 것입니다.

투명성과 기업 거버넌스

공모 리츠와 PNLR은 분기별 및 연간 정기 재무제표 보고서를 SEC에 제출해야 합니다. 이에 따라 이들 리츠의 주주들은 리츠가 포트폴리오를 관리하는 과정에서 두 유형의 리츠 모두에서 발생하는 비용과 수수료에 대해 높은 수준의 투명성을 누릴 수 있습니다. 반면, 비상장 리츠의 경우 재무제표를 공시해야 할 의무가 없습니다.

비용 및 수수료

공모 리츠 및 PNLR은 분기별 재무제표에 비용(자산 수준과 기업 일반 및 관리 비용[G&A])을 나열하며, 분석가와 투자자는 이를 면밀히 조사하여 경영진이 자산과 회사 전반을 얼마나 효율적으로 관리하고 있는지 확인할 수 있습니다. 대조적으로, 비상장 리츠는 그러한 정보를 공개할 의무가 없습니다.

PNLR은 과거에 금융 자문사의 주식 마케팅 수수료 지불을 위해 12% 이상의 높은 선취 수수료를 부과하여 비판을 받았습니다. (공모 리츠 역시 IPO와 이후의 자본 조성 동안 투자 은행 수수료와 중개 수수료를 지불합니다.) 투자 기간 PNLR은 부동산 취득 및 자산관리에 대한 수수료를 부과할 수 있습니다. 이러한 수수료는 PLNR 투자설명서에 자세히 설명되어 있습니다.

PNLR이 부과했던 선불 수수료의 진짜 문제점은 역사적으로 그것이 투자 명세서에서 투명하게 드러나지 않았다는 것입니다. 투자자가 PNLR의 주식을 보통 10달러에 구매한다고 할 때 투자 명세서에 기재된 주당 가치인 총 10달러는 보통 주당 약 1.20달러를 소비하는 수수료와 기타 비용을 뺀 금액이 아니었던 것입니다. 다시 말해, PNLR 투자자는 초기 투자 가치가 이러한 비용으로 인해 즉시 감소한다는 사실을 깨닫지 못했습니다.

표 8.1 공모 리츠, 공모 비상장 리츠, 사모 리츠 구조 비교

	공모 리츠	공모 비상장 리츠	사모 리츠
개요	SEC에 등록하고 국가(national) 증권거래소에 상장해 거래되는 주식(shares)을 선택한 리츠.	SEC에 등록은 했으나 국가 증권거래소에 상장하지 않기로 선택한 리츠. 공모 상품(Offering)은 보통 주(state) 증권 규제 당국이 검토. 일명 '블루 스카이(Blue Sky)' 검토.	사모 배치 리츠(private placement REITs)라고도 하는, 1933년 증권법 규정 D에 따라 SEC 등록 면제를 받고 국가증권거래소에서 의도적으로(intentionally) 주식(shares) 거래를 하지 않는 사모 리츠. 일반적으로 대형 연기금 같은 기관투자자나 최소 순자산 100만 달러(주거지 제외) 이상이거나 지난 2년간 소득이 20만 달러(배우자 포함 30만 달러)를 초과하는 개인으로 정의되는 '공인 투자자(accredited investors)'에게만 판매 가능.
유동성	주식이 주요 증권거래소에 상장 및 거래되고 있어 금융 자문사와 온라인 중개업체를 통해 장중(market hours) 실시간 매매가 가능. 대부분이 뉴욕 증권거래소(NYSE)에 상장되어 있음.	주식이 국가 증권거래소에 의도적으로 상장되어 있지 않음. 유동성 옵션이 다양하고 주식 환매 프로그램이나 2차 시장 거래의 형태를 취할 수 있으나 대체로 제한적임. '순자산가치 리츠(Net Asset Value(NAV) REITs)'는 연간 최대 20%의 발행 주식에 대해 순자산가치에서 주기적으로(일별 또는 월별) 환매를 제공하여 유동성 강화. 공모 비상장 리츠는 전통적으로 국가 증권거래소 상장, 거의 또는 전 자산의 매각, 합병(merger) 또는 기업 결합(business combination) 등의 이벤트를 통한 유동성 공급이 목표임.	주식이 일반 증권거래소(public securities exchange)에서 거래되지 않으며 일반적으로 유동성이 없음. 주식 상환 프로그램은 회사별로 다름(제한적/존재하지 않음/가변적).

(뒤에서 계속)

표 8.1 (앞에서 이어서)

	공모 리츠	공모 비상장 리츠	사모 리츠
거래 비용	중개 비용이 다른 상장주식을 매매할 때와 동일.	중개 비용이 리츠 및 주식 등급에 따라 다름. 선취나 후취 수수료(upfront commissions and/or trail fees) 포함 가능.	중개 비용이 회사마다 다름. 설립 수수료(formation fees) 포함 가능.
관리	대체로 자체 자문 및 자체 관리. (외부 자문 및 관리 서비스 비용은 직원 간접비용으로 처리.)	대체로 외부 자문 및 관리. 유동성 이벤트 앞두고는 내부 관리. 외부 자문 서비스에 대해서는 통상적으로 연간 고정 자산관리 수수료를 지불. 성과를 기반으로 인센티브 수수료를 지불하기도 함.	대체로 외부 자문 및 관리. 사모 리츠는 통상적으로 연간 고정 자산관리 수수료 지불. 청산(liquidation) 시 이익의 일부를 어드바이저에게 지불.
최소 투자금	한 주.	일반적인 초기 투자금은 $2,500~$5,000.	일반적으로 $1,000-$25,000; 기관 또는 공인 투자자 대상인 사모 리츠는 훨씬 더 높은 최소 투자금 요구.
사외 이사	증권거래소 규정에 따라 이사회의 다수를 경영진과 독립된 이사로 구성. NYSE와 NASDAQ 규칙은 완전히 독립된 감사위원회, 지명위원회, 보상위원회를 요구.	주 'Blue Sky' 증권 규정을 따르며, 일반적으로 북미증권관리자협회(NASAA)의 리츠에 관한 정책 성명에 따라 이사회의 다수가 독립 이사로 구성되어야 하며, 각 위원회의 다수도 독립 이사로 구성되어야 함.	1940년 투자자문법에 따라 등록된 투자자문사에 의해 관리되지 않는 한, 규제 요구 사항과 감독에서 일반적으로 면제.
투자자 통제	투자자들이 이사를 재선출.	투자자들이 이사를 재선출.	투자자들이 일반적으로 이사를 재선출.

(옆에서 계속)

표 8.1 (옆에서 이어서)

	공모 리츠	공모 비상장 리츠	사모 리츠
기업 거버넌스	특정 증권거래소의 기업 거버넌스 규칙을 따름.	증권거래소에 상장된 리츠와 동일한 주법의 기업 법 조항 및 주 증권법 규정을 따름. 일반적으로 북미증권관리자협회(NASAA)의 리츠 관련 정책 성명을 준수.	리츠에 이사회가 있어야 한다는 미 국세청(Internal Revenue Code)의 요건 외에 요구되는 사항 없음.
공시 의무	분기별 및 연간 감사 결과 포함하여 투자 커뮤니티에 정기적으로 재무 정보를 공개해야 함.	1934년의 증권거래법에 따라 10-Qs, 10-Ks, 8-Ks, 의결위임장, 분기별 미감사 및 연간 재무 감사 결과, 그리고 정기적인 재무 공시감사 재무 결과를 포함하여 정기적으로 재무 공시해야 함. 또한 금융 산업 규제 기관(Financial Industry Regulatory Authority: FINRA) 규정은 추가로 브로커-딜러의 순자산가치 및 가치평가 방법을 추가 공시 요구.	D 규정에 따라 SEC 등록 및 관련 공시 요구 사항 면제.
성과 측정	상장 리츠업계 추적을 위한 독립적인 성과 벤치마크를 다수 제공. 대중을 위한 광범위한 애널리스트 보고서.	FINRA 규정에 따라 투자자들에게 에스크로 종료일로부터 2년 150일 이내에 그리고 이후 매년마다 주당 순자산가치 추정치를 제공. 독립 간행물이 상장 비거래 리츠의 활동 및 결과 추적.	사모 리츠 추적을 위한 공개적이거나 독립적인 성과 데이터 출처 존재하지 않음.

출처: National Association of Real Estate Investment Trusts®와 Robert A. Stanger & Company, Inc.

앞서 언급했듯이, FINRA는 NASD Rule 2340을 수정하여 PNLR의 공시에서 이러한 문제들과 기타 문제들을 해결했습니다. 2016년 4월에 시행된 새 규정에 따르면 PNLR은 첫 몇 년간은 주주들의 순투자, 즉 수수료를 차감한 금액을 보여주는 고객 명세서를 제공하고, 이후로는 PNLR의 주주들의 주당 순자산가치를 보여주도록 합니다. 대안으로, PNLR은 최소 매해 NAV를 제공할 수 있습니다. 많은 PNLR이 NAV를 매월 또는 매일 제공하고 있습니다. (참고로, 대부분의 공모 리츠는 NAV 공시를 제공하지 않습니다.) PNLR 투자자들은 이제 투자들이 얼마나 효율적으로 사용되는가에 대한 더 나은 정보를 갖게 되었습니다. 그 결과, 공모 리츠와 PNLR의 가장 큰 차이점은 유동성이 되었습니다.

PNLR에 대한 강한 수요

2015년 FINRA의 규정 변경으로 PNLR 공시가 개선된 이후, 많은 기관 부동산 투자 운용사들이 PNLR 분야에 진출했습니다. 확정급여형 연금 플랜의 수가 증가하지 않고 있기 때문에 이들 운용사 중 일부는 개인투자자 시장에 진출하려고 시도하고 있습니다. 블랙스톤(Blackstone), 존스랑라살(Jones Lang LaSale), 누빈(Nuveen) 같은 메이저급 기업들이 PNLR 펀드를 출시했습니다. 이들 대부분이 일간 또는 월간 NAV 리츠 구조로 수행되고 있습니다. 이들 NAV 리츠는 선취 수수료가 낮거나 또는 없는 다양한 주식 클래스를 제공하지만 일부 주식 클래스의 경우 후행 수수료가 부과되기도 합니다.

Robert A. Stanger & Co., Inc.(Stanger, https://rastanger.com)는 국가적으로 공인된 투자 은행으로, 파트너십, 리츠, 부동산 자문 및 운용 회사에게 금융 자문, 투자 은행 업무, 공정성 보증 의견, 자산 및 증권 평가 서비스를 제공합니다. 또한 Stanger는 직접 참여 프로그램 및 비거래 REIT 투자에 중점을 둔 전국적으로 인정받은 뉴스레터인 The Stanger Report로도 잘 알려져 있습니다. Stanger는 보다 전통적인 비거래(non-traded) 라이프사이클 리츠와 NAV 리츠의 성과를 추적하여 발표합니다.

라이프사이클 리츠는 만기가 제한된 상품이며, 펀드를 모금한 후 어떤 형태의 유동성 이벤트를 동반하는 라이프사이클을 가지도록 디자인됩니다. 이것들은 일반적으로 첫 번째 독립적인 평가 기반 NAV(순자산가치)를 최대 2년 혹은 펀드레이징 에스크로 종료 후 150일에 제공하고, 이후로는 매년 공시를 합니다. 2019년 말 기준으로 약 50개의 라이프사이클 리츠가 있으며, 각 리츠는 하나 또는 두 종류의 주식 클래스를 보유하고 있습니다. 표 8.2는 2019년 12월 31일 기준 1년 동안 수익률 면에서 최고 성과를 보인 주식 클래스들을 보유한 라이프사이클 리츠들을 순위별로 정리한 것입니다.

NAV 리츠는 영구적인 수명을 가진 상품으로 매일 또는 매월 업데이트된 NAV를 제공하면서 펀드레이징을 무기한 계속합니다. NAV 리츠는 대개 주식 클래스를 셋에서 다섯 사이, 대부분은 넷을 보유하고 있습니다. 표 8.3은 2019년 기준 최고 주식 클래스의 성과를 보인 NAV 리츠들의 총수익률 순위입니다. (2019년 12

표 8.2 2019년 수익률 상위 10개 라이프사이클 리츠 주식

라이프사이클 리츠 성과-등급	연간 총수익률		
	1년	2년	3년
Industrial Property Trust Inc. - Class A*	16.80%	16.72%	18.02%
Steadfast Apartment REIT Inc.	10.48%	9.47%	9.35%
Cole Office & Industrial REIT (CCIT II) Inc. - Class A	10.41%	9.61%	9.65%
KBS Real Estate Investment Trust III Inc.	9.61%	9.10%	11.90%
Carey Watermark Investors 2 Incorporated - Class A	9.02%	9.56%	9.29%
Moody National REIT II Inc. - Class A	8.39%	3.99%	9.71%
RW Holdings NNN REIT Inc.	8.29%	9.66%	8.84%
Strategic Storage Trust IV Inc. - Class A	7.84%	7.31%	–
Pacific Oak Strategic Opportunity REIT Inc.	7.54%	9.72%	7.48%
Pacific Oak Strategic Opportunity REIT II Inc. - Class A	7.45%	9.16%	7.63%

참고: 수익률 계산에서 판매비는 제외, 재투자는 있는 경우 포함하여 계산. 등급은 가장 높은 총수익률을 보인 주식 등급 기준.

출처: Robert A. Stanger & Company, Inc.의 승인 및 복제. 2019년 12월 31일 기준.

표 8.3 2019년 수익률 상위 10개의 NAV 리츠 주식

NAV 리츠성과 - 등급	연간 총수익률		
	1년	2년	3년
Starwood Real Estate Income Trust Inc. - Class I	13.59%	–	–
Blackstone Real Estate Income Trust Inc. - Class I	12.23%	10.26%	–
Nuveen Global Cities REIT - Class I	9.19%	–	–
Hines Global Income Trust Inc. - Class AX	8.54%	9.69%	11.18%
RREEF Property Trust- Class I	8.23%	7.98%	8.12%
FS Credit Real Estate Income Trust Inc. - Class I	6.70%	–	–
Black Creek Diversified Property Fund Inc. - Class I	6.03%	5.80%	4.72%
Jones Lang LaSalle Income Property Trust Inc.- Class M-I	5.89%	7.07%	7.53%
CIM Income NAV Inc.- Class I	4.12%	3.96%	4.98%
Griffin Capital Essential Asset REIT Inc. - Class I	3.72%	5.54%	–

참고: 수익률 계산에서 판매비는 제외, DRIP(dividend reinvestment program or plan; 배당금 재투자 프로그램 또는 계획)이 있는 경우 재투자는 포함. 등급은 가장 높은 총수익률을 보인 주식 등급 기준. Griffin Capital Essential Asset REIT는 E 등급이 아닌 I 등급의 주식 수익률을 레거시 GCEAR I 펀드와 대비되는 NAV 펀드 이력 파악을 위해 표기.

출처: Robert A. Stanger & Company, Inc.의 승인 및 복제. 2019년 12월 31일 기준.

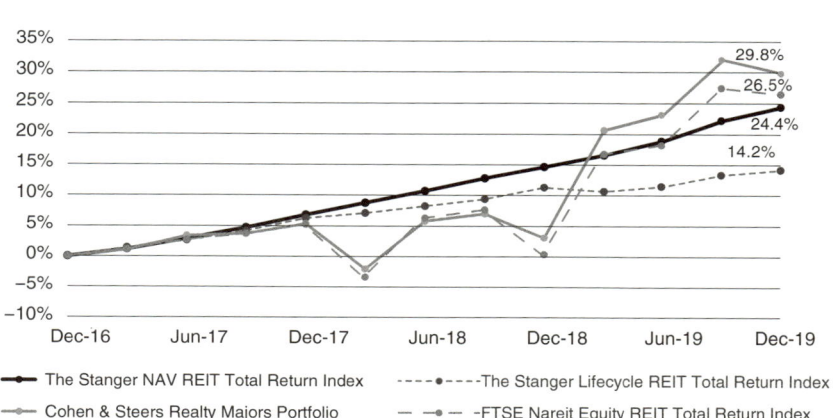

그림 8.5 선별된 사모 리츠(Select PNLR)와 상장된 리츠 지수(Traded REIT indieces)의 누적 수익률(Cumulative Return) 비교

출처: Robert A. Stanger & Company, Inc.의 승인 및 복제. 2019년 12월 31일 기준.

월 31일 기준 최소 1년 이상 운용되고 있는 NAV 리츠는 10개에 불과했습니다.)

앞서 강조했듯이, 2015년 FINRA의 규제 변경 이후 PNLR과 공모 리츠의 주요 차이점은 유동성에 있다고 했습니다. 그림 8.5는 2016년 이후 Stanger의 라이프사이클 및 NAV 리츠 지수의 누적 수익률을 잘 알려진 두 개의 공모 리츠 지수, 즉 Cohen & Steers Realty Majors Portfolio와 FTSE Nareit Equity REIT Total Return Index와 비교한 것입니다. NAV 리츠의 누적 성과는 공모 리츠의 성과를 거의 따라잡고 있습니다.[5]

결론

많은 리츠는 고유한 통화, 즉 OP 유닛을 가지고 있습니다. (이것은 일반 주식과 유사하지만 공개적으로 거래되지 않습니다.) 리츠는 개인이 보유한 부동산 구매를 위해 OP 유닛을 발행하여 양도자에게 세금 효율적인 양도 방법을 구조화할 수 있고, 이를 통해 다른 비리츠 입찰자들보다 우위에 있게 됩니다. 그러나 OP 유닛은 유닛 소유자들과 일반 주주들 간에 이해 충돌을 야기할 수 있습니다. 리츠 매니지먼트가 자산 매각으로 인해 리츠가 지불해야 하는 조세 채무 유발을 피하기 위해 향후 자산의 매각을 꺼리게 만들수 있기 때문입니다.

리츠 투자에 있어 투자자들에게는 많은 선택지가 있습니다. 이 책의 주제인 공모 리츠가 있고, 각기 다른 이점과 위험성을 가진 공모 비상장 리츠(PLNR)와 사모 리츠도 있습니다. 투자자들은 개별 투자 목적에 맞춰 다양한 리츠 구조에 투자할 수 있습니다.

---

5 공모, 공모 비상장, 사모 리츠의 차이점 분석에 도움을 준 Robert A. Stanger & Company. Inc.의 Kevin Gannon과 Nancy Schabel에게 특별한 감사를 전합니다.

부동산 채무와 고정소득증권

다른 부동산 투자자와 마찬가지로 리츠는 현금이나 부채로 부동산을 구매할 수 있습니다. 리츠는 여러 형태의 채권을 발행하여 개인 부동산 투자자들보다 재무 면에서 훨씬 더 유연하게 대응할 수 있습니다. 예를 들어 사모사채(private issuances of debt)는 거래소 상장 없이 대출자가 인수하여 소유 또는 투자합니다. 리츠가 발행할 수 있는 사채 형태로는 일반 부동산 모기지, 은행 대출 한도, 회사채, 은행 기간 대출(term loan) 등이 있습니다. 기업은 선순위 무담보 채권을 포함한 모든 유형의 대출을 사적으로 발행할 수 있으며, 사모 발행은 공모 발행보다 더 유연한 대출 조건을 제공하고, 발행 시 미국 국채 이자율 또는 리보금리(LIBOR)에 따라 비용을 낮출 수도 있습니다. 또한 리츠는 주로 선순위 채권과 우선주로 구성된 공채를 발행할 수 있습니다. 이 장에서는 리츠가 모을 수 있는 다양한 형태의 부채 자본에 대해 논의하겠습니다.

사모 부동산 채무

사모 부동산 채무는 리츠가 대출자와 직접 계약하는 대출로 구성되며, 대출자들은 일반적으로 여러 은행의 연합으로 이루어집니다. 리츠가 사용하는 직접 대출은 대부분 부동산 담보 대출, 신용 한도, 은행 정기 대출의 형태입니다.

부동산 모기지

리츠와 개인투자자들은 전국, 지역 또는 지방의 은행, 보험 회사와 CMBS 발행처(conduit) 또는 모기지 회사를 통하여 개별 부동산에 대한 모기지를 취득할 수 있습니다. 모기지의 금액과 금리는 부동산의 특성, 위치, 임대 소득, 임차인 수준 (tenant quality), 건물 상태(building quality) 등을 기준으로 결정됩니다. 또한 대출자는 소유자/차입자의 부동산 관리 및 모기지 상환 능력과 다른 부동산에 대한 실적도 분석합니다.

상업용 부동산에 대한 모기지에는 주택 모기지에서는 찾아볼 수 없는 제한이 수반됩니다. 주거용/개인용 부동산 모기지는 최대 30년까지 언제든지 위약금 없이 상환 가능하지만, 상업용 모기지는 보통 10년을 넘기지 않으며(상각 기간이 연장될 수 있음에도 불구하고 10년 벌룬이라고 부름) 조기상환에 제약이 있습니다. (개인 주택 대출자가 모기지를 완납하고 자유롭게 주거지를 옮길 수 있는 유연성을 가질 수 있도록 공공 정책이 오랫동안 지원을 해 왔습니다.) 상업용 모기지 제한은 다음과 같습니다. (1) 락아웃 조항(lock-out clause)은 일정 기간이 경과할 때까지 중도 상환을 금지합니다(보통 적어도 5년). (2) 중도 상환 위약금(prepayment penalty)은 1년에서 6년 사이에 조기 선상환을 하여 더 낮은 이자율로 대출금을 갚는 데 대한 벌금입니다. (3) 수익률 유지 조항(yield maintenance clause)은 대출자가 손실을 본 이자 소득과 동일 금액만큼 가산금이 지불되어야 한다는 것입니다. 유지되어야 할 수익률은 온라인 계산기 또는 일반인들을 위해 계산을 해 주는 회사 웹사이트들에서 계산 가능합니다. 간단한 두 개의 예를 들어 보겠습니다.

I. 모기지 기한 이전에 상업용 부동산을 매각하는 경우의 위약금

상업용 부동산 차입자(borrower)가 모기지의 담보인 부동산을 매각한다고 해 봅시다. 모기지는 만기 10년 중 6년차이고 연 6%의 이자를 1,000달러 원금(액면)에 대해 지불하고 있었습니다. 이에 대출자(lender)는 수익률 유지 위약금을 받게 됩니다. 이것은 대출 조기 상환으로 인한 대출자의 이자 손실을 보상하기 위해 대출자에게 지불하는 선지급 수수료입니다. 이 조항 덕에 대출자는 차입자가 대출 만기까지 예정된 모기지 대금을 모두 납부한 것과 동일한 수익을 얻을 수 있게 됩니다. 6% 대출의 경우, 조기상환 위약금은 남은 대출금의 현재 가치에 원래의 만기까지 남은 시간을 곱해 계산하여 240달러가 됩니다.

- 연간 이자 납부액은 6% × $1,000 또는 $60
- 10년간의 납부액 = $600
- 이미 지급된 6년간의 이자(6년 × $60= $360) 차감
- $60의 4회 년도의 납부는 대출자에게 지불해야 할 $240의 미래 가치와 동일
- 국채와 같은 4년 또는 5년 기준금리의 수익률, 이에 더해 할인율(예를 들어 3%)로 적절한 스프레드를 사용하여 납부액의 미래 가치를 할인하면 PV = $240 ÷ [(1 + 3%)^4년]
- 수익률 유지 위약금은 약 $213이 됩니다.

모기지를 조기 상환할 경우 위약금이 높기 때문에 이 예시와 같은 매도자들은 구매자와 협상하여 기존의 상업용 모기지를 구매 가격의 일부로 인수하도록 하는 편이 낫습니다. 수익률 선지급(yield prepayment)과 대리상환(defeasance)은 다르다는 점을 염두에 두시기 바랍니다. 대리상환은 담보(예: 국채)의 대체 및 후임 차입자에 의한 대출 승계 가정을 포함합니다.

II. 모기지 기간 더 낮은 이자율로 재융자하는 경우의 위약금

10년 만기 대출의 6년차에 이자율이 하락하여 차입자가 6% 대출을 새로운 4% 이자율로 재융자하려고 합니다. 대출 기관(ending institution)은 전체 기간 더 높은 이자율(예, 240달러)로 받을 수 있는 상환금과 새로운 낮은 이자율(예, 160달러)로 받을 수 있는 상환금 간의 차액을 현재 가치로 계산하여 80달러로 계산합니다.

- 향후 4년간의 기존 모기지 상환액 $60(위 예시에서)은 $240
- 새로운 연간 이자 납부액은 4% × $1,000 = $40이며, 4년이면 $160
- 4년간의 기존 상환액 $60 - 신규 상환액 $40 = $20 × 4 = $80
- (또는 향후 납부액 $240 - $160 = 차액 $80)
- 할인율(예로 3%)로 차액의 미래 가치를 할인하면 PV = $80 ÷ [(1 + 3%)^4년]
- 수익률 유지 위약금은 약 $71이 됩니다.

수익률 유지 선지급 위약금의 목적은 대출이 만기까지 원래의 높은 이자율로 유지 시 받을 수 있었던 이자 소득에 대한 보상을 대출자에게 제공하는 것입니다.

상업용 모기지가 리츠에게 별로 매력적이지 않은 자금 조달 수단인 데에는 몇 가지 이유가 있습니다. 조기 중도 상환 또는 재융자에 대한 금전적 위약금만이 문제가 아닙니다. 모기지 대출 협상에 걸리는 시간(보통 최소 6주)과 서류 절차에 걸리는 시간도 즉각적으로 어떤 부동산을 매각하거나 시장 전체에서 빠져나오는 리츠의 적극적인 포트폴리오 관리 결정을 느리게 만듭니다. 서류 절차에는 감정 평가, 에스토펠(estoppel, 금반언), 타이틀 보험 등이 포함되어 있습니다.

대출 한도

다른 운영 회사들처럼 대부분의 리츠들도 운영 상의 필요나 부동산 구매를 위한 자금 조달을 위해 어떤 특정일에 현금을 가져올 수 있도록 은행 또는 은행 그룹과 대출 한도(리볼버라고도 함)를 설정합니다. 대출 한도는 신용 카드와 같습니다. 차용인이 목적을 위해 자금을 사용하면 미결제 잔액에 이자가 부과되고 어느 때건 이를 갚을 수 있습니다. 또한 대출 한도에는 리츠가 인출 잔액에 대해 지불하는 리츠 이자율 외에도 대출 한도의 전체 용량에 대해 부과되는 유지 또는 약정 수수료(대략 약 25bp)가 있습니다. 대출 한도에 대한 리츠의 이자율은 단기(보통 30일에서 1년) 기준금리에 회사의 신용 스프레드를 더해서 결정됩니다. 보통 LIBOR(London Inter-Bank Offered Rate) 또는 새로 도입된 SOFR(Secured Overnight Financing Rate)가 단기 기준금리로 사용됩니다.

대부분의 리츠는 시가총액의 약 10%에 해당하는 대출 한도를 보유하고 있으므로 10억 달러 규모의 리츠는 1억 달러의 대출 한도를 가질 수 있습니다. 리츠가 4천만 달러에 부동산을 매입한다면 현금 지급을 조건으로 구매 제안서를 작성해 빠르게 거래를 끝낼 수 있습니다. 은행에 연락해서 부동산 거래 성사를 위해 대출 한도에서 4,000만 달러를 계좌로 이체해 달라고 요청할 것입니다. 그런 이후에 부동산 자금 조달을 위한 장기적인 방법을 결정할 수 있습니다. 이러한 단기 부채는 리츠의 운영 활동이 원활하고 유연하게 이루어지도록 합니다. 만약 일주일 후 다른 부동산을 매각한다면 대출이 상환되어 다시 대출 한도를 사용할 수 있게 됩니다.

리츠는 일반적으로 대출 한도 전액을 모두 인출하지 않습니다. 그렇게 한다면 대출자와 주주들의 우려를 자아낼 것입니다. 따라서 리츠는 정기적으로 주식, 신규 모기지, 회사채 또는 기타 장기의 (종종) 고정금리 부채를 사용하여 한도대출 조달금을 리파이낸싱합니다. 이에 대해서는 이 장의 뒤에서 다룰 것입니다. 한도대출 잔액을 장기 부채로 리파이낸싱하는 것을 한도대출 전환(terming out the line)이라고 하기도 합니다.

리츠는 부동산 인수와 개발을 통해 포트폴리오를 성장시키고 신주 발행과 회사채를 통해 장기적으로 자금을 조달합니다. 그러나 장기 주식과 부채는 일반적으로 유리한 시장 상황 동안 발행이 이루어지도록 시기를 맞춰 대량으로 발행됩니다. 이에 어떤 리츠가 세 개의 부동산을 각각 3,000만 달러에 매입한다고 해 봅시다. 이 리츠는 1억 2,000만 달러 상당의 신주를 발행하여, 주식 수익으로 한도대출 9,000만 달러를 제로로 낮추고 남은 3,000만 달러를 다음 부동산 매입에 사용할 수 있습니다. 아니면 리츠가 모기지 또는 기업 부채를 발행함으로써 장기 부채로 전환할 수도 있습니다.

은행기간대출(담보 및 무담보)

은행기간대출을 통해 리츠는 종종 담보 없이 중기적으로 거액을 빌릴 수 있습니다. 은행기간대출은 일반적으로 5년에서 7년 만기로 LIBOR 또는 다른 기준에 따르는 변동금리를 적용합니다. (리츠는 종종 기간대출 이자를 이 시기 동안 고정금리로 스왑합니다.) 기간대출의 정확한 요건들은 리츠가 대출 담보를 위해 부동산을 걸 필요가 있는가의 여부를 포함하여 협상 가능하며, 궁극적으로는 차입자/리츠의 신용 프로필과 대출자와의 거래 이력에 의존합니다. 은행기간대출을 이용하여 자금을 빌리는 리츠는 투자등급의 선순위 무담보 채권도 발행할 수 있는 경우가 많습니다. 그럼에도 불구하고 더 낮은 최종 이자율(all in interest) 때문에 기간대출을 선택하기도 하고, 또는 투자등급 부채를 발행하려고 하는 시점에 부동산을 담보 없이 보유할 수 있도록 하기 위해 기간대출을 하기도 합니다.

공모 부동산 부채

기업 부채(무담보 및 담보)

대부분의 상장회사들은 활동 자금을 조달하기 위해 기업 부채를 발행합니다. 운영 회사들은 수익의 선순위 부분과 자산(재고나 미수금)으로 채무에 대한 이자 지급을 보증하고, 기존 부채가 만기에 이르렀다면 새로운 부채를 발행하여 원금을 상환합니다. 담보 부채를 발행하기 위하여, 리츠는 '경질 자산(hard assets)'을 보유하고 여러 부동산을 인수하여 기업 부채를 위한 담보물로 삼습니다. 예를 들어 민간 시장 가격으로 10억 달러의 여러 부동산을 담보로 지정할 수 있는 리츠는 4억 달러의 기업 부채를 발행할 수 있습니다. 이것은 담보 대비 대출 비율이 40%인 모기지와 같습니다.

무담보 리츠 기업 부채의 장점은 개별 부동산들에 대한 모기지 제한이 없다는 것입니다. 즉 락아웃 조항이나 중도 상환 위약금과 제한이 없습니다. 그에 더해서 기업 부채가 담보를 가지고 있더라도 리츠는 담보 풀(pool)에 있던 특정 부동산을 매각하고 그와 같거나 더 큰 가치를 가진 부동산을 풀에 넣어 대체할 수 있습니다. 대체 과정에 시간이 많이 소요되기는 합니다만 리츠는 이를 통해 개인투자자들에 비해 훨씬 더 큰 재무 유연성을 확보할 수 있습니다.

CMBS 발행

상업용모기지 담보부증권(CMBS)은 1988년에 처음 만들어졌습니다. 여러 모기지들을 한데 모아 투자자들이 다양한 모기지 풀에 투자할 수 있도록 증권을 만들자는 아이디어는 1960년대에 단독주택 모기지를 위해 처음 만들어졌습니다. 정부의 지원 하에서 이 개념은 잘 작동했고 주택 모기지에 대한 표준 계약 심사(standard underwriting) 역시 쉽게 자리 잡았습니다. 모기지 자금 조달을 위해 발행된 채권은 동일한 지불 이자율과 감수 위험을 가지고 있습니다. 그러나 상업용 부동산은 모두 각각이 고유하여 표준 계약 심사가 훨씬 더 어렵습니다. 상업용 개념 하에서는 각기 다른 유형일 수도 있는 서로 다른 부동산들의 모기지들을 모으게 됩니다. AAA부터 BB, C(무등급)까지 이르는 다양한 등급의 채권들이 다양한 이자율과 만기로 발행됩니다. 상업용 모기지는 모기지 브로커, 은행, 투자은행, 보험 회사 또는 기타 제공자들에 의해 만들어져 CMBS 풀(CMBS pool)에게 판매됩니다. 일단 판매가 이루어지면, 원래의 제공자는 더이상 모기지와 관련이 없게 됩니다. 모기지 서비스 회사가 고용되어 월별 모기지 상환금을 수금하고 이를 건네 받은 수탁자가 채권 보유자들에게 대금을 지급해 줍니다. 어느 대출에 채무 불이행이 발생하면 특별 서비스 업체가 이를 인계하여 문제를 해결하거나 부동산 압류를 진행합니다.

어떤 부동산 대출에 대해서도 리츠 및 기타 다른 상업용 부동산 소유자는 CMBS 시장을 이용할수 있습니다. 그렇게 하는 이유는 다른 파이낸싱 옵션보다 더 낮은 이자율 또는 더 유리한 조건을 받을 수 있기 때문입니다. CMBS 대출에 대한 대출 약정은 일반적으로 표준화되어 있으며 협상이 가능하지 않습니다(선납 조건 포함). 또한 발생할 수 있는 문제들, 변경 사항들 또는 다른 문제들에 대해 이야기할 수 있는 대출의 직접적인 소유자도 없습니다. 그래서 대부분의 지분형 리츠들은 일상적으로 CMBS 대출을 이용하지는 않습니다. 대출 이자율이 다른 대안보다 낮은 경우에 한해 CMBS 대출을 고려합니다.

모기지 리츠는 매입한 채권이 기반이 되는 부동산 풀을 심사할 수 있는 전문성을 갖추고 있기 때문에 CMBS 채권의 다양한 트랜치(A, B, C)에 투자할 수 있습니다.

선순위 무담보 채권

대출자가 회사의 우선주 및 보통주 주주들보다 이자 및 원금 상환에 대해 우선 순위를 갖는 것과 유사하게, 선순위 채권은 회사가 미지급한 다른 모든 부채보다 상환 및 이자 지급 수령에 있어 우위에 있는 채권입니다. 선순위 채권을 발행하는 리츠는 일반적으로 투자등급이어서 낮은 이자율로 채권 발행이 가능합니다. 투자등급 이하로 떨어진 리츠라도 여전히 비투자등급의 선순위 무담보 채권(Senior Unsecured Notes)을 발행하거나 사모 채권을 발행할 수 있습니다. 리츠들은 대부분 공모 때보다 더 나은 이자율이나 더 유리한 조건을 협상하기 위해 선순위 무담보 채권을 사모로 발행하려 합니다.

우선주

우선주는 부채와 자본의 특성을 공유한다는 면에서 종종 하이브리드 증권의 하나로 봅니다. 채권과 비슷하게 액면가에 따라 판매되는데 우선주의 경우 보통 주당 25달러입니다. 채권과 다른 점은 영구 우선주에는 만기가 없다는 것입니다. 대개 우선주를 발행하는 리츠는 5년 후에 해당 주식을 액면가로 상환 또는 콜할 권리를 갖습니다. 리츠가 새로운 우선주를 발행하여 기존 우선주에 지불되는 배당보다 배당액을 낮출 수 있다면 경영진은 기존의 우선주를 콜하고 더 낮은 비용으로 자본을 발행할 것입니다. 보통주와 마찬가지로 우선주는 투자자들에게 분기별로 배당을 합니다. 채권처럼 우선주 배당금은 대체로 액면가 기준으로 확정되어 있습니다만, 우선주에

래칫 기능(ratchet feature, 조정조항)을 넣어 이후 연도에 우선주 배당을 보통주 배당의 증가와 같은 퍼센트만큼 늘리도록 하기도 합니다.

배당소득을 위해 우선주에 투자할 때 투자자가 염두에 두어야 할 세 가지 위험이 있는데, 각 위험은 유동성 또는 유동성 부족과 관련되어 있습니다. 첫째, 리츠 우선주의 유통 시장(secondary market)은 같은 회사의 보통주 시장만큼 유동적이지 않습니다. 그래서 투자자가 우선주 매도 또는 가격 책정을 하면 지연이 발생할 수 있습니다. 우선주 시장도 시간이 지남에 따라 유동성이 높아졌습니다.

둘째, 투자하기 전에 각 우선주 발행의 투자설명서에 포함된 텀시트를 읽고 이해하는 것이 중요합니다. 앞 단락에서 우선주 발행에 통상적으로 적용되는 일반적인 사항에 대해서는 자세히 설명했지만, 우선주 발행자가 준수해야 하는 일관된 심사 기준은 없습니다. 예를 들어, 한 주당 연간 0.75달러의 보통주를 지급하는 리츠라도 주당 연간 1.00달러를 지급하는 우선주를 발행할 수 있습니다. 해당 우선주에 래칫 기능이나 보통주 대비 우선 수익률을 보호하기 위한 기타 약정이 포함되어 있지 않다면 매니지먼트팀은 합법적으로 보통주의 연간 배당금을 주당 1.00달러 이상으로 늘릴 수 있습니다. 그렇게 되면 우선주 발행은 유동성이 없어져 액면가에 가까운 가격으로 증권을 매각하는 것은 매우 어렵거나 불가능하게 됩니다. 이러한 경우 우선주 투자자가 투자금을 회수하려면 대폭 할인된 가격에 주식을 매각해야 할 것입니다.

세 번째 단계의 유동성 위험은 사모펀드 회사나 경쟁 리츠가 우선주를 발행한 리츠를 인수하는 경우와 같이 리츠 지배권의 변동과 관련이 있습니다. 많은 경우에 있어 인수되거나 인수 대상인 리츠의 우선주 투자자는, 우선주의 계약 조항에 의해 인수 회사가 우선 배당을 중단할 수 있거나 인수 회사가 인수 대상 리츠의 우선주 주주들에게 '현금 지급(cash out)' 이행 의무가 없다는 사실을 알게 됩니다. 결과적으로 인수 회사가 거래의 수익을 높이기 위해 기존 우선주를 메자닌 파이낸싱(mezzanine financing)의 한 형태로 취급하게 되는 경우가 많습니다. 우선주 투자자는 새로운 법인에서 재무적으로 소외되고 의지할 곳이 없게 됩니다. 이와는 대조적으로, 보통주 투자자는 투자에 대한 보상으로 현금, 인수 기업의 주식 또는 두 가지 모두를 받게 됩니다.

그러나 주목해야 할 중요한 점은 파산 또는 회사가 심각한 유동성 이벤트를 겪을 때 우선주가 보통주보다 우선한다는 것입니다. 따라서 회사는 우선주 배당금 지급을 중단하기 전에 보통주 배당금 지급을 중단해야 합니다. 대부분의 REIT 우선주는 '누적'됩니다. 리츠가 지급을 중단한 시점부터 현재까지의 모든 과거의 우선주 배당금을 돌려주어야 보통주 배당금을 다시 지급할 수 있다는 뜻입니다.

마지막으로, 우선주 자본을 모으는 리츠들은 일반적으로 주식을 공개적으로 발행하여 이를 수행합니다. 4장에서 언급했듯이 2019년 말 기준으로 우선주 거래는 300억 달러 미만으로 여전히 유동성이 낮은 시장입니다. 리츠들은 또한 공모 발행보다 더 나은 배당률을 확정하기 위해 우선주를 투자자 또는 투자자 그룹에게 직접 제공하여 사모발행할 수 있습니다. 우선주는 많은 리츠들이 접근할 수 있는 가장 비싼 형태의 자본입니다. 따라서 통상적으로 리츠의 주식이 낮은 가격으로 거래될 때 발행됩니다.

리츠의 부채와 우선주 분석하기

다른 산업과 마찬가지로 리츠의 회사채 및 우선주 주식은 차입 주체의 신용도에 따라 가격이 책정됩니다. 기업을 분석하고 공모 기업들에 대한 신용등급을 부여하는 주요 신용평가기관들이 있습니다(그림 9.1 참조). 무디스와 스탠다드앤푸어스는 피치와 더불어 가장 큰 기관입니다. 등급은 최우수 기업들에 대한 Aaa/AAA, AA/AA, A/A부터 Baa/BBB, Ba/BB, B/B, 그리고 C 등급으로 이어집니다. 신용등

MOODY'S		S&P		FITCH		등급 설명	
장기	단기	장기	단기	장기	단기		
Aaa	P-1	AAA	A-1+	AAA	F1+	프라임	투자적격 등급
Aa1		AA+		AA+		고등급	
Aa2		AA		AA			
Aa3		AA-		AA-			
A1		A+	A-1	A+	F1	상위 중등급	
A2		A		A			
A3	P-2	A-	A-2	A-	F2	하위 중등급	
Baa1		BBB+		BBB+			
Baa2	P-3	BBB	A-3	BBB	F3		
Baa3		BBB-		BBB-			
Ba1	Not Prime	BB+	B	BB+	B	투자부적격 등급	투자부적격 등급, 일명 하이일드 본드, 정크 본드
Ba2		BB		BB			
Ba3		BB-		BB-			
B1		B+		B+		숙고 대상	
B2		B		B			
B3		B-		B-			
Caa1		CCC+	C	CCC	C	높은 위험	
Caa2		CCC				심각하게 숙고 대상	
Caa3		CCC-					
Ca		CC				파산 직전, 회생 가능성 작음	
C		C					
/		D	/	DDD	/	파산 상태	
				DD			
				D			

그림 9.1 신용등급

약정	한도	추가사항
총자본 대비 총 부채비율	60% 이하 (발생 테스트)	자산 총액의 정의는 일반적으로 두 가지 평가 방법 중 하나를 사용합니다. 1. 미상각 장부가액에서 A/R(매출채권) 및 무형자산을 제외한 금액 2. 특정 캡레이트로 나눈 연간화된 통합 EBITDA 또는 NOI 배당금 일부 리츠는 최대 한도가 더 높습니다(예: KIM, DDR, WRE과 EQR & SPG의 채권 일부는 65%까지).
총자본 대비 담보 부채비율	40% 이하 (발생 테스트)	일부 리츠는 최대 한도가 더 높습니다. BXP & VNO 등은 50%이며, SPG의 채권 일부는 최대 55%에 이릅니다.
고정 비용 커버리지	1.50x 이상 (발생 테스트)	일부 채권은 최소 한도가 더 높습니다. EPR, SKT, OHI 및 VTR 일부는 2배; SPG 채권 일부는 1.75배입니다.
무담보 부채 대비 담보 없는 자산비율	150% 이상 (유지 테스트)	일부 리츠는 더 높은 최대 한도를 가집니다. HPT 채권 중 일부는 200%입니다. 일부 리츠는 더 낮은 최소 한도를 가집니다. SKT & DDR 채권 일부는 135%이며 EQR & SPG 채권 일부는 125%입니다.
참고: 합작 투자에 대한 예외조항	2009년, 몇몇 리츠는 채권자들에게 추가적 보호를 제공하기 시작했습니다. 이는 합작 투자 지분을 담보 없는 자산의 정의에서 제외함으로써 담보 없는 자산/무담보 부채 약정을 강화하는 것을 포함합니다.	새로운 carve-out을 포함한 채권을 발행한 리츠에는 WRE, EPR, SKT, O, DDR, REG, VTR, HCP, UDR이 포함됩니다. BXP의 경우, UAUD(Unencumbered Asset to Unsecured Debt) 정의에서 레버리지가 있는 JV의 지분은 제외하지만, 레버리지가 없는 JV의 지분은 포함합니다. 일부 리츠는 일부 JV 지분을 다시 추가하기 시작했습니다. 이러한 양분화는 회사들이 이러한 지표를 어떻게 다루는지 분석해야 하는 이유를 보여주는데, 이렇게 해야 자세히 확인할 수 있습니다.

그림 9.2 채권 시장 접근을 위한 약정

급이 낮을수록 기업이 지불해야 하는 이자율이 높아지고 위험도 증가합니다. 대다수의 미국 리츠들이 B에서 A까지의 등급을 가지고 있는데, Baa/BBB 범주에 주로 분포되어 있습니다. 레버리지 비율이 낮을수록 신용등급은 높아집니다.

리츠는 이자 지급 및 대출 상환을 포함한 입증된 운영 실적과 같은 다양한 요소들을 기반으로 신용등급을 받습니다. 신용평가기관들은 고정 비용 커버리지, 순부채/EBITDA, 담보 부채 같은 다양한 지표에 따라 등급을 결정할 수 있는 방법론들을 가지고 있습니다. 4장과 11장에서 설명했듯이 리츠들이 포트폴리오에서 50% 미만의 레버리지 유지를 목표로 하고 있으며 대부분이 40-45% 범위를 유지하고 있기에, 불황기에 재무 유연성을 가짐으로써 기회들을 잘 이용할 수 있습니다. 리츠 무담보 채권은 1990년대 중반 리츠가 처음 채권을 발행하기 시작한 이래 리츠 투자자들이 요구했던 4가지의 주요 약정을 포함하고 있습니다. 이 네 가지 약정(그림 9.2 참조)은 2008년 경기 침체기에 일부 리츠들에 의해 합작 투자 지분을 포함할 수 있도록 수정되었지만 일부 숙박 및 의료 리츠들(통상 구조적으로 리츠 요건들이 다름)을 제외한 모든 리츠 채권 발행에 대해 그대로 적용되고 있습니다.

결론

리츠들에는 다양한 파이낸싱 옵션이 있기 때문에 개인투자자에 비해 많은 이점을 갖습니다. 가장 중요한 자금 조달 도구는 기업 부채로서 개별 부동산 모기지에 비해 제약이 거의 없고 일반적으로 이자 비용이 낮습니다. 또한 많은 신용 기관이 리츠의 건전성을 분석하고 평가하여 투자자들이 리츠 채권 가격의 책정에 위험 등급을 사용할 수 있도록 합니다. 투자자들은 리츠의 채권 등급을 척도로 재무 안정성, 품질, 동종 업계 대비 입지를 비교할 수도 있습니다. 마지막으로, 대부분의 리츠는 부동산 구매를 위해 즉시 현금을 이용할 수 있는 한도대출을 갖고 있기 때문에 부동산 매매계약 체결 전에 대출 확정을 받을 필요가 없어 우선시되는 구매자가 됩니다. 요약하면, 비상장 부동산 투자자들도 프로젝트 자금을 조달할 수 있는 여러 옵션들을 갖고 있지만, 상장 부동산 회사들은 그에 더해 공모 주식뿐 아니라 채권 발행을 통해 공개 시장에 접근할 수 있는 옵션을 추가로 갖습니다.

10장

다양한 시장 상황에서 리츠의 수익률

과거 총수익(HISTORICAL TOTAL RETURNS)

　3장에서 장기(3년 이상의 보유 기간으로 정의)에 걸쳐 리츠 성과를 결정짓는 주 요인인 부동산 펀더멘탈에 대해 알아보았습니다. 이 장에서는 단기적으로 리츠 주식 수요에 영향을 미치는 시장 요인들을 살펴보겠습니다. 단기간의 리츠 주식 성과는 여전히 부동산 펀더멘탈에 묶여 있긴 하지만, 금리 변화(장기 금리가 상승하는가 아니면 하락하는가), 지정학적 위험(중국과의 무역 전쟁이나 다른 중요한 글로벌 경제 이벤트가 있는가), 투자자의 안전이나 수익률 대비 성장에 대한 위험 선호도(규제 변경이나 법인세 감면으로 비리츠 기업에 대한 더 강력한 수익 전망이 형성되었는가) 같은 시장 외적인 발생 요인들에 영향을 받습니다. 시가총액이 1조 3천억 달러인 리츠는 확립된 자산 클래스입니다만 상장주식 투자 전체에서의 비중은 상대적으로 여전히 작습니다. 2019년 말 시점 애플(Apple, Inc.(NASDAQ: AAPL))의 시가총액은 약 1조 4천억 달러로 공모 리츠 산업계 전체보다 큽니다. 「리츠 산업계의 자사주 제외 보통주(public float, 상장 유동주식이라고도 함)의 거의 1% 정도에 해당하는 펀드의 유입과 유출 정도는 단기 성과에 영향을 미칩니다.」 단기적인 리츠 주가 수익률에 영향을 주는 다양한 요인에 대해 이해할 수 있는 투자자여야 상장된 여러 리츠 중에서 더 나은 매수, 보유, 매도 결정을 내릴 수 있을 것입니다.

리츠는 1960년 의회 법안에 의해 승인되었으며 최초의 리츠 대부분은 은행이 부동산 대출을 더 많이 할 수 있도록 시작된 mREITs였습니다. 1974년 경기 침체 당시 많은 mREITs가 모기지를 차압당하고 지분형 리츠가 되는 변화를 겪었습니다. 이 기간 리츠는 S&P 500 지수에서도 제외되었습니다. 지분형 리츠는 이 장 뒷부분에서 논의될 개정세법 시행 시기인 1986년까지 세금 혜택을 갖는 부동산 관리 구조 (예를 들어, 부동산 합자 회사; RELP(Real Estate Limited Partnerships))에 비해 선호되지 못했습니다.

표 10.1은 표 2.1을 보다 자세하게, 리츠의 총수익률이 주요 주가지수 수익률을 초과한 시기를 음영 처리 부분으로 표시하여 나타낸 것입니다. 리츠의 약진 시기와 부진 시기가 당시의 부동산 펀더멘탈을 압도하는 단기 시장 팩터들과 관련이 있음을 볼 수 있습니다. 예를 들어 보겠습니다.

- 리츠는 1995-97년에 엄청난 총수익률을 기록했는데, 이 시기는 UPREIT 구조의 도입과 직전에 일어난 기업지배구조의 개선이 합해져 미국에서 부동산 증권화 붐을 일으켰던 시기였습니다.
- 1998-99년의 실망스러운 총수익률은 닷컴 기술 붐 동안 일어난 나스닥과 같은 고성장 섹터로의 자금 이동이 리츠 수익률에 어떤 일을 일으킬 수 있는지를 보여줍니다.
- 기술 버블이 결국 터지고 투자자들의 안전자산으로의 도피가 장기화되었던 2000-06년에 리츠는 좋은 성과를 거두었고, 금리가 하락했던 2009-2012년에도 또다시 리츠 수익률은 채권보다 매력적이었습니다.
- 2007-08년의 글로벌 금융위기 동안을 살펴보면 리츠는 2007년 다른 지수에 비해 크게 부진했으나 2009년에는 다른 지수와 마찬가지로 강하게 반등했으며 2010년에는 다른 지수에 비해 상당히 좋은 성과를 보여주었습니다.

표 10.1 주요 지수 대비 리츠의 총수익률 비교

	FTSE Nareit All REITs	S&P 500	나스닥	Russell 2000	10년 미국 국채수익률[a]	BBB CMBS 스프레드[b]
1990	-17.3%	-3.1%	-17.8%	**-19.5%**	8.1%	NA
1991	35.7%	30.5%	**56.9%**	46.0%	6.7%	NA
1992	35.7%	7.6%	15.5%	**18.4%**	6.7%	NA
1993	18.5%	10.1%	14.8%	**18.9%**	5.8%	NA
1994	0.8%	**1.3%**	-3.2%	-1.8%	7.8%	NA
1995	18.3%	37.6%	**39.9%**	28.5%	5.6%	NA
1996	**35.8%**	23.0%	22.7%	16.5%	6.4%	115
1997	18.9%	**33.4%**	22.2%	22.4%	5.8%	140
1998	-18.8%	28.6%	**39.6%**	-2.6%	4.7%	270
1999	-6.5%	21.0%	**85.6%**	21.3%	6.5%	210
2000	**25.9%**	-9.1%	-39.3%	-3.0%	5.1%	235
2001	**15.5%**	-11.9%	-21.1%	2.5%	5.0%	220
2002	**5.2%**	-22.1%	-31.5%	-20.5%	3.8%	181
2003	38.5%	28.7%	**50.0%**	47.3%	4.3%	129
2004	**30.4%**	10.9%	8.6%	18.3%	4.2%	127
2005	**8.3%**	4.9%	1.4%	4.6%	4.4%	180
2006	**34.4%**	15.8%	9.5%	18.4%	4.7%	123
2007	-17.8%	5.5%	**9.8%**	-1.6%	4.0%	790
2008	-37.3%	-37.0%	-40.5%	**-33.8%**	2.3%	5,362
2009	27.5%	26.5%	**45.3%**	27.2%	3.9%	7,315
2010	**27.6%**	15.1%	18.0%	26.9%	3.3%	388
2011	**7.3%**	2.1%	-0.8%	-4.2%	1.9%	742
2012	**20.1%**	16.0%	17.5%	16.4%	1.8%	405
2013	3.2%	32.4%	**40.1%**	38.8%	3.0%	377
2014	**27.2%**	13.7%	14.8%	4.9%	2.2%	367
2015	2.3%	1.4%	**7.0%**	-4.4%	2.3%	537
2016	9.3%	12.0%	8.9%	**21.3%**	2.5%	531
2017	9.3%	21.8%	**29.6%**	14.7%	2.4%	329
2018	-4.1%	-4.4%	-2.8%	-11.0%	**2.7%**	438
2019	28.1%	31.5%	**36.7%**	25.5%	1.9%	278
1994–2019, 25년 CAGR	10.6%	10.2%	10.4%	9.4%	–	–

[a] 매년 말 기준 10년 만기 미국 국채 수익률. 출처: Yahoo!Finance.com.
[b] 10년 만기 미국 국채(CMBS 스프레드)를 초과하는 BBB 채권에 대한 10년 만기 CMBS 수익률(베이시스 포인트). 출처: 블룸버그 & 웰스파고 증권, LLC.
음영 처리된 부분은 리츠가 대부분의(때로는 모든) 주요 지수를 상회하는 성과를 낸 연도입니다.
굵게 처리된 숫자는 해당 연도에서 가장 높은 수익률 지수입니다.
출처: Nareit; S&P Global Market Intelligence.

광범위한 주식시장을 주도하는 인간 감정의 양상과 리츠 주식시장 진화에 대한 이해는 개별 회사들이 향후의 시장 상황에서 좋은 실적을 낼 수 있는가를 예측하기 위한 좋은 정보가 됩니다. 다음에는 현대의 리츠 시장 진화에 있어 중요했던 이정표를 중점적으로 알아보겠습니다.

리츠 주식에 대한 수요

경제의 기본 원리는 무언가의 가격이 그 상품이나 투자에 대한 수요와 공급에 따라 결정된다는 것입니다. 리츠 주식에 대한 수요는 리츠 성과에 크고 다양한 역할을 합니다. 수요는 부동산 전용 뮤추얼 펀드와 상장지수펀드(ETF)로 유입 또는 유출되는 자금의 흐름을 매주 관찰하여 측정할 수 있습니다. (ETF는 증권들(예를 들어 리츠 주식)의 집합이라는 점에서 뮤추얼 펀드와 유사합니다. ETF는 뮤추얼 펀드처럼 시장 마감 후 하루에 한 번 거래되는 것이 아니라 회사의 상장주식처럼 하루 종일 실시간으로 거래된다는 점에서 뮤추얼 펀드와 다릅니다.) 2020년 2월, 그린 스트리트 어드바이저(Green Street Advisors(Green Street))에서 반기별 자금흐름추적(FlowTracker) 보고서가 발표되었습니다. 이 최신 연구는 14,000개 이상의 펀드와 거의 6,000개 기관이 소유한 179개의 주식형 리츠를 분석하였습니다. 분석 결과, 몇 가지 중요한 점들이 드러났습니다.

- **리츠 보유의 구조가 변화하고 있습니다.** 부동산 전용 펀드로의 자금 흐름은 밀물과 썰물처럼 기복이 있습니다. 1990년대 중반부터 2007-08의 글로벌 금융위기까지 부동산 전용 펀드로의 자금 흐름은 점진적으로 증가합니다. 그림 10.1에서 보여지듯, 2019년 3분기 말 기준으로 리츠 전용 펀드들이 리츠 주식의 36%(23%는 액티브 펀드이고 13%는 패시브 펀드)를 보유하고 있습니다. 2011년 50% 보유에서 감소해 업계에서의 비중이 이전보다 줄어들기는 했지만, 리츠 전용 액티브 펀드 매니저들은 리츠업계의 성과에 지속적인

영향을 미치고 있습니다. 그린 스트리트가 밝혀낸 바에 따르면 리츠 전용 액티브 펀드의 증감은 평균 이상의 수익률과 어느 정도 상관관계가 있습니다.

- **제너럴리스트 액티브 투자자가 리츠 전용 펀드를 대체했습니다.** 그린 스트리트는 또한 제너럴리스트 액티브 매니저들이 제너럴리스트 패시브 펀드(지수(index) 펀드와 ETF를 포함)의 꾸준한 증가에도 전체적으로 시장 점유율을 유지하고 있다는 것을 발견했습니다. 그린 스트리트에 따르면 리츠 전용 투자자들의 대규모 리츠 지분 포지션 때문에 제너럴리스트 액티브 투자자는 리츠에 충분히 투자할 수 없다는 것을 발견했습니다. 이것이 뜻하는 바는 만약에 (충분한 가치가 신주 발행을 지지할 수 있다는 전제 하에) 리츠가 주식을 더 많이 발행하면 제너럴리스트들이 이 새로운 신주의 공급을 흡수하여 그들의 최적 자산배분에 근접하려 할 것이라는 점입니다.

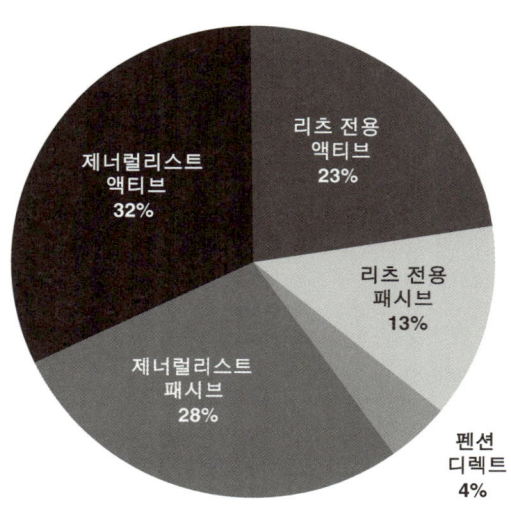

그림 10.1 2019년 9월 30일 기준 리츠 소유자 구조
출처: 그린 스트리트 어드바이저, 2020년 2월 3일자 플로우 트랙커 리포트.

- **연기금(Pension Funds)은 여전히 직접적 부동산(Direct Real Estate)을 선호합니다.** 그린 스트리트는 미국 연기금의 부동산 비중이 2000년 이후 거의 두 배로 증가했는데도 불구하고 리츠 주식의 소유가 거의 변동이 없다고 판단했습니다(그림 10.2 참조). 매일의 주가 움직임에 따른 단기 변동성을 피하기 위해 만들어진 선호로부터 일어난 현상이라고 추정됩니다.

리츠 주식에 대한 수요를 증가시켰던 사건들

성장하는 리츠 시장의 규모와 유동성

리츠는 1960년부터 1995년까지 35년간 존속한 후에야 업계에서 투자자들의 관심을 얻었습니다. 1990년대 중반까지만 해도 총 뮤추얼 펀드 자산에서의 부동산 자산 비율은 25bp 미만에 불과했습니다. 1990년 이전 리츠 주식의 공급은 너무 적고 리츠가 속한 주식시장은 지나치게 유동적이어서 기관투자자들의 본격적인 관심을 끌지 못했습니다. 2장에서 논의되었던 것처럼 리츠는 매력적인 수익률과 강력한 포트폴리오의 다각화라는 이점을 갖고 있습니다. 그럼에도 평균 일일 거래량(그림 10.3 참조)이 적고 소득 추구형 개인투자자들 중 소수에 의해서만 거래가 이루어졌습니다. 예를 들어, 1990년에는 58개의 지분형 리츠가 1억 1,400만 달러의 총 평균 거래량을 보였는데, 이는 리츠당 평균 거래 달러량이 200만 달러 미만이었음을 의미합니다. 대조적으로, 1990년에 월트디즈니사(NYSE: DIS)의 평균 달러 거래량은 5,800만 달러였습니다(출처: NYSE).

1995년 이후 리츠 산업은 급격히 성장했습니다. 1990년대에 8장에서 논의했던 UPREIT 구조의 도입으로 상장 리츠도 수적으로 많아졌고 리츠업계의 시가총액도 증가하는 엄청난 성장을 경험했습니다. 1970년대 초반부터의 업계 성장이 요약된 1장의 표 1.1에서 보았듯이 1990년에는 58개의 지분형 리츠, 43개의 모기지형 리츠, 18개의 하이브리드 리츠를 포함해서 119개 회사가 총 87억 달러의 주식

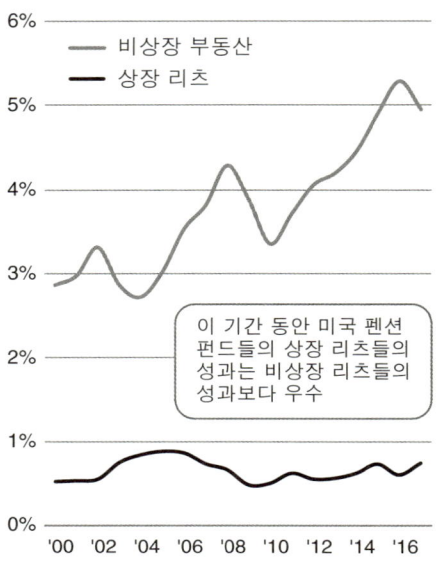

그림 10.2 펜션 펀드의 상업 부동산 투자 비중
출처: 그린 스트리트 어드바이저, 2020년 2월 3일자 플로우 트래커 리포트

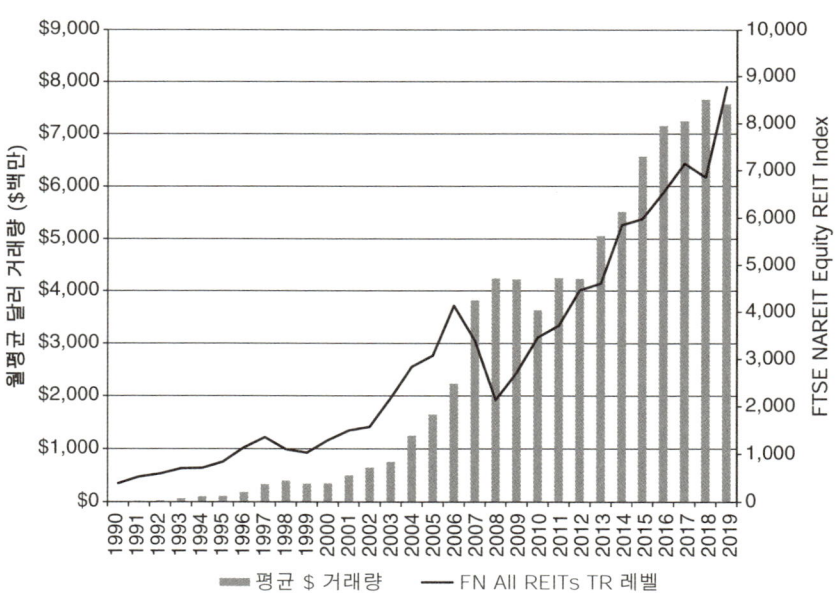

그림 10.3 FTSE Nareit All Reits 평균 달러 거래량 1990-2019

시가총액을 가지고 있었습니다. 2019년 말에는 186개의 지분형 리츠와 40개의 모기지형 리츠를 포함하는 총 226개 회사가 1조 3천억 달러의 시가총액을 기록했습니다.

시가총액의 성장에 버금갈만큼 중요한 것은 리츠 주식시장이 성장하면서 유동성이 증가했다는 점입니다. 예를 들어, 2005년 이후 업계의 일일 평균 달러 거래량은 연평균 11%씩 증가하여 2005년 16억 달러에서 2019년에는 76억 달러로 증가했습니다(출처: Nareit). 리츠 주식시장의 유동성이 증가하면서 보다 많은 기관 펀드 매니저들이 투자할 수 있게 되었습니다. 1990년 이후 리츠 산업의 급속한 성장을 지원한 몇 가지 뚜렷한 사건이 있었습니다. 이제부터 리츠 산업의 성장을 이끈 주요 이정표를 알아보겠습니다.

특별한 매수 기회였던 1980년대의 S&L 위기

1980년대의 저축 및 대출 위기(S&L 위기) 동안 미국의 3,234개 저축 및 대출 협회 중 약 3분의 1이 1986년에서 1995년 사이에 파산했습니다. 두 개의 정부 기관인 연방저축 및 대출보험공사(Federal Savings and Loan Insurance Corporation: FSLIC)와 해결신탁공사(Resolution Trust Corporation: RTC)가 파산한 협회를 폐쇄하거나 다른 방식의 해결을 위해 설립되었습니다. 이 기관들이 채택한 주된 수법은 S&L의 상업용 부동산 보유분을 헐값에 매각하는 것이었습니다. 부동산 회사들과 리츠들은 RTC로부터 고품질의 자산을 대폭 할인된 가격에 매입할 수 있었고, 이 드문 매입 기회를 통해 1990년대에 리츠 산업이 엄청난 성장을 구가할 수 있었습니다. 미국 경제와 상업용 부동산 시장이 회복되면서 리츠들은 임대를 통해 공실을 채우고 RTC 부동산으로 더 높은 임대료를 확보해 나가기 시작했습니다. 그 결과 리츠는 1992년부터 1996년까지 연평균 17%의 총수익률을 창출하여 다른 투자 수익률을 크게 상회할 수 있었습니다(표 10.1 참조).

리츠 수익률로 인한 신규 자본의 쓰나미, 1992-96년

　　　　1992-96년에 이루어진 리츠 산업의 강력한 성과는 상당 규모의 신규 자본 유치로 이어졌습니다. 리츠 주식에 대한 강한 수요 덕에 수십 개의 민간 기업과 포트폴리오가 IPO 절차를 완료하여 상장 리츠 수가 1991년 말 138개 회사에서 1996년 말에는 199개로 늘어났습니다. 마찬가지로 리츠 산업의 규모 또한 급속도로 팽창하였습니다. Nareit에 따르면 리츠들은 1990년부터 1996년까지 IPO와 추가 공모로 497억 달러의 주식을 발행했습니다. 업계의 주식 시가총액은 1991년 말 130억 달러에서 1996년 말 888억 달러로, 연평균 37.7%의 증가를 보였습니다.

전문 자산관리자들이 리츠를 발견하다

　　　　전문 자산관리자의 리츠 시장 진입이야말로 업계의 성장과 진화에 결정적인 요인이었습니다. 1985년에 코헨앤스티어스(Cohen & Steers, Inc.(NYSE: CNS))가 최초로 부동산 전용 뮤추얼 펀드를 만들었는데, 1989년에 이르기까지 유일한 부동산 전용 뮤추얼 펀드였습니다. 이 장의 앞부분에 있던 그림 10.1에서처럼 1980년대 후반 이후부터 투자자들이 부동산 전용 뮤추얼 펀드에 대한 할당분을 급격히 늘렸습니다. 오늘날에는 수백 명의 기관 자산관리자들이 40개가 넘는 방대한 리츠 전용 뮤추얼 펀드에 투자하고 있습니다.

리츠 구조의 개선이 주주와 경영진의 이익을 일치시키다

　　　　1990년대 이전의 리츠는 작은 규모의 마이크로캡 회사들이었습니다. 부동산 합자회사(Real Estate Limited Partnerships: RELP)는 투자자에게 감가상각을 전가하는 방식으로 투자자의 다른 소득에 대해 세금감면 혜택을 제공할 수 있었습니다. 그런데 1986년 세제개혁법(1986년 Tax Act)이 정기적으로 벌어들인 소득에 대한 부동산 감가상각 세금 공제 혜택을 무효화시킴으로써 모든 부동산 투자는 먼저 경제적 타당성이 요구되었습니다. 1986년 개혁 이전에는 리츠 또한 오늘날 모든 뮤추얼 펀드가 여전히 그러하듯이 제3자 외부 자문 및 관리를 받고 있었습니다. 매니저들은 수익성으로부터 수수료를 받는 것이 아니라 리츠가 소유한 자산 장부가의 일정 비율을 수수료로 받았습니다. 1986년 개혁법을 통해 리츠는 직원을 고용하여 자체 관리와 자문을 하고 임차인에게 기본적인 '임대' 서비스를 제공할 수 있게 되었습니다. 이에 따라 리츠 매니지먼트팀은 소유 자산에 대한 능동적인 매니저(active managers)로 부상합니다. 일부 리츠는 자사가 다른 리츠와 차별화될 수 있도록 운영팀의 주식 소유로 동기부여를 하기도 했습니다.

1994년의 리츠간소화법(REIT Simplification Act of 1994)은 리츠 구조를 더욱 간소화하여 회사가 단순히 큰 포트폴리오를 쌓는 것으로 승부하는 것이 아니라 주주 가치 창출의 대가를 받는 전문 매니저에 의해 운영되는 완전 통합형 사업으로 유지될 수 있도록 하였습니다. 1999년에 제정된 리츠현대화법(REIT Modernization Act of 1999(RMA))은 2001년 1월 1일자로 시행되어 리츠로 하여금 과세대상 자회사(Taxable REIT Subsidiaries(TRSs))를 활용하여 리츠가 임차인에 대한 서비스를 제공할 수 있는 능력을 더욱 확대할 수 있도록 했습니다. 이상의 법률들이 시행된 결과 리츠 매니지먼트팀의 경제적 이익과 주주의 이익 간에 일치가 이루어지게 되었고 리츠는 더욱 매력적인 투자처가 되었습니다.

주요 주가지수 편입으로 증폭된 시가총액과 유동성의 증가

앞 단락에서 논의되었던 리츠의 구조적인 발전과 해당 부문의 높은 총수익률이 결합하자 점점 더 많은 자본이 1990년대의 리츠 산업으로 유입되었습니다. 리츠의 평균 시가총액과 거래량이 증가하자 보다 넓은 범주의 자본 매니저와 연기금들이 리츠를 그들의 포트폴리오 일부로 편입시켜 유지시킬 수 있도록 비용 효율성이 높아졌습니다. 이에 더해 2001년, S&P는 최초의 지분형 리츠가 500 지수에 편입할 수 있도록 허용했습니다. 이후 지난 19년 동안 여러 리츠들이 편입되어 2019년 말 시점 S&P 지수에는 30개의 지분형 리츠들이 들어 있습니다(1장의 표 1.2 참조). 머니 매니저들이 벤치마크로 사용하는 광범위한 시장 지수에 리츠들이 점점 더 많이 편입되고 리츠가 주는 안전성과 수익률에 대해 투자자들의 선호도가 점점 더 높아지면서, 2000년부터 2006년까지 리츠 전용 뮤추얼 펀드로 지속적인 자금 유입이 유발되는 두 번째 시기가 도래했습니다. 2008-09년의 대침체 이후 느린 경제 성장이 이어지고 주식시장 전반의 성과가 부진했던 2009-2015년에 리츠는 다른 지수들을 훨씬 능가하는 성과를 보여 주었습니다.

2016년 부동산 GICS 부문 신설로 커진 리츠 수요

2016년 9월 1일, S&P와 MSCI가 Real Estate(부동산)라는 새로운 GICS 부문을 신설하자 부동산 주식에 대한 수요가, 특히 제너럴리스트 펀드 매니저들 사이에서 꾸준히 증가했습니다(그림 10.1 참조). 업계 초기 수십 년 동안에는 모기지형 리츠들이 지분형 리츠들보다 많았습니다. 첫 인상이 지속되는 경향 때문에 1970년대 이후로 지분형 리츠들의 수와 시가총액이 모기지형 리츠들보다 더 커졌음에도 불구하고 많은 투자자들은 여전히 리츠를 금융 기관의 한 유형으로 간주했습니다. 1999년, S&P가 10가지 GICS 분류를 정립하여 리츠를 공식적으로 금융 코드(financial code)로 분류하면서 이러한 인식이 더욱 확고해지기도 했습니다. 이제 부동산은 11번째의 투자 부문으로 자리했습니다. 비록 형성은 느렸어도 확실하게, 금융 매체가 아닌 부동산 주식으로서의 리츠에 대한 투자자의 인식을 향상시키면서 개인 및 기관투자자에게 업계의 매력을 널리 알리고 있습니다. (모기지형 리츠는 S&P의 금융 부문으로 계속 남아 있습니다.)

리츠와 다른 투자의 매력 비교(역사로부터의 교훈)

리츠 주식에 대한 수요는 투자자들이 더 나은 수익을 얻을 수 있다고 생각할 만한 다른 투자들의 존재 여부에도 영향을 받습니다. 리츠는 주기적으로 특정 시기에 다른 투자들에 비해 실적이 저조했는데, 이는 부동산 펀더멘탈 때문이라기보다는 성장주(1998-99년), 미국 국채(2004-05년), 서민 주택(2007-08년)으로 투자자들의 자금을 움직여 간 시장의 힘 때문이었습니다. 반대로, S&P 500 지수에 대한 수익이 불확실해 보이던 시기에는 리츠가 대체로 더 나은 성과를 보였습니다. 투자자들이 안전이나 확실성과 수익률을 모두 보장하는 투자처를 찾는 경향 때문입니다. 본장 서두의 표 10.1에 나온 연간 총수익률에서 이러한 경향이 뚜렷하게 드러난 거래 기간을 볼 수 있습니다.

위험 지향 환경에서의 성장주 대비 리츠, 1998-99

리츠의 주가는 고성장 섹터에 대한 투자자들의 심리 변화에 영향을 받아왔으며 앞으로도 계속 그러할 것입니다. 표 10.1에서 볼 수 있듯이 1993년부터 1997년까지 리츠는 연평균 18.5%의 총수익률을 기록했는데, 이는 S&P 500 지수 및 나스닥 모두에서와 유사한 강세를 보인 것이었습니다(그림 10.4의 영역 A 참조). 그러나 1998년에 이르러 닷컴 및 테크 열풍이 거세지면서 투자자 심리와 자금이 급속도로 리츠에서 이탈했습니다. 리스크온 트레이드(risk-on-trade: 위험 지향 투자)라고도 하는 이 성장 교체기에 투자자들은 채권이나 리츠 같은 방어적 투자들에서 자금을 거둬들여 기술주 중심의 나스닥에 집중적으로 투자했습니다. 그림 10.4의 영역 B에서 보여지듯, 1998년 나스닥의 40% 수익률과 1999년의 압도적인 86%의 총수익률에 비해 리츠 수익률은 투자자들의 자금을 유치하기에는 너무나도 저조했습니다. 1998년과 1999년에 상업용 부동산에 대한 펀더멘탈 수요는 모든 부동산 유형에 걸쳐 강세를 보였지만 리츠는 해당 연도에 총수익률 -18.8%와 -6.5%라는 성과를 거뒀습니다. 2000년 봄에 닷컴 투자 버블이 터지면서 투자자들이 나스닥 투자에서 이탈했습니다. 투자자들의 이러한 리스크오프 트레이드(risk-off trade: 위험 회피 투자)로 인해 2000년 나스닥이 -39.2%라는 처참한 수익률을 보여주었을 때 리츠 산업계는 25.9%라는 총수익률을 얻었습니다.

국채 수익률 대 리츠, 2004-06

2004년부터 2006년까지 리츠는 S&P 500과 나스닥을 압도하는 수익률을 기록했지만, 수익률 투자자(yield trader)들이 미국 국채를 선호함에 따라 리츠에서 이탈하면서 몇 달 동안 수익률이 주춤했습니다. 리츠는 매력적인 배당수익을 제공해 주므로 투자자라면 항상 리츠 수익률을 채권 투자 수익률과 비교해 왔습니다. (마땅

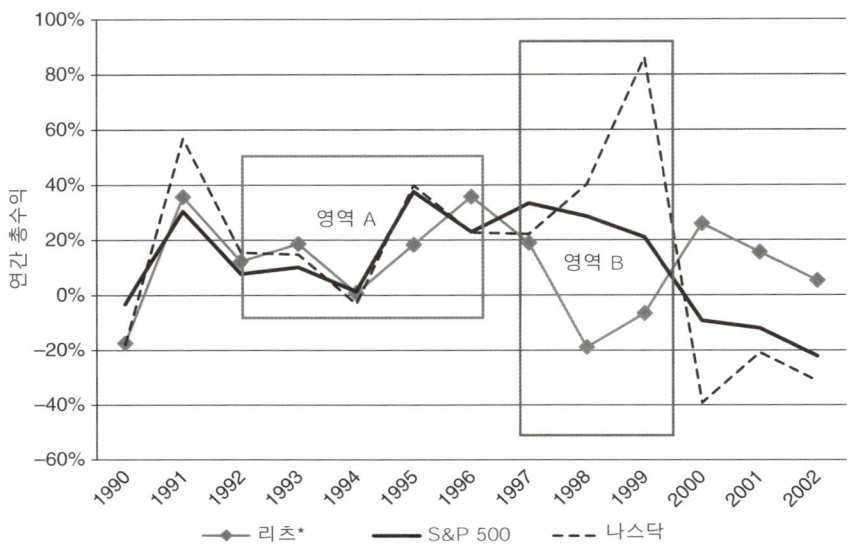

그림 10.4 S&P 500과 나스닥 대비 리츠의 성과, 1990-2002.
* FTSE Nareit All REITs Index의 연간 총수익
출처: S&P Global Market Intelligence.

히 그래야만 합니다.) 역사적으로 리츠 수익률은 10년 만기 미국 국채 수익률과 비교되었습니다(그림 10.5 참조). 2004년 3월부터 2006년 6월까지 10년물 미국 국채 수익률이 현저히 높아지면서 동시에 리츠 밸류에이션은 급락세를 보였습니다. 밸류에이션의 하락은 단기적이고 일시적이었습니다. 보통 금리나 국채 수익률 상승에 따른 리츠 밸류에이션의 하락은 리츠 투자자, 특히 인내심이 있는 투자자들에게는 좋은 매수 기회가 됩니다. (이 주제에 대한 자세한 내용은 이 장 후반부의 금리 변동에 따른 리츠 성과를 참조하십시오.)

안정성과 수익률 그리고 벤치마크들의 빅 리그, 2000-06

2000년 봄 테크 버블의 붕괴, 2001년과 2002년 엔론(Enron, 이전 NYSE: ENE) 같은 최고 명성의 기업들이 벌인 회계 스캔들, 2001년 9월 11일(9/11) 사건 관련 비극 등 각각의 사건들은 투자자의 신뢰를 뒤흔들었고 주식시장 전반에 대해

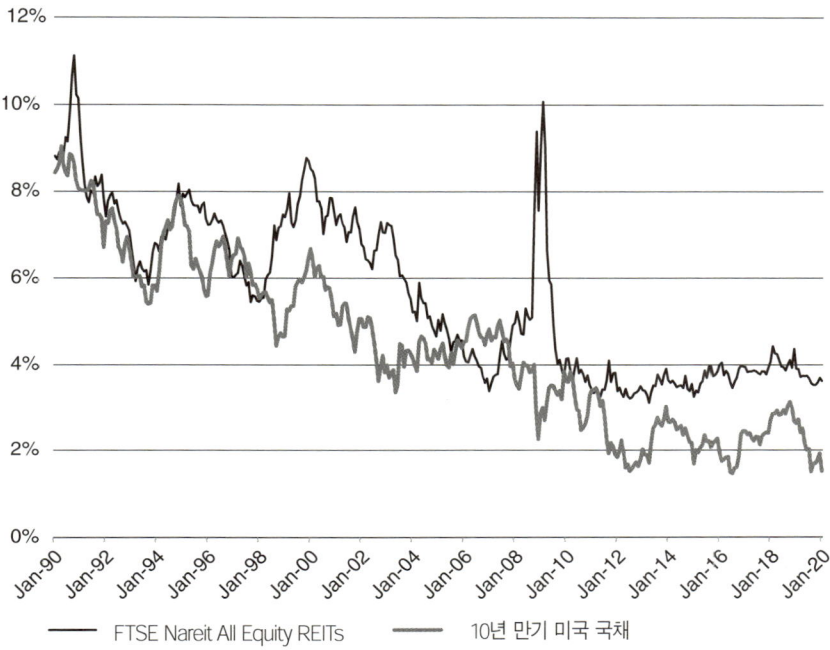

그림 10.5 리츠 배당수익률과 10년 만기 미국 국채 수익률 비교. 1990년 1월–2019년 12월
출처: Nareit®의 승인 하에 재가공되었으며, Nareit 웹사이트에 명시된 이용 약관(제9항 포함, 이에 국한되지 않음)에 따라 사용.

부정적인 영향을 주었습니다. 이 사건들이 리츠의 7년 연속 랠리에 불을 붙였다고도 할 수 있었는데, 더 많은 투자자들이 리츠 그룹을 보다 안정적이고 보다 투명한 수입원으로 인식했기 때문이었습니다. 이 장 앞부분의 표 10.1에서처럼 2000년부터 2006년까지 리츠는 시장 전반보다 뛰어난 성과를 보였습니다. 앞서 이야기했듯 이미 투자자들이 나스닥에서 빠져나와 리츠 같은 안전성과 수익률을 제공하는 투자로 전환하고 있었습니다. 2000년부터 2006년까지 리츠는 2,000억 달러의 주식, 우선주, 부채 자본을 발행했는데 이 중 653억 달러가 보통주였습니다. 업계의 시가총액은 어림잡아 250퍼센트의 성장을 기록했습니다(그림 10.6 참조). 리츠 주식에 대한 강한 수요는 더 안전하고 수익률이 높은, 리츠 같은 투자에 대한 근본적인 투자자 욕

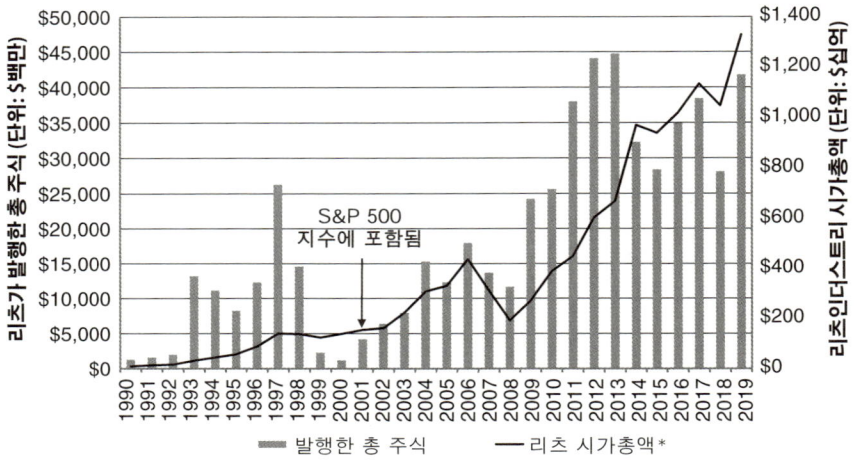

그림 10.6 리츠 일반주 발행과 리츠산업 시가총액, 1990-2019
* FTSE Nareit All REITs Index.
출처: Nareit.

구와 리츠의 분수령이 된 사건, 즉 S&P 500 지수에 첫 번째 지분형 리츠인 에쿼티오 피스프라퍼티(Equity Office Properties, 구 NYSE: EOP)가 편입된 사건, 둘 모두에 의해 촉발됐습니다. 리츠는 벤치마크들의 주된 대상이 되었으며, S&P 500 지수에 편입되어 만들어진 가시성으로 인해 이미 리츠 투자로 기울어진 시장 역학은 더 강화되었습니다.

여기서 주목할 필요가 있는 것은, 2000년부터 2006년까지의 안전성과 수익률에 대한 투자자들의 선호가 다음에 논의될 2007-08년 글로벌 금융위기 또는 2020년 COVID-19 팬데믹 초기 몇 달 동안 투자자들이 주식을 총체적으로 매도하고 채권, 금, 현금에 대한 선호를 보였던, 광범위하고 위험 회피적이었던 시장 환경과는 달랐다는 점입니다.

리스크 오프: 2007-08년 금융위기 동안의 리츠

투자자들이 시장 위험을 가늠하는 가장 믿을만한 수단 중 하나는 BBB 10년물 상업용 모기지담보부증권(CMBS) 스프레드의 주간 변동률을 관찰하는 것입니다. (블룸버그 터미널에 접속할 수 없는 투자자는 재정 고문에게 정보를 요청할 수 있습니다.) CMBS 스프레드가 지난주 대비 증가하거나 확대되었다면 시장이 경기 침체 위험이나 여타 시장 전반에 영향을 줄 수 있는 다른 사건들 등 더 많은 위험 요소들을 고려하고 있다는 뜻입니다.

BBB 10년물 CMBS 스프레드 변화는 리츠 시장의 단기 수익률을 매우 정확하게 보여주는 선행 지표임이 입증되었습니다. 예를 들어, 10년 만기 미국 국채 수익률에 비해 몇 bp가 높은지로 표시되는 BBB 10년 만기 CMBS 스프레드가 2007년

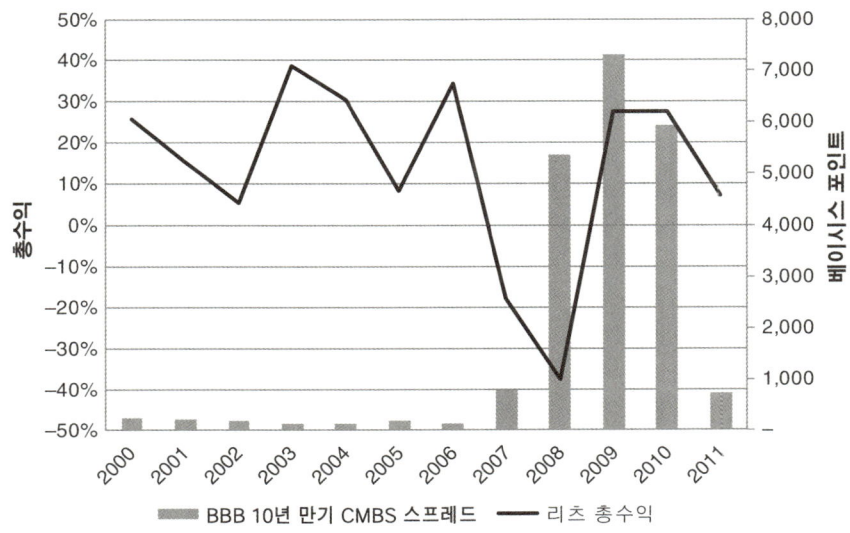

그림 10.7 리츠 수익 대비 10년 만기 CMBS 스프레드, 2000-11
참고: 리츠 성과는 FTSE Nareit All REITs Index 연간 총수익으로 측정됩니다. CMBS 스프레드는 10년 만기, BBB 노트의 연말 스프레드이며 bp 단위로 표시됩니다.
출처: Nareit; Bloomberg & Wells Fargo Securities, LLC.

에 연초의 123bp에서 790bp까지 667bp나 급격하게 확대되었습니다. 2008년 말에는 BBB 10년물 CMBS 스프레드가 국채 대비 5,362bp까지 폭증했습니다. 그림 10.7과 표 10.1에서 볼 수 있듯이, BBB CMBS 스프레드가 커지면서 리츠 주가는 상대적으로 하락했습니다. 2007-08년 글로벌 금융위기가 상업용 부동산 시장이 아닌 과도한 레버리지가 이루어졌던 주택 시장에서 시작했음에도 불구하고, 2007년 리츠의 총수익률은 -17.8%, 2008년에는 -37.3%였습니다.

투자자들은 리츠를 포함한 어떤 기업이든 만기도래 부채를 지나치게 높은 이자율로 재융자하거나, 심하게는 '어떤 값으로도' 부채를 재융자하지 못할 경우 경영진이 자본 확충을 위해 '긴급' 주식을 발행하여 기존 주주 지분을 희석시키게 될 것을 우려했습니다. 이같은 고비용의 재융자가 미래 리츠 수익 가능성을 저해할 수 있기 때문입니다. 4장에서 논의했듯이, GFC와 그 다음해에 부채 구조조정을 위해 파산에 들어간 상장 지분형 리츠는 단 한 곳뿐이었지만, 거의 3분의 2에 해당하는 리츠들이 불확실성이 높은 시장 상황에서 자본 보전을 위해 배당을 축소하거나 중단했습니다. 일단 리츠가 (기존 주주의 장래 수익을 상당히 희석시키는 낮은 주가로) 신규 주식을 발행하기 시작하자 리츠업계와 그 구성원의 생존 가능성은 분명해졌습니다. 결과적으로 2009년의 리츠 밸류에이션은 상당히 빠르게 회복했습니다.

> **투자 팁**
> 신용 위기가 발생하면 리츠 같은 부동산 관련 주식들은 전체 주식시장보다 부진하게 될 가능성이 높습니다. 투자자들이 실제로든 상상으로든 보통 배당의 지속가능성과 단기적으로 만기가 예정된 채무 불이행 위험에 대해 두려움을 갖기 때문입니다.

리츠 성과에 영향을 미치는 세 가지 주요 동인

리츠 산업은 점점 더 다양한 상업용 부동산들로 구성되고 있습니다. 모든 부동산 부문의 각각의 리츠는, 다른 리츠 대비 절대적 기준과 상대적 기준 모두에서 성과에 영향을 미치는 세 가지의 광범위한 동인인 부동산 펀더멘탈(3장에서 논의), 임대 구조(기간 포함), 자본비용(cost of capital)의 지배를 받습니다. 부동산 펀더멘탈, 특히 부동산 유형에 대한 수요의 일관성이나 비탄력성은 장기적으로 리츠의 성과와 수익성에 큰 영향을 미칩니다. 예를 들어, 산업용 창고 및 유통 시설 같은 부동산 섹터는 보관 및 유통되는 상품에 대한 지속적인 수요에서 이익이 나옵니다. 상품을 최종 소비자에게 배송하는 것은 경제 상황과 무관하게 이루어져야 합니다. 건실한 수요는 꾸준한 점유율로, 나아가 건실한 수익을 내는 리츠로 이어집니다. 5장에서 설명한 다양한 임대 구조와 기간에 따라 운영 마진이 달라지며, 이는 운영이익에도 영향을 미칩니다. 마지막으로, 매니지먼트팀이 운영 자금을 조달하는 방식은 장기 총수익 결정에 있어 점점 더 중요한 요소가 되고 있습니다. 경제가 둔화되거나 불황에 들어서면 모든 부동산의 수익성은 일반적으로 하락합니다. 그러나 곧 자세히 살펴볼 이 세 가지 기본적인 외부 및 내재적 요인으로 인해 부동산 섹터 간, 회사 간 주가 실적은 크게 다를 수 있습니다.

부동산 펀더멘탈: 꾸준한 수요를 누리는 '방어적' 부동산 유형들

일부 유형의 부동산은 경제 변화에 영향을 덜 받습니다. 이런 부동산은 필수적 기능을 수행하기에 항상 수요가 존재하기 때문입니다. 이 부동산 유형이 경제를 지원하는 기능이 얼마나 본질적인가에 따라 해당 부동산 유형에 대한 수요는 보다 견고하거나 비탄력적이게 됩니다. 수요 규모에 기복은 있다 해도 완전히 사라지지 않기 때문입니다. (사라질 수도 없습니다.) 산업용 창고나 아파트와 같이 수요가 견고한 부동산을 소유한 리츠는 경제나 비즈니스 사이클에 관계없이 일정한 수익을 창출하거나 상당히 높은 입주율을 유지하므로 낮은 변동성을 보이며 거래되는 경향을 보입

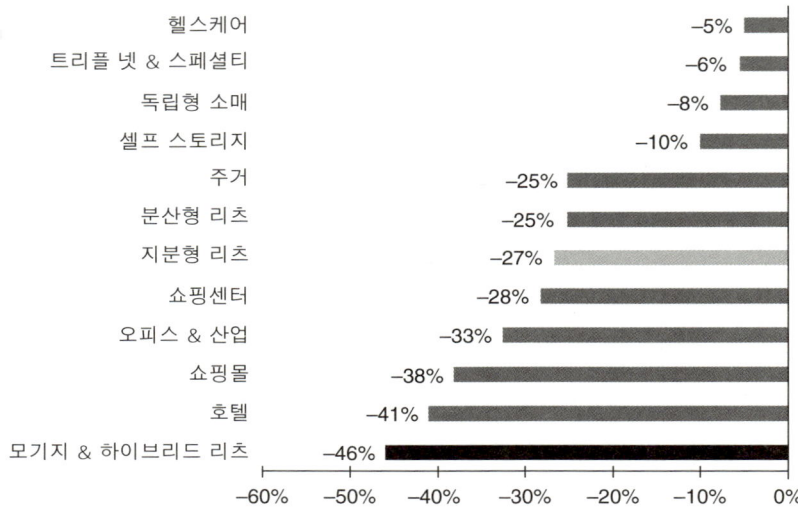

그림 10.8 2007-08 글로벌 금융위기 동안 다양한 부동산 유형의 총수익.
출처: Nareit; S&P Global Market Intelligence.

니다. 이 경향은 특히 경기 침체기에 부각됩니다.

경제가 침체기에 들어설 가능성이 클 경우라면 최근 글로벌 금융위기 시기의 부동산 섹터 수익률을 살펴보기 바랍니다. 그림 10.8에서 볼 수 있듯이, 더 방어적인 부동산 섹터(넷 임대 리츠, 헬스케어, 셀프 스토리지, 산업용 리츠)가 덜 방어적인 자산 유형(쇼핑몰, 오피스, 아파트, 호텔)보다 훨씬 높은 성과를 거두었습니다.

보다 포괄적으로, 표 10.2는 매일 뉴스에 나오는 경제 통계에 비추어 다양한 상업용 부동산 유형에 대한 수요가 일반적으로 어떻게 변화하는지를 요약해 놓은 것입니다. 이 표가 상당히 단순화되어 있긴 하지만, 그래도 투자자가 이 정보를 활용하면 과거의 경기 침체기와 경기 회복기에 다양한 부동산 유형의 실적이 어떠하였는지를 관찰하여 미래의 실적을 예측해 볼 수 있을 것입니다.

표 10.2 부동산 수요에 대한 경제적 동인

경제 지표	공간 수요에 대한 영향		
	직접	간접	없음
실업률 상승	사무실(-) 아파트(-)(+)[a]	산업(-) 리테일(-) 호텔(-) 셀프 스토리지(+)	헬스케어
기업 지출 감소	호텔(-) 사무실(-)	산업(+)[b] 아파트(-)	헬스케어 리테일 셀프 스토리지
소비 지출 감소	산업(-) 호텔(-) 리테일(-)	아파트(-) 사무실(-) 셀프 스토리지(-)	헬스케어
금리 상승	모기지 리츠(-)[c]	아파트(+)(-)[d,e] 산업(-)[e] 호텔(-)[e] 헬스케어(-)[e] 사무실(-)[e] 리테일(-)[e] 셀프 스토리지(-)[e]	

[a] 장기간 실업률이 높을 경우, 일부 주택 소유자가 주택을 팔거나 압류 당하게 되어 임차인이 될 수 있기 때문에 아파트에 대한 수요가 증가할 수 있습니다.

[b] 지속적인 경기 침체 시 시장으로 유입되는 상품의 양이 줄어들어 산업 공간에 대한 수요가 감소할 가능성이 있지만, 단기적으로는 일반적으로 재고가 쌓이면서 산업 공간에 대한 수요가 소폭이지만 단기간 증가합니다.

[c] 금리 상승은 대부분의 mREITs가 투자에서 취할 수 있는 긍정적인 스프레드를 낮출 것입니다. '스프레드'는 리츠가 자본을 투자할 수 있는 대상과 그 자본의 비용 사이의 차이입니다.

[d] 장기 금리 상승은 주택 구입을 덜 저렴하게 만들어 아파트에 대한 수요를 점진적으로 늦출 것입니다.

[e] 금리 상승은 새로운 부채의 이자율이 만기가 되는 부채의 이자율보다 높은 경우, 부채를 재융자해야 하는 모든 리츠에 부정적인 영향을 미칠 것입니다. 그러나 그러한 미래 현금흐름의 불투명성은 리츠의 전체 부채 프로필에 해당하는 것이 아니라 만기가 도래하여 재융자가 필요한 특정 부채에 국한됩니다.

역주. 2024년 2월 현재 한국의 리츠들은 대부분 만기 5년 이하의 단기 부채를 조달해서 운용되고 있기 때문에 잦은 리파이낸싱이 필요하며, 금리 상승은 성과에 심각한 영향을 미쳤습니다.

요약하자면, 투자자는 경제 방향을 정확하게 진단하고 현재와 예상 경제 상황의 수혜를 받을 가능성이 높은 부동산 섹터의 리츠 투자와 관점을 조율함으로써 수익률을 높일 수 있습니다.

각 부동산 유형 내에서 중요한 것은, 입지와 효율성입니다. 3장에서 설명했듯이 부동산에 대한 수요는 건물이 얼마나 완전히 점유되었는지에 따라 측정되는데, 시장에서 경쟁 관계에 있는 유사 건물과 비교될 경우 특히 그렇습니다. 오피스 빌딩 A의 점유율이 90%이고 오피스 빌딩 B의 점유율이 80%에 불과하다면 오피스 임차인에게 있어 오피스 빌딩 A가 B에 비해 더 현대적이며 기능적으로 효율적일 가능성이 높거나 오피스 빌딩 A가 B보다 좋은 위치에 있기 때문일 수 있습니다. 거의 모든 경우에 있어 위치가 좋을수록 임대료가 높기 때문에 빌딩의 평균 임대료 또한 부동산이 얼마나 바람직한지를 가늠하기 위한 투자자의 판단에 도움이 될 수 있습니다. 기반 경제의 확장이나 수축 여부에 상관없이 오피스 빌딩 A가 기능성과 입지라는 경쟁 우위를 가지고 있다면 경제 사이클 전반에 걸쳐 B 빌딩보다 임차인 수요가 높은 데서 오는 혜택을 누릴 수 있습니다. 랜드 시큐리티즈를 설립한 영국의 부동산 거물 해롤드 사무엘 경의 말을 인용하자면 "부동산에서 중요한 것 세 가지가 있다. 입지, 입지 그리고 입지."

임대 기간과 구조가 리츠 수익에 미치는 영향

대부분의 투자자들은 부동산이 후행 지표라는 말을 듣거나 읽은 적이 있을 것입니다. 경제가 어떻든 사무실 건물이나 쇼핑몰이 임대료와 점유율 수준을 높이거나 낮추는 형태로 경제 변화를 반영하는 데는 수개월 또는 수년이 걸립니다. 임대인이 임차인과 협상한 임대 기간이 길수록 좋든 나쁘든 부동산의 현금흐름이 지역 경제의 변화를 반영하는 데는 더 오랜 시간이 걸립니다. 다른 말로 하자면, 부동산은 임대가 있기에 경제에 후행합니다.

> 부동산의 수익은 체결된 임대 계약에 기반하기에 경제에 후행합니다. 임대 기간이 길수록 부동산의 현금흐름이 경제 상황을 반영하는 데 오랜 시간이 걸립니다. 리츠가 채택한 평균 임대 기간과 임대 구조의 유형에 대한 지식은 경제 확장기와 수축기 동안 리츠 주식 가격 예측에 도움이 될 수 있습니다.

기존 임대 계약은 시장에 신규 임대나 부동산 수요가 없는 경우에도 수익을 창출합니다. 경기 변화가 다양한 부동산 유형의 현금흐름에 영향을 미치기까지 걸리는 시간은 각기 다르게 나타납니다. 따라서 리츠가 사용하는 평균 임대 기간과 임대 유형을 파악하여 리츠 주식 매수 및 매도 시기 결정에 참고할 수 있습니다.

예를 들어, 사무실 공간과 관련된 임대 기간이 평균적으로 길다는 점은 경기 침체 초기 단계에서 오피스 리츠가 종종 좋은 성과를 내는 주요한 이유입니다. 이러한 리츠의 몇 년에 걸친 평균 임대 기간은 현재 고용 동향의 영향으로 임대료와 점유율이 하락하는 것을 몇 년간 지연시킵니다. 임대인이 포트폴리오 전체에 걸쳐 임대차 만기를 신중하게 분산시킨다고 가정하면, 5년 임대는 매년 약 5분의 1, 곧 20%의 임대가 만료된다는 것을 의미합니다. 사무실 임대인은 만료되는 임대를 현재 시장 임대료에 맞추고 포트폴리오에 있는 공실을 임대하려 합니다. 경기 침체 초기 단계에서 오피스 리츠 수익률은 기존 임대 계약의 존재로 완충되며, 이 부문은 평균 리츠의 수익률을 능가하는 경향을 보입니다. 반대로 경기 회복 초기 단계에서 오피스 리츠는 리츠 산업보다 저조한 성과를 보이게 되는데, 이는 경제 호황기에 협상이 이루어졌던 임대료가 만료되고 잠재적으로 더 낮은 시장 임대료로 전환되기 때문입니다.

단기 임대 계약을 가진 부동산을 소유한 리츠의 주식은 장기 임대 기간을 가진 리츠의 주식보다 더 큰 변동성을 가지고 거래되는 경향이 있습니다. 일반적으로 초기 임대 기간이 짧은 상업용 부동산을 소유한 리츠는 장기 임대를 하는 리츠

보다 일일 주가의 변동성이 더 큰 경향이 있습니다. 예를 들어, 장기 트리플 넷 리스(triple-net leases)를 운용하는 리츠(5장과 6장 참조)는 장기 임대 기간 덕분에 불리한 경제 시기를 넘어설 수 있는 예측 가능한 현금흐름을 제공합니다. 임대인의 현금흐름을 가로막는 유일한 악재는 임차인이 파산하거나 만료된 임대 계약을 갱신하지 않는 경우입니다. 지역 또는 커뮤니티 쇼핑센터도 대체로 상품 수요가 상당히 비탄력적인 식료품점이나 약국이 입점해 있기 때문에 방어적인 자산으로 간주되는 경향이 있습니다. 반면, 호텔은 고객과의 임대 계약이 없으며, 경제가 둔화될 때 소비자들이 비즈니스 여행 및 레저 여행을 줄이면 높은 공실률을 경험하게 됩니다. 리츠가 사용하는 임대 구조와 기간을 이해하면 투자자들이 기회를 포착하여 전략적으로 투자(opportunistic investments)하는 데 도움이 될 수 있습니다.

> 단기 임대 계약을 가진 부동산을 소유한 리츠의 주식은 장기 임대 기간을 가진 리츠의 주식보다 더 큰 변동성을 가지고 거래되는 경향이 있습니다.

호텔 리츠의 높은 변동성은 투자 기회가 될 수 있습니다. 숙박 수요의 순환적인 특성과 호텔의 임대 계약의 부재가 호텔 리츠가 평균 리츠보다 더 큰 변동성을 가지고 거래되는 주 원인입니다. 이러한 변동성으로 인해 투자자들에게 더 큰 위험이 올 수도 있지만 동시에 잠재적 수익 역시 보다 커질 수 있습니다. 표 10.3에서 볼 수 있듯이 호텔 리츠의 연간 총수익률은 전체 리츠 산업 수익률과 차이가 나는 경향을 보입니다. 예를 들어, 2008년 미국 경제가 침체기에 접어들었을 당시 평균 리츠는 41%의 하락을, 호텔 리츠는 63%의 하락을 보였습니다. 반대로 2009년, 경제가 안정되고 회복세를 보이기 시작하자 평균 리츠는 27% 반등했는데, 이 또한 놀라운 수치이기는 했지만 호텔 리츠의 63% 가격 상승에 비하면 미미한 수준이었습니다.

큰 변동성을 가지고 거래되기 때문에 호텔 리츠는 투자자들이 주가가 낮은 시기에 기회주의적으로 매수하고 주가가 회복되고 기반 경제가 회복될 때 매도할 수 있

표 10.3 호텔 리츠 성과 대비 미국 GDP

	호텔 리츠[a]	모든 지분형 리츠[b]	미국 GDP[c]
1990	-74%	-26%	2%
1991	-14%	25%	0%
1992	-9%	6%	3%
1993	105%	13%	3%
1994	-4%	-4%	4%
1995	21%	7%	3%
1996	43%	26%	4%
1997	25%	13%	5%
1998	-54%	-22%	4%
1999	-29%	-12%	5%
2000	31%	17%	4%
2001	-13%	6%	1%
2002	-5%	-3%	2%
2003	25%	28%	3%
2004	29%	24%	4%
2005	6%	7%	3%
2006	23%	30%	3%
2007	-27%	-19%	2%
2008	-63%	-41%	0%
2009	63%	21%	-3%
2010	38%	23%	3%

[a] 출처: S&P Global Market Intelligence; 가격만을 반영한 호텔 리츠 성과.
[b] 출처: FTSE Nareit Equity REITs Index; 가격만을 반영.
[c] 출처: 미국 경제분석국. 경기 침체 연도는 음영 처리됨.

는 몇 안 되는 부동산 유형 중 하나입니다. 주식시장 타이밍을 맞출 수 있는 사람은 바보와 거짓말쟁이뿐이라는 옛말이 있습니다. 그러나 시간이 지날 수록 호텔 리츠에 대한 반대 투자 전략을 사용하는 것이 가능해 보이며 이를 통해 투자자들이 '고가 매수 후 저가 매도(buying high and selling low)'를 하지 않도록 도울 수 있을 것입니다.

가중평균자본비용과 리츠의 성과

1장에서 평균 이상의 레버리지를 가진 리츠들이 낮은 수준의 부채로 운영되는 리츠에 비해 더 나은 재정적 유연성을 가질 수 없다는 사실을 강조했었습니다. 결과적으로 레버리지가 높은 리츠일수록 기회주의적 투자를 활용하지 못하는 경우가 많았습니다. 연구에 의하면 레버리지가 높은 리츠의 매니지먼트팀은 일반적으로 레버리지가 낮은 동종 업계에 비해 저조한 실적을 보였습니다. 이 장에서는 부채의 잠재적 위험과 리츠의 자본비용에 대한 전반적인 중요성에 대해 알아보고자 합니다.

'부채'라는 단어. 2007-08년의 글로벌 금융위기는 대차대조표가 중요하다는 것을 다소 극적으로 보여주었습니다. S&P 글로벌 마켓 인텔리전스의 분석에 따르면, 2007년에 배당금을 지급하던 128개 리츠 중 대략 3분의 2에 해당하는 84개 리츠가 그로부터 2년간 배당금을 삭감했습니다. 배당을 줄이지 않은 44개 리츠의 포트폴리오(그림 10.9의 유지그룹(Keepers))은 2008년 초부터 2015년까지 135%의 수익률을 보였으나, 삭감그룹(Cutters)의 포트폴리오는 78%의 수익률만을 거두었습니다. 그림 10.9는 이러한 유지그룹 대 삭감그룹 리츠들의 성과를 비교해서 보여줍니다. 뿐만 아니라 그린 스트리트 어드바이저를 비롯한 여러 공신력 있는 회사들이 연구를 통해 낮은 수준의 부채로 사업을 운영하는 리츠가 레버리지가 높은 다른 리츠보다 우수한 성과를 내는 경향이 있음을 입증하였습니다.

44개의 유지그룹 리츠들은 금융위기가 시장을 장악하기 이전인 2007년에는 상대적으로 낮은 부채 수준을 갖고 있었습니다. 구체적으로 2007년 유지그룹 리츠의 EBITDA 대비 부채 배수의 중앙값은 5.67배였고 삭감그룹 리츠들의 경우에는

7.23배였습니다. 글로벌 금융위기 동안 높은 레버리지 수준이 배당금 삭감으로 이어 졌음을 명백하게 확인할 수 있습니다. (EBITDA 대비 부채는 4장과 11장에서 정의 및 논의합니다.)

경쟁 우위 또는 열세 - 자본비용이 왜 중요한가. 레버리지가 높은 리츠가 성과가 부진한 주된 이유 중 하나는 글로벌 금융위기 동안이나 부동산 시장이 아직 회복 중이던 2010년과 같이 시장이 혼란스러운 시기에 대폭 할인된 가격으로 자산을 인수할 기회를 놓치기 때문입니다. 경기 침체나 시장 위기 때 과도한 부채를 가진 리츠는 시장 기회를 활용할 수 있는 재정적 유연성을 갖지 못합니다. 반면 낮은 레버리지를 가진 리츠는 그러한 기회를 활용할 수 있고 또 활용해 내기에 투자자들로부터 더 높은 상대적 평가를 받는 이점을 누릴 수 있습니다.

정상적인 시장 상황에서도 리츠의 가중평균자본비용(WACC)은 주가의 성과에 영향을 미칩니다. 11장에서 보다 자세히 논의하겠지만 WACC는 회사의 부채, 우선주, 보통주 비용을 합산하여 자본의 각 부분에 평균 비용에 따라 가중치를 부여하여 계산합니다. 상당히 단순화된 예를 들어 보자면, KKM 리츠(4장에서 소개)가 가중 평균 이자율이 5%인 미지급 부채 5,000만 달러, 쿠폰 이자율이 6.5%인 우선주 1,000만 달러, 추정 비용이 9%(배당수익률과 예상 이익 성장)인 보통주 1억 달러가 있는 경우 KKM 리츠의 WACC는 7.6%이며, 이는 본질적으로 이 회사의 비즈니스 활동 비용입니다. 신규 투자로 수익을 내기 위해 KKM 리츠는 7.6% 이상의 수익을 낼 수 있는 기회에 자본을 투자할 필요가 있게 됩니다. 부동산 인수 또는 개발 기회를 놓고 경쟁할 때 7.6%보다 낮은 WACC를 가진 리츠는 더 높은 가격을 지불할 수 있어 KKM 리츠보다 경쟁 우위를 가질 수 있습니다. 마지막으로, KKM 리츠의 경영진이 성장에 대한 압박을 느낄 때 수익률은 높지만 품질이 낮은 자산에 투자하는 식의 실수, '강제되지는 않은 오류'를 범할 수 있습니다. 수준 이하의 자산에 자본을 잘못 배분하면 결국 KKM 리츠 주식 가치 평가는 하락할 것입니다. KKM 리츠의 경영진이 의심스러운 투자를 통한 성장을 추구하기보다 부채를 상환하여 WACC를 보다 경쟁력 있는 수준으로 낮출 때 주주들에게 더 큰 이익이 돌아갈 것입니다.

금리 변동 시 리츠의 성과

리츠 성과에 영향을 미치는 미묘한 요인들 중 가장 큰 역할을 하는 요인은 금리 변동입니다. 문제의 핵심은 이자율이 왜 오르거나 내리는지, 그리고 리츠 포트폴리오는 변화에 대응하기 위해 어떻게 준비되어 있어야 하는지를 파악해야 한다는 데 있습니다. 리츠에서 가장 매력적인 매수 기회 중 일부는 투자자들이 금리 상승을 예상하고 리츠 주식을 무차별적으로 매도했을 때 생겨났습니다. 그린 스트리

그림 10.9 배당금을 삭감한 리츠와 삭감하지 않은 리츠의 총수익, 2007-09
출처: S&P Global Market Intelligence.

트가 2018년 보고서 '폭풍을 피할 곳이 없다(No Shelter from the Storm)'에서 논의했듯이, 이러한 투자자의 매도는 '금리가 높아지면 캡레이트가 높아져 [부동산] 가치가 낮아지는 기대 분모 효과' 때문인 경우가 많습니다. 11장에서 설명하겠지만 투자자들은 캡레이트와 부동산 수준의 NOI을 사용하여 부동산의 공정시장가치를 계산합니다. 분모 효과를 지지하는 수학은 단순합니다. 어떤 부동산이 $100의 NOI를 창출하고 5%의 캡레이트로 가치가 평가된다면, 해당 부동산의 현재 가치는 $2,000($100을 5%로 나눈 값)가 됩니다. 금리가 상승하여 자산의 캡레이트가 5.5%로 증가한다면 갑자기 해당 자산의 가치는 1,818달러($100를 5.5%로 나눈 값)가 되어 가치가 9% 감소합니다.

여기서 미묘한 부분은 모든 리츠 주식이 금리 상승 기간 부정적으로 반응한 것은 아니었다는 것입니다. 사실, 그린 스트리트의 보고서 '폭풍을 피할 곳이 없다'에서는 주요 도시 지역과 같이 캡레이트가 낮은, 즉 자산가치가 높은 시장에 부동산을 소유한 리츠들이 금리 상승 시 더 빈번하게 초과 성과를 거두었다는 사실을 발견했습니다. 그들의 결론은 분모 효과를 완화하거나 심지어 완전히 상쇄하는 '강력한 분자 효과가 작용하고 있다'는 것이었습니다. 그린 스트리트가 확인한 분자 효과는 이 장 앞부분에서 논의했던 부동산의 수요 탄력성과 금리를 높이는 요인들과 관련이 있습니다. 금리 인상이 GDP 성장률 상승에 대한 기대에 근거한 것이라면 사무실, 아파트, 호텔, 기타 상업용 부동산 수요 (그리고 미래 현금흐름)도 아울러 증가해야 하며, 특히 최적의 위치에 있는 자산에 대해 그러해야 합니다.

그린 스트리트는 금리 변동과 관련된 리츠 산업계의 성과가 최근 몇 년 동안 급격하게 변화해 왔으며, 리츠 주식이 과거와 움직임이 달라졌다는 것도 밝혀냈습니다. 그린 스트리트는 2018년 보고서인 '인식의 현실화(Perception Becomes Reality)'에서 금리 급등이 여러 차례 있었던 1998년부터 2011년까지의 30년 동안을 분석하여 미국 국채 금리 변동과 리츠 성과 사이에 통계적 관계가 존재하지 않음을 보였습니다. 또한 2012년 이래로 리츠의 단기 성과가 금리의 움직임에 훨씬 더 민감해

졌음을 확인해 주었습니다. 이자율에 대한 리츠 주식의 민감도 변화가 그림 10.10에 있습니다.

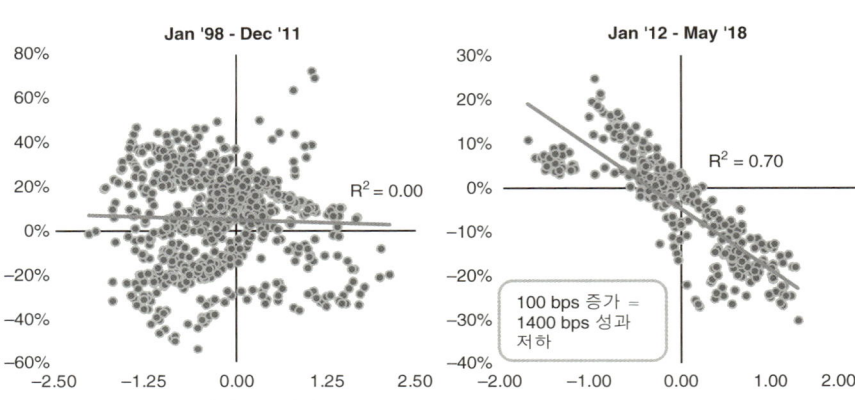

그림 10.10 리츠 성과의 이자율 변동에 대한 민감도가 증가
출처: Green Street Advisors, 2018년 6월 13일자 'Perception Becomes Reality' 보고서.

그린 스트리트의 보고서에서 '특정 부동산 부문의 금리와 전망 변화에 대한 민감도가 경기 민감도와 임대 기간의 함수'라는 것도 확인되었습니다. 숙박업은 금리가 상승할 때 성과가 좋은 것으로 나타난 반면, 의료 및 순임대는 투자자들이 이를 '채권 대용 (bond proxies)'으로 거래하기에 금리 상승에 가장 부정적인 영향을 받는 업종에 속하는 것으로 나타났습니다.

> "떨어지는 칼날을 잡으려고 하지 마십시오." 미래 경제 성장에 대한 광범위한 불확실성(예: 2020년 COVID-19 대유행 또는 2007-08년의 글로벌 금융위기)으로 주식시장이 극도로 위험 회피 모드로 들어서면 대다수 기업들의 주가가 상당 기간 하락세를 보입니다. 투자자들은 인내심을 갖고 너무 일찍 주식을 매수하지 말아야 합니다. 일견 '저가'로 보여지는 것들이 시장이 안정화되고 회복되기 전에 더 저렴해질 수도 있기 때문입니다.

마지막으로, 그린 스트리트는 "오늘날의 금리와 리츠 사이의 극단적 상관관계는 과잉 반응이다"라고 지적했습니다. 다시 말해, 리츠 주식시장은 때로 비효율적인데 특히 단기적으로 더욱더 그렇다는 것입니다. 광범위한 경제 불확실성으로 리츠를 포함하여 모든 주식이 하락하는 환경(rist-off environment: 투자자들이 위험을 회피하려는 환경)에서는 리츠에 대한 새로운 투자를 고려하는 투자자들은 인내심을 가지고 매수 전에 주가가 바닥에 도달했는가를 살펴보아야 합니다. (월스트리트의 오랜 거래 관련 격언으로 "떨어지는 칼날을 잡지 마라!"가 있습니다.) 반대로, 경제 성장에 따른 금리 인상을 예상하는 시장으로 인한 리츠 주식에 대한 투매는 대개 장기 리츠 투자자들에게 탁월한 매수의 기회였음이 입증되었습니다. 따라서 투자자들은 금리 변동 기간 제대로 된 지식을 가지고 리츠 매수 및 매도 결정을 내림으로써 전반적인 수익률을 높일 수 있습니다.

이 장에 인용된 그린 스트리트의 모든 통찰과 분석은 정보 제공의 목적으로만 제공된 것이기에 금융 상품, 부동산, 또는 투자에 대한 구매 또는 판매를 위한 투자 조언이나 제안 또는 권유로 해석될 수 없습니다.

결론

지난 30년 동안 리츠는 모든 투자자가 이용할 수 있는 유동성 있는 기관 투자 클래스의 투자 수단으로 발전해 왔습니다. 유동성이 커지며 변동성도 커지는데 이를 적절히 이해하고 해석하면 더 높은 수익으로 이어질 수 있습니다. 산업계가 발전하면서 광범위한 업계 동향보다 부동산 펀더멘탈과 기업별 특성이 점점 더 리츠 주식의 성과를 주도하고 있습니다. 부동산 유형의 수요와 공급, 시장 위치, 임대 구조, 재정적 유연성 등이 다양한 경제 환경에서 부동산 유형, 즉 근본적인 수요를 가장 지배적인 요인으로 하여, 개별 회사 수익을 집합적으로 결정합니다. 또한 임차인 수요가 상대적으로 비탄력적이고 최고 입지의 부동산을 소유한 리츠는 금리 상승기에 더 높은 성과를 보입니다. 투자자들은 경제 동향에 대한 전망과 개인이 위험을 감내할 수 있는 한도에 기반하여 리츠를 선택해야 할 것입니다.

11장

리츠 분석하기

　　이 장에서는 투자자가 리츠를 평가하기 위해 필요한 성과 지표 및 가치 지표에 대해 설명하고자 합니다. 이들 측정값을 조합해서 사용하여 리츠의 재무 유연성, 배당 안전성, 장기 성장 전망 및 현재 밸류에이션에 대한 통찰력을 얻을 수 있습니다.

　　개별적 분석이든 비교 목적 분석이든 리츠를 분석할 때 항상 맞닥뜨리는 문제 중 하나는 표준화된 보고가 없다는 것입니다. 상장된 각 리츠는 분기별로는 Form 10-Q 레포트를 제출하고 연간으로는 Form 10-K를 SEC에 제출합니다. 이 보고서는 회사의 역사와 함께 최신 재무 성과 및 자본배분 정보(예: 인수, 처분, 자본 조달 등)에 대한 요약을 제공합니다. 리츠는 GAAP에 따라 결과를 보고하지만, 리츠 분석에 사용되는 기본 수익성 지표는 GAAP 지표가 아닌 FFO(Funds From Operations)로 알려진 부가적인 지표입니다. 가장 기본적인 형태의 FFO는 리츠의 순이익(GAAP에 따라 계산)에 부동산과 관련된 감가상각 및 상각비(비현금성 비용)를 더하여 금액을 계산합니다. 순이익과 감가상각의 조정은 모두 리츠의 10-Q 및 10-K 리포트에 나오는 연결손익계산서에서 찾아볼 수 있습니다. 혼동이 시작되는 이유는 동일 섹터의 리츠조차도 사업을 성장시키고 주주를 유치하기 위한 전략과 전술이 다르기 때문입니다. 어떤 리츠는 백지장에서 시작해서 새로운 빌딩을 개발해 내지만 어떤 리츠는 그렇지 않습니다. 어떤 리츠는 기회가 올 때마다 건물을 팔아 포트폴리오를 정리하지만 다른 리츠는 그렇지 않습니다. 어떤 미국 기반 리츠는 다른 국가에서 자산을 운영하지만 대부분은 그렇지 않습니다. 이러한 차이들이 리츠 고유의 위험성과 공개 정보의 다양성을 창출합니다. 그 결과 거의 모든 리츠들이 Nareit 양식으로 FFO를 보고합니다만 그럼에도 불구하고 다수의 리츠들은 경영진이 수익성을 더 정확하게 반영한다고 믿는 '핵심(Core)' FFO(다르게 이름 붙여질 수도 있음) 계산을 제공하고 있습니다. 핵심 FFO 및 Nareit FFO는 각 회사의 분기별 추가 정보 패키지에서 쉽게 찾아볼 수 있습니다.

따라서 회사의 실적 발표 및 SEC 제출 보고서 외에도 투자자들은 리츠 대부분이 제공하는 추가 정보 패키지(종종 SEC에 양식 8-K로 제출)를 읽을 필요가 있습니다. 리츠는 비즈니스를 이해하고 예측하기 위해서 GAAP는 아니지만 유용한 보충적 계산 및 지표들을 제공합니다(이것들은 GAAP과 호환될 수도, 그렇지 않을 수도 있습니다). 대부분의 회사들은 회사의 웹사이트에 보도자료와 함께 모든 SEC 서류를 게시하고 있습니다.

운영 지표

리츠 운영의 상대적 우위 평가에 사용되는 지표들에는 여러 가지가 있습니다. 다음으로, 리츠 이해에 도움이 되는 주요 운영 지표(Operating Mertics)를 소개합니다.

NOI

리츠의 NOI는 매출에서 매출원가를 뺀 금액과 비슷하다는 점에서 C-corporation의 총 이익과 유사합니다. 매출원가는 빌딩 운영과 관련된 직접 비용이라고 생각할 수 있습니다. 표 11.1에서 볼 수 있듯이 NOI는 임대 수익의 총합에서 부동산 관리 비용, 유지 보수, 세금 및 보험을 포함한 모든 부동산 운영 비용을 뺀 것과 같습니다. (새로운 리스 회계 기준인 ASC 842와 관련된 리스 용어 및 리스 공시의 최근 변경 사항에 대한 개요는 5장을 참조하십시오.) 다른 말로 하면, NOI는 리츠의 기업 간접비 또는 자금 조달 등의 영향을 제외한 오직 부동산에서 나오는 이익만을 측정합니다.

NOI 마진. 비리츠 회사의 총 마진과 마찬가지로 리츠의 총 마진은 매출에서 부동산 운영 비용을 초과하는 비율을 보여줍니다. 시간이 지남에 따라 리츠의 NOI 마진이 증가했다면 임대료가 상승했거나 (에스컬레이션이나 임대 계약 갱신 시 임대료 협상을 통해) 비용 절감 및 더 나은 비용 통제 조치를 구현했다는 것을 알 수 있습니다. 결론은 NOI 마진이 높을수록 부동산의 수익성이 높아진다는 것입니다. 아래 예는 표 11.1의 숫자를 사용하여 NOI 마진을 계산합니다.

$$\text{NOI 마진} = \frac{\text{NOI}}{\text{총 임대 수익}} = \frac{\$25.00}{\$45.00} = 56\%$$

마지막으로, NOI는 리츠 간 비교가 힘들 수도 있다는 것을 이해해야 합니다. 부동산 운영 비용에 포함된 기업 간접비 금액(만약에 있는 경우)에 차이가 있기 때문입니다.

표 11.1 NOI 계산 방법

부동산 운영으로부터의 수익		$40.00
+	기타 수익 (예: 월간 주차료 수입)	5.00
총 임대 수익		45.00
−	부동산 운영 비용 (부동산 매니지먼트 수수료 포함)	(15.00)
−	세금 및 보험료	(5.00)
NOI		$25.00

동일 매장 NOI(Same Store NOI, Organic NOI: 본연적 NOI)

소매업에서 차용한 동일 매장 NOI라는 용어는 일반적으로 리츠가 12개월 이상 소유 및 운영한 자산의 수익, 운영 비용 및 순운영이익을 의미합니다. 최근에 취득하거나 개발한 부동산에서 생성된 수익성과 최소 12개월 동안 소유한 자산의 수익성을 분리하면 투자자는 리츠 관리팀이 자산을 운영하는 데 얼마나 유능한지 측정할 수 있습니다. 동일 매장 NOI의 증가는 '본연적' 성장 또는 '내부' 성장이라고 합니다(기술적으로는 이를 반드시 내부적이라고 할 수는 없습니다). 반면에 새로 인수 또는 개발된 건물에서 발생하는 수익성의 증가는 종종 '외부' 성장이라고 합니다. 각각의 리츠마다 부동산을 동일 매장 포트폴리오로 분류하는 방법에 대해 약간의 차이가 있을 수 있습니다. 일반적으로 회사가 해당 연도의 1월 1일 기준으로 12개월 동안 자산을 소유하고 운영하면 해당 자산이 동일 매장 포트폴리오에 추가됩니다.

리츠의 동일 매장 NOI의 성장은 리츠 경영진이 새로운 자산을 구매하거나 구축하지 않고도 내부적으로 또는 '본연적으로' 수익을 늘릴 수 있는 능력을 측정합니다. 임차인의 임대료에 포함된 계약 인상, 더 높은 또는 더 낮은 시장 임대료로 공간의 만료 및 재임대, 점유 수준의 변화로 인해 동일 매장 NOI가 증가 또는 감소하게 됩니다. 이러한 변수 중 임차율의 변화는 비어 있는 공간에서 더 이상 임대 수익을 받지 못할 뿐만 아니라 세입자가 상환하지 않는 기본 운영 비용을 임대인이 지불해야 하기 때문에 동일 매장 NOI 변동의 주된 동인입니다. 이러한 비용은 임대 공간의 기온을 적절하게 유지하기 위한 기본 전기세(너무 추우면 벽체에 균열이 일어나거나 파이프가 파열되고, 너무 덥거나 습하면 곰팡이가 침투할 수 있음), 재산세 및 보험입니다. 기본 운영 비용은 공간이 임차되었을 경우에 발생하는 비용만큼 높지는 않지만 이를 세입자에게 전가할 수 없기 때문에 건물에 대한 집주인의 운영 마진이 상당히 저해됩니다.

공실율이 임대인의 영업 마진에 가하는 원투 콤비네이션 펀치(수익 손실과 운영 비용 증가) 때문에 부동산 부문에 대한 수요 프로필은 장기적 성과를 측정하기 위한 주요 팩터입니다. (3장과 10장을 참조하십시오.) 간단히 말해서, 공실이 생긴다면 수익성이 없습니다. 경기 침체기에도 수요가 안정적으로 유지되는 부동산 유형이 속한 부문은 다른 부동산 부문의 성과를 능가하는 경향이 있습니다.

리츠의 '이익 성장(Earnings Growth)'은 'FFO 성장(FFO Growth)'

리츠는 다른 기업들과 마찬가지로 이익 성장을 비교 기간의 전년도 결과와 비교하여 가장 최근 보고 기간 이익의 퍼센트 변화로 계산합니다. 비리츠 C-corporations는 성장을 주당 순이익(EPS)의 변화로 측정합니다. 리츠는 성장을 운영 자금(FFO)의 전년 대비 변화로 측정합니다.

Nareit는 1991년에 리츠 운영 성과의 보완 척도로 FFO를 만들었습니다. 2003년에 SEC는 FFO에 대한 Nareit의 정의를 수익의 보조적 지표로 공식 인정했습니다. 리츠의 이익을 언급할 때 분석가와 투자자는 순이익이나 EPS가 아닌 FFO 및 주당 FFO를 언급합니다. 따라서 리츠 이익 성장을 FFO 성장이라고 하며 다음과 같이 계산됩니다.

$$\text{리츠 FFO 성장} = \left[\left(\frac{\text{당기 주당 FFO}}{\text{전년 동기 주당 FFO}} \right) - 1 \right] \times 100$$

리츠는 동일 매장 성장과 부동산 취득 또는 개발에서 파생된 외부 성장을 결합하여 FFO를 늘리고, 판매된 부동산과 관련된 FFO를 뺀 금액으로 운영 자금 조달에 사용되는 자본 및 부채 비용을 차감합니다. 많은 리츠는 또한 건물에서 발생하는 이익이 아닌 별개의 '기타 소득'을 가지고 있습니다. 1999년 리츠현대화법 이후 리츠는 과세대상 리츠 자회사(Taxable Reit Subsidiaries: TRS)를 통해 다른 사람에게 임차인 서비스 또는 자산관리를 제공할 수 있는 더 많은 유연성을 갖게 되었습니다. (자세한 내용은 8장과 10장을 참조하십시오.) 이 법안이 발효된 이후 많은 리츠는 이제 부동산 관련 서비스 및 사업에서 소액의 추가 수입을 얻습니다. FFO에는 리츠의 일반비용과 관리비용(General and Administrative: G&A)도 포함됩니다. 동일한 부동산 유형에 속한 여러 리츠의 관리팀의 효율성을 비교하기 위해서는 부동산 수익 대비 G&A의 비율을 비교하는 것이 가장 쉽고 빠른 방법입니다. 마지막으로, EPS와 마찬가지로, 주당 FFO 역시 이자 비용 증감이나 주식 수의 증감으로 인한 리츠의 자본 구조 변화를 설명합니다.

다른 산업과 마찬가지로 이익의 질이 건전하다면 일반적으로 더 높은 이익 성장은 더 높은 밸류에이션을 받게 됩니다. 리츠의 경우 투자자는 일반적으로 '더 나은 품질'의 이익, 즉 부동산 소유 및 임대 사업에 기반한 이익에 더 높은 배수를 부여합니다. 투자자들은 일반적으로 가맹점 개발이나 제3자 자산관리 활동으로 인한 소득과 같이 예측하기 어려운 비즈니스 영역에서 발생하는 이익에 대해 더 낮은 평가를 내립니다.

선별 도구로 쓰이는 경영진의 과거 실적

한 리츠의 관리팀을 다른 팀과 정량화시켜 비교할 수 있는 불변의 간단한 방법은 없습니다. 그러나 더 나은 고위 경영진일수록 시간이 지남에 따라 주주들에게 평균 이상의 동일 매장 NOI 성장과 월등한 연간 총 이익률을 창출해 줍니다. 과거 보고된 5년 이상의 동일 매장 NOI 성장률과 연간 총 이익률을 동종 기업의 결과와 비교해 경영진의 성과를 평가하면 평가 대상인 리츠가 유사 리츠와 비교하여 성과가 동등하거나, 수준 이하이거나 또는 그 이상인지를 신속하게 평가할 수 있습니다. 이 책 마치는 글의 추가 자료 섹션에 S&P Global Market Intelligence의 웹사이트가 있으며, 여기에는 1990년대 중반으로 거슬러 올라가는 개별 리츠에 대한 과거 동일 매장 및 기타 데이터에 대한 보다 자세한 데이터베이스가 있습니다. Nareit의 웹사이트 www.reit.com에는 연간 총 이익률을 포함한 기업들의 과거 데이터가 있습니다.

이익성 지표(Profitability Metrics)

다른 C-corporations와 마찬가지로 리츠는 GAAP에 따라 계산된 순이익과 EPS를 보고합니다. 그러나 GAAP에 따르면 리츠는 자산의 내용연수(useful life) 동안 자산 비용(토지 비용으로 할당된 금액 제외)을 감가상각해야 합니다. 주식 리츠는 주로 부동산에 투자하기 때문에 감가상각은 매우 큰 비현금성 비용이며, 심지어 NOI보다 더 클 수 있습니다. 그 결과 리츠는 손익계산서에 주당 순이익이 아니라 주당 순손실을 보고하는 사태가 일어날 수도 있습니다. 부동산의 감가상각에도 불구하고 위치가 좋은 부동산은 시간이 지남에 따라 가치가 상승하는 경향이 있습니다.

1991년, GAAP 규칙과 부동산의 현재 시장가치 간의 불일치를 해결하고 주식 리츠 성과를 측정할 수 있도록 하는 일관되고 모두에게 인정될 수 있는 보충적 산업 표준을 제공하기 위해, 리츠 커뮤니티는 운영 성과의 보조 척도로 FFO를 채택했습니다. FFO 및 두 가지 추가적 보충 성과 지표인 조정된 FFO(adjusted FFO: AFFO) 및 분배 가능한 현금 또는 자금(Cash Available for Distribution: CAD 또는 Fund Available for Distribution: FAD)은 다음 단락에 설명되어 있으며, 표 11.2는 '주주에게 배당가능한 순이익'을 CAD 추정치와 맞추기 위해 필요한 주요 조정을 보여줍니다. (서로 다른 리츠의 운영 방식에 따라 더 많은 조정이 있을 수 있으며 투자자는 각 리츠의 추가 정보 패키지를 참조하여 모든 것이 올바르게 설명되고 있는지 확인해야 합니다.)

FFO(Funds From Operations, 운영 자금)

FFO는 1991년 리츠업계에서 만들어지고 2003년 SEC에서 인정된 리츠 이익의 지표입니다. 보충적 지표임에도 불구하고 매우 광범위하게 사용되는 지표입니다. 이 주제에 대한 Nareit의 최신(2018년 12월) 백서에 따르면 FFO는 다음과 같습니다.

표 11.2 GAAP 순이익에서 CAD까지의 조정

일반 주주에게 귀속되는 순이익(손실)[a]

\+   우선주 및 우선 유닛 소유자에게 지급된 우선 배당

순이익[a]

\+   부동산 감가상각 및 상각

\-   판매된 부동산 자산의 매각 이익, 소득세 제외

\+   부동산 자산에 대한 손상차손

±   비지배 이자와 관련된 FFO 조정[b]

Nareit 정의에 따른 회사 차원의 FFO

\-   반복적인 자본 지출[c]

±   임대료 직선화 조정[d]

\+   주식 보상의 상각

\+   융자 비용의 상각

±   일회성 항목, 예를 들어 부채 조기 상환에 따른 손실

조정된 FFO(AFFO)

\-   자본화된 이자 비용

\-   예정된 부채의 원금 상환[e]

배분 가능 현금(CAD)

[a] 일반 주주에게 귀속되는 순이익에서 시작하는 경우, FFO와 조정된 FFO를 계산하기 전에 "순이익"으로 조정하십시오. 부채에 대한 이자 지급처럼 우선주 배당금과 우선주 배당은 순이익과 FFO를 주주가 아닌 다른 당사자에게 배분하는 것으로, 일반 주주에게 귀속되는 순이익과 일반 주주에게 귀속되는 FFO에서 제외됩니다. 따라서 일반 주주 및 지분 소유자에게 귀속되는 희석된 FFO(diluted FFO)를 계산할 때는 Nareit 정의 FFO에서 우선주 배당금과 배당을 뺍니다(표 11.3 참조).

[b] 이는 일반적으로 리츠가 지배적인 이해관계를 소유하지 않는 파트너십 및 합작 투자입니다.

[c] "교체 자본 지출(capex)"라고도 하는 반복적인 자본 지출은 공간 임대에 소요되는 자금(예: 임차인 개선 및 임대 대리인에게 지급된 임대 커미션)과 기계류 및 냉난방환기(HVAC) 장치와 같이 비구조적인 건물 요소의 교체를 포함합니다. 비반복적인 자본 지출은 부동산에 가치를 더하거나 수명을 연장하며, 부동산 확장이나 주차 데크 건설 같은 주요 구조적 항목을 포함합니다. 반복적 및 비반복적 자본 지출 항목 모두가 일반적으로 자본화되어 건물의 기준가(basis)를 증가시키고 그 후 상각됩니다. 그러나 AFFO를 계산할 때는 반복적인 자본 지출만 공제됩니다.

[d] GAAP "발생주의 회계"에 따라, 그리고 5장에서 논의된 바와 같이, 리츠는 각 임대에 대해 계약상 받을 수 있는 임대료를 "직선화"합니다.

[e] 만기 시 원금 상환이나 만기 납입액(balloon payment)은 제외합니다.

GAAP에 따라 계산된 순이익은 다음을 제외합니다.

- 부동산과 관련된 감가상각 및 상각
- 부동산 자산의 손익
- 통제권 변경으로 인한 손익
- 특정 부동산 자산의 손상상각. 법인에 대한 투자의 손실상각이 법인이 보유한 감가상각 가능한 부동산의 가치 하락에 직접적으로 기인하는 경우

> 많은 리츠는 Nareit의 백서 정의보다 개별적 운영을 더 잘 반영하는 '핵심(core)' FFO를 보고합니다. 회사를 비교할 때 투자자는 주요 차이점을 인식하고 조정해야 합니다. S&P Global은 각 리츠를 더 비교 가능하게 만들기 위해 각 리츠에 대해 '정규화된 FFO(normalized FFO)'를 계산합니다.

FFO 조정 항목에는 연결된 부분 소유 기업의 수입에 대한 조정과, 비연결 계열사의 이익 지분에 대한 조정이 포함됩니다. 대안으로, 이러한 조정을 한 줄 항목(single line item)에 표시할 수 있습니다. 어떤 경우든 부분적으로 소유한 기업의 FFO는 Nareit FFO 백서에 따라 계산되어야 합니다.

대다수의 지분 리츠는 Nareit의 정의에 따라 FFO를 측정하지만, 이렇게 보고되는 FFO가 적용되는 증권들은 서로 다릅니다(예: 주식 증권, 보통주, 보통주에서 비지배 지분이 보유한 주식을 뺀 것). 각 지표는 Nareit에서 정의한 FFO를 나타낼 수 있지만 해당 증권에 대한 정확한 라벨링이 중요합니다. 따라서 모든 FFO 보고에서 FFO 지표와 GAAP 이익 지표에 레이블을 지정할 때 주의를 기울여야 합니다. 이는 SEC가 요구하는 Nareit FFO로부터 GAAP 이익을 도출하는 조정에서 특히 그렇습니다.

리츠는 기업에 귀속되는 Nareit FFO와 일반 주주에게 귀속되는 Nareit FFO를 보고할 수 있습니다. 이러한 측정값들은 라벨이 정확하게 지정되어 있는 한, 모두 다 FFO의 백서 정의에 따라 보고됩니다. 리츠에 우선주 또는 우선주 OP 유닛이 있는 경우 순이익은 보통주 및 유닛 보유자에게 배당될 수 있는 순이익보다 높습니다. 이러한 경우 표 11.3과 같이 희석된 FFO를 계산하는 데 사용되는 분자를 계산하기 위해 이러한 투자자에게 지급되는 우선 배당금과 분배금을 뺍니다. (분모에는 보고 기간 말에 발행된 리츠의 보통주와 보통주 OP 유닛이 포함됩니다.)

조정된 운영 자금

조정된 운영 자금(AFFO)은 임대료의 정액 조정 같은 비현금 GAAP 회계 규칙 및 반복적인 자본 지출에 대해 조정되기 때문에 FFO보다 리츠의 배당금 지급 능력을 측정하기에 더 나은 지표입니다(표 11.2의 각주 c와 d 참조). AFFO는 상각 비용(이는 비현금 항목)을 FFO에 더한 다음 반복적 또는 대체적 자본 지출의 '정규화

표 11.3 Nareit에 따른 희석 FFO 계산 (우선주 투자자 조정 포함)

순이익[a]
- \+ 부동산 관련 감가상각 및 상각
- ± 특정 부동산 자산의 매각으로 인한 (이익) 손실
- ± 지배권 변경으로 인한 (이익) 손실
- \+ 특정 부동산 자산 및 단체에 대한 투자 손상차손, 단체가 보유한 감가상각 가능 부동산 가치의 감소에 직접 기인할 때
- ± 비지배 이자와 관련된 FFO 조정[b]

Nareit 정의에 따른 회사 차원의 FFO
- \- 우선주 주주 및 우선 유닛 보유자에게 지급된 배당금 및 배분

일반 주식 및 일반 OP 유닛 보유자에게 할당되는 희석 FFO[c]

[a] GAAP에 의해 정의된 순이익. 우선주 주주에게 배당금 지급 및 우선주 단위 보유자에게 배분하기 전.
[b] 이는 일반적으로 리츠가 지배적인 이해관계를 소유하지 않는 파트너십 및 합작 투자입니다. 이는 다른 조정 항목의 일부로 보고되거나 이 표에서와 같이 별도의 항목으로 공개될 수 있습니다.
[c] 이는 주당 희석 FFO를 계산하기 위한 분자가 됩니다.

된 수준(normalized level)'를 빼고 정액 임대료를 조정하여 계산됩니다.

반복적 자본 지출의 예로는 공간을 임대하기 위해 지불하는 임대 수수료 및 임차인 개선이 포함되며, 둘 다 자본화한 다음 임대 기간 동안 상각합니다(다시 말해 평균화합니다). 지난 3년에서 5년의 과거 데이터를 관찰하면 각 리츠에 대한 합리적인 수준의 반복적 자본 지출을 추정하는 데 도움이 됩니다. 반복되는 자본 지출 정보는 일반적으로 리츠가 분기별 보충 패키지로 제공하는 AFFO 조정 정보에서 찾을 수 있습니다. 미래 지출을 추정하려면 평균 연간 반복 자본 지출을 각 연도의 평균 점유 평방피트로 나눈 다음 그 결과로 나온 '평방피트당 자본 지출' 숫자에 향후 몇 년 동안 예상되는 점유 평방피트의 양을 곱합니다. 이 계산에서 평방피트에는 리츠에서 현재 서비스 중인 포트폴리오와 관련된 공간만 포함되어야 합니다. 개발 중인 면적 및 개발을 위한 비용(세입자 개선 및 임대 유치를 위해 약정된 커미션 포함)은 포함되어서는 안 됩니다.

마지막으로, 일회성 항목의 효과를 되돌려야 합니다. 예를 들어 리츠가 우선주를 상환할 때 상각되는 수수료를 조정하는 것이 일반적입니다. 이 비용은 리츠가 우선주를 발행할 때 발생한 본연적 인수 비용입니다. 그것들은 상환에 수반되는 비현금 비용이며 반복되지 않습니다. 따라서 AFFO를 계산할 때는 제외하는 것이 타당합니다.

분배 가능한 현금

많은 투자자와 분석가가 AFFO를 리츠의 잉여 현금흐름(free cash flow)의 척도로 언급하지만 분배 가능한 현금(Cash Available for Distribution: CAD)이 보다 정확한 척도이며 리츠가 배당금 지급에 사용할 수 있는 현금을 더 잘 측정합니다. CAD는 담보 부채에 대한 자본화된 이자 비용과 원금상각을 빼서 계산합니다. 여기에는 부채가 만료되어 상환되는 원금이 빠집니다. 이러한 '벌룬 지불(balloon payment)'¹ 은 회사의 현금흐름 보고서의 재무 활동 섹션에 따라 설명되며 일반적으로 만기와 함께 새로운 부채로 재융자됩니다. (자세한 내용은 이 장의 뒷부분에 있는 "부채 만기 일정"을 참조하십시오.) 모든 애널리스트나 투자자가 CAD를 계산하기 위해 많은 노력을 기울이는 것은 아닙니다. Nareit는 현재 이에 대한 의견을 제시하지 않고 있습니다. 결과적으로 투자 커뮤니티가 AFFO를 사용하여 리츠 배당금의 안전성을 평가합니다.

대차대조표 지표 및 분석

리츠의 대차대조표는 배당금의 안전성 또는 리츠의 FFO 성장 능력에 대한 중요한 정보를 제공합니다. 다음 지표를 통해 투자자는 리츠의 재무 유연성을 평가할 수 있습니다.

레버리지

레버리지는 부동산 구매의 일부를 조달하기 위해 부채를 사용하는 것입니다. 리츠 산업은 수십 년 동안 점진적으로 레버리지를 줄였습니다. 1990년 이전에는 부동산 회사가 부동산 가치의 80% 이상을 부채로 조달하는 것이 드문 일이 아니었습니다. 건물을 취득하거나 개발하기 위해 높은 레버리지(레버리지 업)를 사용하면 더 높은 자기자본 수익률과 획기적인 주당 FFO 성장이 발생합니다. 그러나 그것은 또한 상당한 위험을 추가하며, 역사적으로 경기 침체와 결합될 때 많은 부동산 기업 파산

---

1 역주. 벌룬 지불은 부채의 원금을 갚아 나가지 않고 남겨 놓았다가 채무 만기에 한번에 갚는 것을 뜻합니다. 이와 반대되는 개념이 원금분할상환 대출(Amortized Loan)인데 일반인들의 주택모기지는 대부분 이에 해당됩니다. 예를 들어 모기지를 갚아 나갈 때 매달 내는 금액에 이자 비용뿐 아니라 원금이 포함되어 매달 일정 금액을 내면 만기에 원금이 모두 상환되도록 만들어져 있습니다. 이와 반대로 원금 상환 없이 이자만 지불하거나, 원금을 모두 갚지 않는 부채는 만기에 남은 원금을 한번에 상환해야 합니다. 대부분의 은행은 신용이 불충분한 개인에게 상환기일까지 큰 원금이 상환되지 않고 남아 있는 것을 선호하지 않으며, 이자율 역시 원금분할상환 대출이 적용되는 쪽이 더 낮습니다.

의 근본 원인이 되었습니다. 2000년대에는 레버리지가 다시 활기를 띠었지만 2007년 글로벌 금융위기가 전개되기 시작했을 때 과잉 레버리지를 사용한 많은 집주인들은 좋지 않은 결과에 직면했습니다. 부동산 회사나 리츠의 재무 건전성을 평가할 때 투자자는 더 많은 부채는 더 많은 위험과 같다는 사실을 기억하고 싶을 것입니다.

일반적 부동산 시장과 달리 리츠는 부채에 의한 자금 조달을 꺼리는 보수적인 접근 방식을 유지해 왔습니다. 2006년 12월 31일 현재 리츠업계의 총장부가치 대비 평균 부채비율은 57%였습니다. 2007년과 글로벌 금융위기로 접어들면서 FTSE Nareit All Reits Index를 구성한 130개 리츠 중 오직 하나의 리츠, General Growth Properties(구 NYSE: GGP)만이 챕터 11 파산법에 따라 구조조정되었습니다. 4장에서 논의한 바와 같이, 2006년 말 General Growth의 유형장부가치(tangible book value) 대비 부채비율은 74%로 업계 평균보다 17% 포인트나 높았습니다.

총 시가총액 대비 부채비율

Nareit에 따르면 2019년 12월 31일 현재 주식 리츠의 평균 시가총액 대비 부채비율은 27.5%입니다. 이 비율은 회사의 총 미지급 부채를 총 시가총액으로 나누어 계산합니다. 총 시가총액은 다음의 합계입니다.

- 총 미지급 부채
- 발행 우선주의 청산 가치. 주당 또는 유닛당 청산 가치(일반적으로 $25)에 우선주 및 유닛의 수를 곱한 값으로 계산됩니다. 회사의 보충 패키지와 정기 SEC 제출의 각주에는 일반적으로 우선주 및 우선 유닛의 청산 가치가 포함되어 있습니다.
- 리츠의 주식 시가총액(Equity Market Cap: EMC). 현재 주가에 모든 보통주와 OP 유닛의 합계를 곱한 값으로 계산합니다.

$$EMC = (일반주 + OP\ 유닛) \times 현재\ 주가$$

이로부터 만들어진 시가총액 대비 부채를 계산하는 공식은 다음과 같습니다.

$$총\ 시가총액\ 대비\ 부채 = \frac{총\ 미상환\ 부채}{총부채 + 우선주\ 청산\ 가치 + 주식\ 시가총액}$$

4장에서 논의한 바와 같이 총자본 대비 부채비율은 리츠의 현재 주가에 따라 매일 변경되므로 레버리지가 과대 또는 과소평가됩니다. 리츠의 레버리지에 대한 보다 정확한 정보를 얻으려면 총장부가치 대비 부채비율을 계산해야 합니다.

유형 장부가치 대비 부채비율

유형 장부가치는 다음 방정식과 같이 리츠의 재무제표 대차대조표에 기재된 총자산에서 영업권(goodwill) 또는 무형자산(intangible asset)을 빼고 누적된 감가상각(depreciation) 및 상각비(amortisation)(일반적으로 재무제표의 각주에 나열)를 더하여 계산할 수 있습니다.

$$유형\ 장부가치\ 대비\ 부채 = \frac{총\ 미상환\ 부채}{(총자산-무형자산) + 누적\ 감가상각}$$

S&P Global에 따르면 2019년 9월 30일 FTSE Nareit All Reits index에서 리츠의 평균 유형 장부가치 대비 부채비율은 44%였습니다.

리츠의 레버리지를 평가하기 위해 유형 장부가치 대비 부채비율을 사용할 때 한 가지 주의해야 할 것이 있습니다. 완전히 감가상각된 임차인 개선(TI)의 처리에 관한 GAAP 규칙이 결정적이지 않기 때문에 이 값이 투자자가 생각하는 것만큼 투명하지 않다는 점입니다. GAAP는 리츠가 임차인 공간을 임대하거나 갱신하는 데 지출된 임차인 개선 비용을 감가상각하도록 요구하지만, 회사는 임대 기간이 끝나는 시점에 완전히 감가상각된 TI를 상각, 즉 제거할 필요가 없습니다. 따라서 장부에 완전히 감가상각된 TI를 유지하기로 선택한 회사는 유형 장부가치를 부풀릴 수 있으며 더 나아가 레버리지 비율이 작다고 평가될 수 있습니다. 회계 커뮤니티는 이러한 합법적이지만 비윤리적인 회계 관행에 더욱 주목하며 주의를 기울이고 있습니다. 그러므로 앞으로 이를 해결해 나갈 수 있을 것입니다. 그러나 그때까지 투자자는 회사의 레버리지와 배당 안전성을 결정하기 위해 유형 장부가치 대비 부채비율에만 의존해서는 안 됩니다.

EBITDA 대비 부채비율

투자 커뮤니티가 주목하는 가장 중요한 비율 중 하나는 리츠의 EBITDA 대비 부채입니다. 이는 이론적으로 회사가 이자, 세금, 감가상각 및 상각비를 고려하기 이전의 이익(Earnings Before Interest, Taxes, Depreciation, and Amortization: EBITDA)을 사용하여 레버리지를 상환하는 데 몇 년이 걸릴지를 측정합니다. 투자등급의 리츠는 대출 기관 및 신용평가기관이 부과한 레버리지 한도(또는 조항) 내에서 사업을 운영해야 합니다. 미국에서 가장 큰 세 개의 신용평가기관은 스탠다드 앤푸어스, 무디스, 피치입니다. 예를 들어, EBITDA 대비 부채비율이 4.5이면 가장 최근 분기의 EBITDA가 반복된다고 가정할 때 리츠가 부채를 상환하는 데 4년 반이 걸린다는 것을 의미합니다. 4장의 표 4.2에서 볼 수 있듯이 2019년 9월 30일 현재 투자적격등급 증권이 발행된 리츠의 평균 EBITDA 대비 부채비율은 5.8로 2010년 말 평균 비율 7.7에서 하락했습니다.

리츠의 EBITDA 대비 부채 계산은 말로는 간단합니다. 총 미상환 부채를 가장 최근 분기의 반복적(recurring) EBITDA로 나눈 후 연간으로 환산하면 구할 수 있습니다. 그러나 실제로는 EBITDA가 반복되도록 만들기 위해 거쳐야 하는 많은 조정들이 존재합니다. 투자등급 증권을 발행하는 많은(전부는 아님) 리츠는 분기별 보충 정보 패키지의 '부채 분석' 페이지에 EBITDA 대비 부채비율을 공개합니다. 비율이 낮을수록 부채 수준이 낮아지고 이는 보통주에 대한 배당금이 더 안전하다는 것을 의미합니다.

가중평균자본비용

종종 회사의 '자본비용'이라고 하는 가중평균자본비용(WACC)은 회사가 대출 기관 및 주식 투자자에게 지불할 것으로 기대하는 평균 비용입니다. WACC는 부채, 우선주, 보통주의 세 가지 유형의 자본 각각의 비용을 시가총액(이 장의 앞부분에서 정의)의 백분율에 비례하여 가중치를 부여하여 계산됩니다. WACC를 계산하는 공식은 다음과 같습니다.

$$WACC = \frac{D}{TMC} \times D_c + \frac{P}{TMC} \times P_c + \frac{E}{TMC} \times E_c$$

간단하게 하면 다음과 같습니다.

$$WACC = \frac{(D \times D_c) + (P \times P_c) + (E \times E_c)}{TMC}$$

D는 총 미상환 부채 / Dc는 총액에 대한 평균 이자율 / P는 모든 우선주 및 유닛의 청산 가치 / Pc는 모든 우선주에 대한 평균 배당률 / E는 주식 시가총액* / Ec는 보통주 비용 / TMC는 총 시가총액*

* 해당 계산 10장에서 설명.

앞의 계산에서 쓰인 보통주의 자본비용을 알아내는 것은 회사의 SEC 파일링이나 추가 패키지에서 그냥 찾아낼 수 있을 정도로 쉬운 것이 아닙니다. 기술적으로 이야기하면 보통주는 명시된 구체적 비용이 없습니다. 대출의 비용이 이자율로 명시되고 우선주의 비용이 배당 쿠폰 비율로 명시되는 것과 대비됩니다. 받아들여지는 한 가지 방법은 업계의 장기(25년) 평균 총수익률을 사용하는 것인데 리츠의 경우 10~12%입니다(2장의 표 2.1 참조). 더 정확히 말하면 투자자는 자신이 소유한 상업용 부동산의 유형에 따라 각 유형의 리츠와 관련된 평균 연간 수익률을 조회할 수 있습니다. (현재 및 과거 정보는 Nareit 웹사이트 www.reit.com의 '리츠 데이터' 섹션을 참조하십시오.) 회사의 자본비용을 계산하는 또 다른 방법은 다음 공식을 사용하는 것입니다.

$$\text{보통주 자본비용}(Ec) = \frac{\text{연환산 현재 배당}}{\text{현재 주가}} + \text{평균 배당 성장률}$$

보통주의 비용을 계산하기 위해서 쓰이는 다른 여러 가지 방법 중 일부는 더 과학적이고 일부는 더 주관적입니다. 그렇지만 어떤 방법을 사용하든 자기자본비용을 추정하는 접근 방식이 일관되게 적용되는 한, 상대적 WACC는 서로 다른 리츠를 비교하는 데 의미가 있을 것입니다.

WACC가 높을수록 회사의 자본배분이 잘못되었다는 신호일 수 있습니다.

WACC가 높은 회사는 자본비용이 낮은 회사보다 위험합니다. 회사의 WACC가 비교군보다 높은 이유가 회사가 새롭게 공모되어 기관투자자 레벨의 높은 품질의 대차대조표를 아직 가지지 못한 것인지를 투자 전에 알아보아야 합니다. 투자자와 애널리스트들이 경영진의 현명한 자본배분을 믿는다면, 시간이 지남에 따라 회사는 만기가 도래하는 부채를 더 낮은 이자율의 새로운 부채로 재융자하거나, 새로운 저비용 우선주를 발행하여 기존 우선주를 상환하거나, 보통주의 가격을 올림으로써 WACC를 낮출 것입니다. 각각의 전략으로 회사의 WACC를 낮출 수 있지만, 이를 실행하려면 경영진이 위험과 수익 사이의 균형을 잘 맞추며 성장 전략을 일관되게 실행할 것이라는 투자자의 믿음이 필요합니다.

반면, 경영진이 자본을 잘 할당하지 않았기 때문에 대조군보다 WACC가 더 높을 수도 있습니다. 장기 부채보다 낮은 이자율을 갖는 단기변동금리부채로 대차대조표를 레버리지해서 FFO를 성장시키는 회사는 잠시 동안은 투자자를 속일 수 있습니다. 그러나 결국에는 그 회사가 더 높은 이자율로 부채를 재융자해야 할 시점에 리츠 주가의 하락으로 회사의 WACC가 더 높아지게 될 것입니다. 사실 대부분의 경우 재융자하기 훨씬 이전, 투자자들이 증가된 레버리지에 불편함을 느껴 주식을 매각하기로 선택할 때부터 주가는 하락할 것입니다.

고정금리 부채와 변동금리 부채; 담보 부채와 무담보 부채

9장에서 논의한 바와 같이 리츠는 부채로 자본을 조달할 수 있는 다양한 방법을 가지고 있습니다. 표 11.4는 가상의 추가 공시에서 KKM 리츠의 부채 일정을 보여줍니다.

리츠는 일반적으로 신용 한도나 건설 한도를 가지는데, 전자는 부동산에 의해 담보되거나 무담보될 수 있고 후자는 리츠가 자금을 제공하는 개발 프로젝트에 의해 담보됩니다. KKM 리츠는 고정금리 부채와 변동금리 부채를 보유하고 있습니다. 변동금리 채권에 대한 이자 비용은 기준되는 벤치마크 금리(이 경우 30일 LIBOR)에 따라 변동합니다. (LIBOR는 런던 은행 간 제공 금리이며, 가까운 장래에 SOFR(Secured Overnight Financing Rate) 또는 널리 사용되는 다른 지수로 대체될 가능성이 높습니다.) 고정금리 부채보다 변동금리 부채가 적은 리츠는 기준금리의 급격한 인상이 미래의 이자율 지불 의무에 실질적으로 영향을 미치지 않기 때문에 대차대조표에 나타나는 위험은 작은 경향이 있습니다. 반대로 금리가 하락하더라도, 대출 기관에 조기 해지 수수료를 내지 않고 더 낮은 부채 비용을 실현할 수 없기도 합니다. 따라서 그림 11.1과 같이 리츠의 고정금리 부채와 변동금리 부채를 대략적으로나마 비교해 보아야 합니다.

표 11.4에서 투자자는 KKM의 부채 중 자산으로 담보된 부채와 무담보 부채의 비율을 계산할 수 있습니다(그림 11.2 참조). 무담보 부채의 비율이 더 높은 리츠

표 11.4 KKM 리츠의 미결제 부채 요약

무담보 부채	이자율	미결제 금액	만기시점 일시 상환액	만기일
회신 한도 여신(한도대출)	L+1.0%	$50,000	N/A	3년 3월
선순위 무담보 채권:				
1년 만기	3.50%	$350,000	N/A	1년 11월
2년 만기	3.75%	$500,000	N/A	2년 6월
3년 만기	5.00%	$350,000	N/A	3년 5월
5년 만기	3.25%	$500,000	N/A	5년 9월
소계 - 선순위 무담보 채권				
무담보 은행 기한 대출:				
2022년 만기	L+.9%	$100,000	N/A	2년 9월
2024년 만기	L+.75%	$150,000	N/A	4년 10월
총 무담보 부채		**$2,000,000**		
담보 부채				
자산 A에 대한 모기지	L+1.75%	$16,500	$15,000	1년
자산 B에 대한 모기지	4.00%	$25,000	$19,000	3년
자산 C에 대한 모기지	4.50%	$30,000	$15,000	4년
자산 D에 대한 모기지	5.00%	$25,000	$12,500	5년
총 담보 부채		**$96,500**	**$61,500**	
총 미결제 부채	**3.71%***	**$2,096,500**		

*총 미결제 부채에 대한 가중 평균 이자율. 30일 LIBOR율 0.5%(또는 50bp)를 가정.

는 관리팀이 대출을 대출 기관과 상의하지 않고 담보로 잡히지 않은 부동산을 매각할 수 있기 때문에 담보 대출 비율이 높은 리츠보다 민첩하게 자산관리 결정을 내릴 수 있습니다.

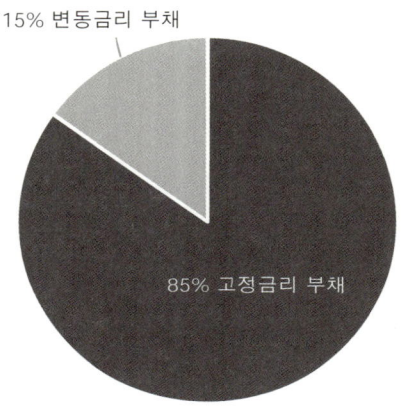

그림 11.1 KKM 리츠의 고정금리 대비 변동금리 부채비율

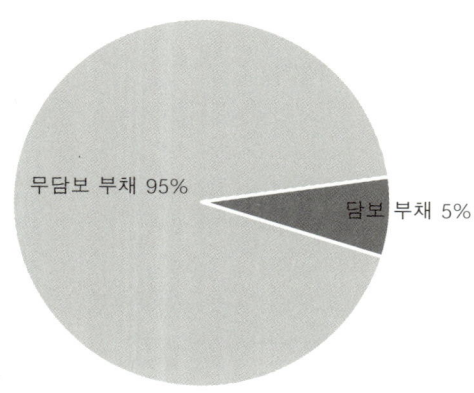

그림 11.2 KKM 리츠의 담보 대비 무담보 부채비율

부채 만기 일정

투자자는 표 11.4의 정보를 사용하여 KKM 리츠의 부채 만기 일정을 분석할 수 있습니다. 매년 만기가 도래하는 원리금과 예정된 원금 상각 지불을 그래프로 표시함으로써 과도한 금액의 부채를 재융자해야 하는 연도가 있는지 빠르게 확인할 수 있습니다. 재융자 위험은 궁극적으로 만기가 도래하는 부채의 기존 이자율 대비 현재 금리의 상대적 위치에 달려 있습니다. 현재 금리가 낮으면 리츠는 자본비용을 낮출 수 있습니다. 금리가 더 높으면 그 반대입니다. 표 11.5는 KKM의 모기지와 관련된 원금 상각을 계산하는 방법을, 그림 11.3은 부채 만기 일정을 보여줍니다.

그림 11.3에서 볼 수 있듯이 KKM 리츠는 부채의 29%를 재융자해야 하는 2년차에 만기가 도래하는 부채가 가장 많습니다. 29%라는 숫자는 만기 금액 608,250달러(표 11.4에서 나타나듯이 2년차에 만기가 도래하는 부채 6억 달러와 표 11.5의 원금 상각 825만 달러에 해당)를 표 11.4에 표시된 KKM의 총부채 2,096,500달러로 나누어 계산합니다. 만기가 다가오는 대출의 평균 이자율은

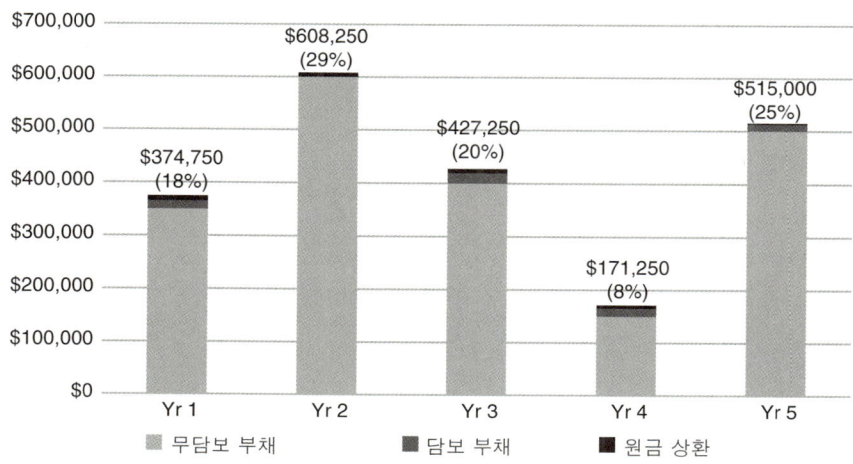

그림 11.3 KKM 리츠의 부채 만기 일정

3.36%이며 다음과 같이 계산됩니다.

- 3.75% × $500,000의 2년차에 만기가 돌아오는 선순위 무담보 채권
- 더하기 LIBOR + 0.9%(또는 1.4%) × $100,000의 2년차에 만기가 돌아오는 무담보 은행 기간 대출
- 더해진 이자의 합을 부채로 나누면 평균 이자율은 3.36%가 됩니다

표 11.5 KKM 리츠의 원금 상환 일정

연간 원금 상환	미결제 금액	만기시 일시불 상환	총 상환	남은 연수	연간상환액	1년	2년	3년	4년	5년
자산 A에 대한 모기지	$16,500	$15,000	$1,500	1	$1,500	$1,500	$0	$0	$0	$0
자산 B에 대한 모기지	$25,000	$19,000	$6,000	3	$2,000	$2,000	$2,000	$2,000	$0	$0
자산 C에 대한 모기지	$30,000	$15,000	$15,000	4	$3,750	$3,750	$3,750	$3,750	$3,750	$0
자산 D에 대한 모기지	$25,000	$12,500	$12,500	5	$2,500	$2,500	$2,500	$2,500	$2,500	$2,500
총계	$96,500	$61,500	$35,000		$9,750	$9,750	$8,250	$8,250	$6,250	$2,500

포트폴리오 분석

리츠의 포트폴리오(경쟁사들이 공급하는 자산과 비교되는 자산의 품질 및 위치)를 평가하는 가장 좋은 방법은 운전을 해서 돌아다니며 자산 시장을 눈으로 직접 확인하는 것입니다. 대부분의 투자자는 시간이 없거나 그러한 실사를 위해 자원을 할당하기를 원하지 않을 수 있습니다. 다음은 직접 확인하는 대신 회사의 정기 공시를 사용하여 리츠 포트폴리오의 상대적 강점을 평가할 수 있는 네 가지 접근 방식입니다.

소유 자산의 지리적 집중이나 다각화 분석

리츠가 여러 지리적 위치에 걸쳐 분산되거나 반대로 성장하는 시장에 집중되는 정도도 장기 성과에 영향을 미칠 수 있습니다. (3장의 부동산 사이클 분석도 참조하십시오.) 표 11.6은 KKM 리츠의 지리적 위치와 포트폴리오가 얼마나 잘 임대되

표 11.6 KKM 리츠의 지리적 다양성

위치	소유한 총 면적 (000)	임대율 %	임대 수익	총 임대 수익의 % 비중
Alabama	8,000	94%	$33,994	10%
Colorado	9,000	92%	$38,243	12%
Delaware	7,500	93%	$31,869	10%
Florida	6,500	100%	$27,620	8%
Georgia	5,000	100%	$21,246	6%
Kentucky	7,500	97%	$31,869	10%
Maryland	2,500	90%	$10,623	3%
Michigan	2,750	82%	$11,685	4%
Missouri	5,000	100%	$21,246	6%
Pennsylvania	7,500	100%	$31,869	10%
South Carolina	5,000	90%	$21,246	6%
Texas	12,000	100%	$50,990	15%
총계	78,250	96%	$332,500	100%

었는지에 대한 정보를 전체 및 주별로 보여줍니다. 투자자는 KKM이 각 주에 투자한 평방피트의 비율(시장 노출 또는 시장 침투라고도 함)과 각 주에서 발생한 수익의 비율을 볼 수 있습니다. 예를 들어, 최근 델라웨어주에서 가장 큰 두 고용자 간의 합병으로 인한 일자리 감소(합병된 회사 간의 중복 시설 제거)가 발생할 것으로 예상되어 델라웨어주의 경제 전망이 하락할 것으로 예상되는 경우, 투자자들은 KKM 리츠가 수익의 10%를 델라웨어에서 얻는다는 사실을 체크할 수 있습니다. 3% 이상의 숫자는 의미가 있기 때문에 투자자는 KKM 리츠가 델라웨어에서 무엇을 소유하고 있는지에 대해 더 조사해야 합니다.

시장에 대한 지역 부동산 중개인 보고서 읽기

리츠가 운영되는 주요 시장을 결정한 후 투자자가 취해야 할 첫 번째 단계 중 하나는 주요 상업용 부동산 서비스 회사의 현재 시장 보고서를 찾는 것입니다. JLL, 쿠시먼앤드웨이크필드, CBRE 그룹 같은 기업들은 주요 시장에 대한 리서치를 제공하며, 종종 웹사이트에서 지역 혹은 전국의 리서치 보고서를 무료로 제공합니다.

임차인 품질 지표

표 11.7은 KKM 리츠의 보충 정보 패키지의 상위 20개 임차 목록을 보여줍니다. 여기에 제시된 정보는 투자자가 KKM의 임차인 목록 및 관련 임대 수익의 품질을 평가할 수 있는 몇 가지 방법입니다. 이 예에서 KKM 리츠는 상위 20개 임차인으로부터 임대료의 거의 56%를 얻습니다. 큰 규모의 세입자 중 한 명이 파산 신청을 할 경우 KKM의 보통주는 적어도 가까운 시일 내에 해당 임차인의 미래가 다시 명확해질 때까지 부정적인 영향을 받을 가능성이 높습니다. (4장에서 이야기했듯이 파산법원에서 임차인이 '임대 거부'를 할 수 있도록 허용하지 않는 한, 리츠/임대인은 임차인이 파산했을 때 임대료를 계속 받을 수 있습니다. 그러나 파산을 겪는 세입자로부터의 현금흐름이 중단되지 않는다 해도 투자자는 여전히 리츠의 주식을 매각할 수 있습니다. 뉴스가 수익에 영향을 미치지 않더라도 회사의 주가가 뉴스에 부정적으로 반응하는 경우 이를 헤드라인 위험이라고 합니다.) 잠재적 위험에 처한 세입자가 얼마

표 11.7 KKM 리츠의 상위 20대 임차인 목록

임차인	임대면적 (000s)	연간화된임대수익중비중 %	잔여임대기간가중평균 (년)	임차인 신용등급*	산업
임차인 1	4,500	8.00%	15.0	BBB/Baa2/BBB	슈퍼마켓
임차인 2	3,275	7.00%	15.0	AA-/Baa1/-	패스트푸드
임차인 3	3,500	6.00%	12.0	BBB/Baa2/-	헬스&피트니스
임차인 4	2,500	4.75%	5.0	—	엔터테인먼트
임차인 5	3,700	4.00%	7.5	—	주택 개선
임차인 6	2,780	3.50%	6.0	BBB-/Baa3/-	어린이 보육
임차인 7	3,591	3.00%	4.2	—	주택 개선
임차인 8	2,870	2.75%	3.5	BBB/Baa2/BBB	슈퍼마켓
임차인 9	1,998	2.50%	8.4	BBB/Baa2/BBB	슈퍼마켓
임차인 10	1,850	2.25%	1.5	—	어린이 보육
임차인 11	1,687	2.00%	3.5	AA-/Baa1/-	슈퍼마켓
임차인 12	1,250	1.88%	4.5	BBB/Baa2/BBB	패스트푸드
임차인 13	1,400	1.75%	7.5	BBB/Baa2/BBB	패스트푸드
임차인 14	1,000	1.50%	2.5	AA-/Baa1/-	패스트푸드
임차인 15	950	1.25%	2.8	—	패스트푸드
임차인 16	925	1.00%	3.0	AA-/Baa1/-	헬스&피트니스
임차인 17	800	0.75%	3.5	—	어린이 보육
임차인 18	875	0.75%	4.0	BBB/Baa2/BBB	슈퍼마켓
임차인 19	765	0.50%	2.0	AA-/Baa1/-	슈퍼마켓
임차인 20	425	0.43%	1.0	BBB/Baa2/BBB	주택 개선
상위 20대 임차인 소계	40,641	55.55%	7.3		
나머지 임차인 전체	34,359	44.45%	6.7		
총계/가중 평균	75,000	100.00%	7.0		

* 투자등급 임차인은 무디스, S&P, 피치 등 주요 신용평가기관에서 Baa3/BBB- 이상의 신용등급을 받은 임차인을 말함.

나 위험한지 확인하는 한 가지 방법은 투자 적합 등급을 가진 세입자의 비율을 계산하는 것입니다.

리츠의 임대 수익이 얼마나 잘 분산되어 있는지 평가하기 위한 세 번째 분석

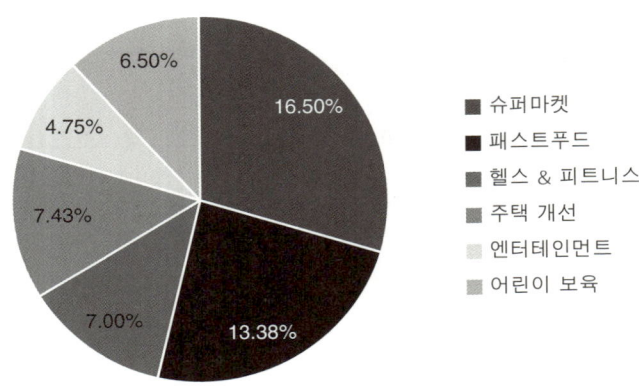

그림 11.4 KKM 리츠의 만기가 도래하는 임대 수입 및/또는 면적 분석

은 어떤 산업 유형이 리츠 수익의 몇 퍼센트를 창출하는지 계산하는 것입니다. 표 11.7에서 투자자는 두 개의 가장 큰 '조각'을 합하여 KKM 리츠가 수익의 30%를 식료품 사업과 패스트푸드 체인점의 임차인으로부터 얻는다는 것을 빠르게 확인할 수 있습니다. 그림 11.4와 같이 산업 그룹에서 파생된 수익을 파이 그래프로 묘사하는 것은 리츠의 포트폴리오에서 산업 집중의 강점과 위험 평가에 유용한 방법입니다.

임대 만료 일정

표 11.8은 향후 5년간 KKM 리츠의 임대 만료 일정을 보여줍니다. 매년 만료 예정인 평방피트나 임대 수익을 차트로 표시함으로써 투자자는 관련 임대 수익의 상대적 안전성 또는 위험을 평가할 수 있습니다. 부채 만기 사다리와 유사하게, 리츠에 임대 평방피트 또는 임대 수익의 과도한 비율이 만료될 예정인 연도가 있는 경우 해당 연도는 리츠와 주주에게 다른 연도보다 불균형적인 운영 위험을 가져옵니다. 투자자들은 또한 만료 예정인 평방피트당 임대료를 현재 시장 임대료와 비교해야 합니다. 만료되는 임대료가 현재 시장 요율보다 높은 경우 갱신 임대료(세입자가 퇴거하지 않고 갱신한다고 가정)가 현재 임대료보다 낮아지는 위험이 있으며, 이 경우 리츠는 더 낮은 미래 FFO 및 AFFO를 실현할 수 있습니다.

표 11.8 KKM 리츠의 만기가 도래하는 임대 수입 및/또는 면적 분석

임차인	임대면적(000s)	만기가 도래하는 임대 면적의 비중 %	만기가 도래하는 임대 수입	총임대 수입중 비중 %	만기가 도래하는 임대료 PSF
1년차	10,000	13%	$50,000	15%	$5.00
2년차	7,500	10%	$35,000	11%	$4.67
3년차	9,000	12%	$40,000	12%	$4.44
4년차	8,500	11%	$37,500	11%	$4.41
5년차	15,000	20%	$70,000	21%	$4.67
이후	25,000	33%	$100,000	30%	$4.00
총계	75,000	100%	$332,500	100%	$4.43

가치평가 지표

가치평가는 매수, 보유 또는 매도할 리츠를 선택하는 데 중요한 단계입니다. 다음의 지표들은 리츠의 상대적 가치를 동종 기업 그룹과 비교하거나 절대적으로 측정하는 다양한 방법들을 제공합니다.

수익 대비 주가 배수

이 장의 시작 부분에서 논의한 바와 같이 리츠는 EPS가 아닌 예상되는 주당 FFO 추정치를 이용합니다. 따라서 리츠 수익 배수는 FFO 배수로 표현되며, 얼마나 먼 미래를 전망하는가에 따라 현재 주가를 현재 또는 내년의 주당 FFO 추정치로 나눈 값으로 간단히 계산합니다. 가격/이익(P/E)을 계산하는 방정식은 다음과 같습니다.

$$\text{리츠의 수익 배수} = \frac{\text{현재 주가}}{\text{올해 또는 내년의 주당 FFO 추정치}}$$

FFO 배수가 낮을수록 리츠가 저렴한 가격에 거래되고 있음을 나타낼 수 있습니다. KKM 리츠가 내년 추정치인 FFO의 10.0배에 거래되고 유사한 자산 포트폴리오를 가진 리츠 ABC가 12.5배에 거래된다고 가정해봅시다. KKM 리츠의 시장과 운영에 근본적인 문제가 없는 것으로 보인다면 그 주식은 아마도 리츠 ABC에 비해 좋은 가치를 나타낼 것입니다. 그와 반대로 KKM 리츠가 운영, 포트폴리오, 대차대조표 또는 경영진의 관리 문제로 인해 주식이 비교군보다 낮은 배수로 거래될 수 있습니다. 이 장에서 논의된 다른 지표가 답을 결정하는 데 도움이 될 것입니다.

PEG 비율

투자자들은 FFO 배수를 해당 부문 내 리츠의 상대적 가치에 대한 간단한 계산으로 봅니다. FFO 배수는 상대적 가치를 평가하는 데 유용한 지표이지만 이익 성장 대비 가격 배수(PEG 비율)는 투자자가 회사의 예상되는 이익 성장에 대해 현재 지불하고 있는 금액을 나타내는 더 나은 지표입니다. 리츠의 PEG 비율은 가격/FFO 배수를 FFO의 미래 예상 성장률로 나누어 계산합니다. 예를 들어, 내년 예상 FFO에

표 11.9 FFO 배수 대비 FFO 성장 분석

리츠	예상 FFO 성장	현재 FFO 배수
R1	18.24%	13.58 x
R2	12.00%	12.70 x
R3	23.90%	13.80 x
R4	17.01%	13.20 x
R5	14.87%	13.46 x
R6	12.70%	12.47 x
R7	13.12%	12.90 x
R8	16.39%	12.84 x
R9	15.31%	13.20 x
R10	21.11%	13.22 x
R11	6.50%	12.20 x
R12	13.34%	13.32 x
R13	15.37%	13.07 x

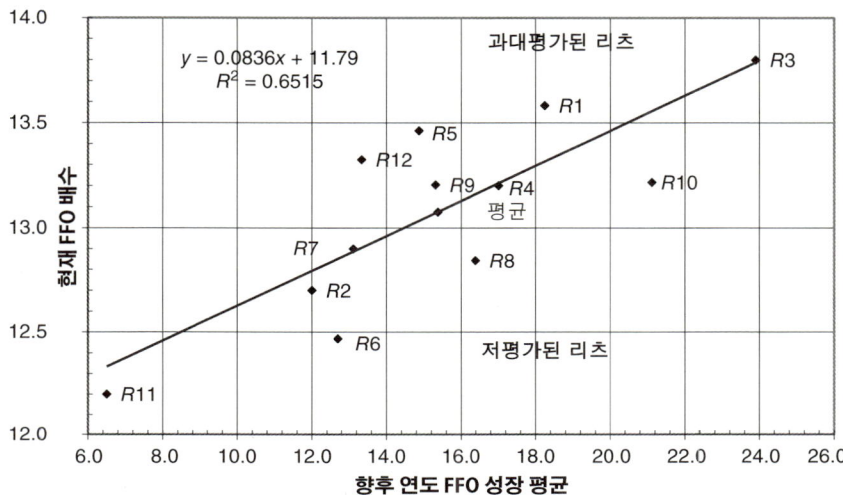

그림 11.5 FFO 배수 대비 FFO 성장 회귀 분석
출처: Mueller.

대한 KKM 리츠의 FFO 배수가 9.5이고 주당 FFO가 내년에 8% 증가할 것으로 예상되는 경우 KKM 리츠의 PEG 비율은 9.5를 8로 나눈 값 또는 1.2입니다. 다음 방정식을 사용하여 계산할 수 있습니다.

$$\text{KKM 리츠의 PEG 비율} = \frac{\text{내년의 FFO 배수}}{\text{내년의 주당 FFO 예상 성장률}}$$

PEG 비율은 가치에서 성장 요소를 분리하기 때문에 투자자에게 미래의 수익을 위해 현재 지불하고 있는 금액을 더 명확하게 이해할 수 있도록 합니다. 기업 간에 유사한 위험 프로필을 가정할 때 PEG 비율이 낮을수록 투자자에게 더 나은 상대적 가치를 나타냅니다. PEG 비율에 관한 한 가지 주의 사항은 기업이 정체하거나 완만하게 마이너스 이익 성장을 제공할 것으로 예상되는 연도의 PEG 비율은 각 회사의 이익 잠재력에 대한 장기(3-5년) 추정치를 사용해서 계산해야 한다는 것입니다.

FFO 성장 대비 FFO 배수에 기반한 주식 선택

　　기본적 주식 분석에 따르면 이익 성장률이 높은 회사는 저성장 기업보다 더 높은 가격과 더 높은 이익 대비 가격 배수(P/E)를 받을 자격이 있습니다. 리츠 주식도 마찬가지이지만 이익은 이 장의 앞부분에서 설명한 대로 GAAP 이익 대신 리츠의 FFO로 가장 잘 분석됩니다. 표 11.9에서는 12개의 리츠에 대해서 현재 FFO 배수와 1년 예상 FFO 를 보여줍니다. FFO 배수 범위는 12.2에서 13.8 사이입니다. 따라서 리츠 11의 12.2 배수가 저렴하고 좋은 매수 대상이라고 가정할 수 있습니다. FFO 성장률은 6.5%에서 23.9% 사이이며 R3가 가장 높은 성장률을 보이는 베스트 매수라고 가정할 수 있습니다. 모든 리츠를 엑셀 그래프(그림 11.5)에 배치하고 회귀선을 그림으로써 투자자는 FFO 성장의 매 단위 증가에 대해 FFO 배수가 8.36% 더 높아짐을 보여주는 회귀 방정식을 구할 수 있습니다. R2는 투자자들에게 FFO 성장이 FFO 배수의 65.15%임을 설명합니다. 이는 매우 큰 비율이며, 가격에 영향을 미치는 가장 지배적인 요소입니다.

　　다른 모든 요소가 동일하고 시장이 100% 합리적이라면 모든 리츠가 회귀선 상에서 거래될 것입니다. 선 아래에서 거래되는 모든 리츠는 저평가된 것으로 간주되므로 FFO 성장률이 12.70%인 리츠 6은 12.85배의 FFO 배수(선상에서 거래되기 위해서) 또는 현재 배수보다 3% 더 높은 가격으로 거래되어야 합니다. (리츠 6의 예상 성장률 12.70%에 회귀 방정식의 계수 0.0836를 곱한후 11.79를 더하면 12.85가 됩니다.) 따라서 선 아래의 모든 리츠 거래는 매수(리츠 2, 6, 8, 10, 11)가 되고 선 위의 모든 리츠 거래는 매도(리츠 1, 5, 9, 12)가 되며 선상의 모든 리츠 거래는 유지(리츠 3, 4, 7)가 됩니다.

　　그러나 가격에 프리미엄이나 할인이 들어갈 이유도 고려해야 합니다. 리츠 6은 레버리지가 과도하기에 높은 부채 위험으로 주가가 더 낮은 배수로 하락할 수 있습니다. 리츠 8의 경우 경영진 이직 가능성이나 소송으로 인해 미래 수익 성장 추정치에 불확실성이 커질 수 있습니다. 반면에 리츠 1은 사이클의 성장 단계에 있는 좋은 시장에 대부분의 자산을 가지고 있습니다. 리츠 5는 높은 신용등급의 임차인이 있는 고품질 클래스 A 부동산을 보유하여 이익에의 위험을 줄일 수 있습니다.

이러한 분석을 통해 투자자는 리츠의 가격이 동종 업체와 비교하여 평균에서 얼마나 떨어져 있는지를 그래픽으로 확인할 수 있을 뿐만 아니라 회귀 방정식을 사용하여 가격의 프리미엄이나 할인율을 계산할 수 있습니다. 투자자는 이후 더 나은 투자 결정을 내리기 위해 가격의 프리미엄이나 할인의 이유에 더 집중해서 분석할 수도 있습니다.

FFO 성장 배수는 성장을 신속하게 가격으로 전환하여 투자자가 최고의 상승 잠재력이 있다고 생각하는 리츠에 대한 기본 분석에 집중할 수 있도록 합니다. 주식 선택에 정답은 없습니다. 시장은 단기적으로는 리츠 산업이나 개별 리츠 섹터들이나 기업의 가격을 올바르게 책정할 수도 있고, 그렇지 않을 수도 있습니다. 그러나 장기적으로는 3장과 10장에서 논의한 바와 같이 부동산 펀더멘탈과 리츠의 품질(인력, 부동산 포트폴리오 및 대차대조표)이 결국 가격에 반영되어 드러나게 됩니다.[2]

배당수익률

4장에서 논의한 바와 같이 리츠는 일반적으로 다른 대안적 투자보다 100-200bp 더 높은 배당수익률을 제공합니다. 그러나 많은 투자자들이 현재의 수익률을 위해 리츠 투자를 선택하는 것은 전혀 놀라운 일이 아닙니다. 4장에서 리츠 배당금에 대해 자세히 설명했기 때문에 이 섹션에서는 간단히 두 가지 사항만 다시 설명하겠습니다. 첫째, 리츠의 현재 수익률은 현재 배당금을 연간으로 환산한 값(대부분의 경우 4를 곱한 값)을 현재 주가로 나눈 값으로 계산됩니다.

---

[2] FFO 성장 대비 FFO 배수에 대한 분석을 해 준 Glenn R. Mueller 박사에게 특별한 감사를 전합니다.

$$\text{현재 수익률} = \frac{\text{분기별 현재 배당} \times 4^\dagger}{\text{주당 현재 가격}}$$

†리츠가 매달 배당을 하면 4가 아닌 12를 곱할 것.

둘째, 많은 투자자들이 몇 년 동안 투자를 하기 때문에 리츠 주식에서 연간 배당금을 투자자의 비용으로 나누어 얻어지는 비용 수익률의 개념을 이해하는 것도 중요합니다.

$$\text{비용 수익률} = \frac{\text{분기별 현재 배당} \times 4^\dagger}{\text{주주의 주당 취득 원가}}$$

†리츠가 매달 배당을 하면 4가 아닌 12를 곱할 것.

배당금의 안전성

4장에서 배당의 안전성에 대해 이미 다루었지만 다시 한번 요점을 정리할 가치가 있습니다. 리스의 계약적 성격으로 인해 대부분의 부동산 부문 배당금은 어느 정도 안전하지만 1980년대 후반/1990년대 초반 S&L 위기시에, 2007-08년의 글로벌 금융위기에 대응해서, 이보다 정도는 약하지만 2020년의 COVID-19 대유행에 대응해서 리츠의 배당금이 삭감되거나 중단된 적이 있습니다.

이러한 극심한 경제 시기를 제외하면 리츠 배당금은 안정적 경향을 보입니다. 다음에 논의될 리츠의 배당금 지급 비율을 계산함으로써 투자자는 적어도 단기적으로 배당금이 얼마나 안전한지 평가할 수 있습니다.

배당 안전성에 관한 세 가지 일반 규칙

1. 단기 임대 수익이 있는 부동산 유형을 소유한 리츠는 장기 임대를 보유한 리츠보다 금융위기 동안 배당금을 삭감할 위험이 더 큽니다.
2. 관리팀이 너무 많은 레버리지를 일으킨 리츠에서는 배당 안전성이 떨어지는 경향이 있습니다. 일반적으로 레버리지의 절대적 최대 한도는 45% 이내의 총자본 대비 부채입니다. (부동산 부문에 따라 이 수준도 너무 높을 수 있습니다).
3. 배당수익률이 업계 평균을 크게 초과하는 리츠는 위험이 훨씬 더 높으며, 배당 안전성도 떨어지는 경향이 있습니다.

최종 결론: 리츠의 수익률이 비현실적으로 높아보인다면, 실현되지 못할 가능성이 높습니다.

배당금 범위 또는 배당금 비율

FFO, AFFO, CAD 배당금 비율은 회사 배당금의 상대적 안전을 평가하는 일반적인 수단입니다. 주식 애널리스트들이 Thomson First Call, Bloomberg, S&P Global Market Intelligence에 주당 FFO 추정치를 제공한다는 이유 때문에 FFO 수치는 가장 광범위하게 인용됩니다. 점점 더 많은 애널리스트들이 리츠에 대한 주당 AFFO 추정치를 제공하고 있지만 모두가 그런 것은 아닙니다. 4장에서 논의한 바와 같이 FFO 배당성향은 배당성향이 1.0 미만인 경우 배당금이 어느 정도 안전하다는 점에서 리츠가 배당의무를 이행할 수 있는 상대적 능력을 나타냅니다.

$$\text{배당 지급 비율} = \frac{\text{분기별 현재 배당}^* \times 4}{\text{내년 주당 FFO}^\dagger \text{ 추정치}}$$

* 리츠가 매달 배당금을 지불한다면 가장 최근의 배당금에 12를 곱할 것.
† 주당 AFFO나 주당 CAD의 추정치가 있다면 FFO 대신 이를 사용할 것.

연간 배당금을 내년의 주당 AFFO 또는 주당 CAD 추정치로 나누는 것이 FFO 추정치를 사용하는 것보다 배당 안전성을 측정하는 더 나은 방법입니다. 그러나 리츠에 대한 연구를 제공하는 주식 애널리스트가 이를 제공하지 않는다면 투자자는 두 지표에 대한 자체 추정치를 작성하기 위한 기초 작업을 직접 해야 할 수 있습니다.

배당 할인 모델

배당소득을 위해 리츠를 소유하는 데 관심이 있는 투자자는 배당 할인 모델을 사용하여 리츠 주식의 적정 가치를 평가해야 합니다. 다음 공식을 이용하면 현재 배당금에 대한 할인율과 합리적인 예상 연간 성장률을 사용하여 리츠의 예상되는 미래 배당금의 현재 가치를 계산할 수 있습니다. 배당 할인 모델을 사용하여 계산된 리츠의 적정 가치가 주식이 거래되는 가격보다 높으면 해당 주식이 저평가되었을 가능성이 큽니다.

$$\text{적정 주가} = \frac{\text{주당 연 배당}}{\text{할인율} - \text{배당 성장률}}$$

공식에 대입할 값을 얻기 위해 투자자는 종종 주주에 대한 연례 보고서 또는 회사 웹사이트에 게시된 회사 프레젠테이션에 인용되는 회사의 과거 연간 배당 성장률을 사용할 수 있습니다. 할인율 또는 자기자본비용을 결정하는 것은 더 어렵습니다. WACC와 관련하여 이 장의 앞에서 논의한 방법 외에도 일부 투자자는 단순히

10년 만기 미국 재무부 채권 금리(무위험 금리)에 500bp의 주식 위험 프리미엄을 추가합니다.

> **배당 할인 모델의 예**
>
> 배당 할인 모델을 실질적 예로 설명하기 위해 KKM 리츠가 다음과 같다고 가정합니다.
>
> - 분기당 주당 $0.25의 배당금을 지급합니다.
> - 지난 5년 동안 연간 배당금을 평균 3% 늘렸습니다.
> - 자기자본비용(또는 할인율)이 12%입니다.
>
> 배당 할인 모델에 따르면 $11.11가 KKM의 적정 가치입니다. 리츠의 주식:
>
> $$\$11.11 = (\$0.25 \times 4) \div [12\% - 3\%]$$
>
> KKM 리츠의 주식이 $11.11 미만으로 거래되고 있다면 해당 주식은 밸류에이션 관점에서 좋은 투자일 가능성이 큽니다.

순자산가치

순자산가치는 리츠 자산의 현재 시장가치나 청산가치를 추정한 후, 기타 비부동산 자산 및 부채를 차감한 것입니다. 투자자들은 주당 총장부가액보다 주당 순자산가치를 선호하는데, 그 이유는 후자가 부동산이 건설되는 기초 토지의 가치 변화나 부동산 자산의 미래 수익 잠재력과 관련 시장가치 변화를 고려하지 않기 때문입니다. 리츠의 관리자가 주주의 자본을 신중하게 배분하는지 평가하는 한 가지 방법은 리츠 주식이 NAV보다 현저히 높거나 낮게 거래될 때 사용하는 투자 전략을 관찰하는 것입니다.

주식이 NAV에 프리미엄을 더한 가격에 거래되는 리츠는 자본비용에 이점이 있으며 따라서 경영진은 지속적으로 신주를 발행해서 조달된 자금으로 신규 부동산 구매나 개발을 통해 포트폴리오를 성장시켜야 합니다. (앞서 논의했듯이 부채비율을 계속 유지하기 위해 충분한 보통주를 발행한다고 가정합니다.) 반대로, 리츠의 주식이 NAV에 비해 상당히 할인된 가격에 거래되고 있는 경우 경영진은 자산을 매각하여 포트폴리오를 축소하고 수익금을 부채 상환에 사용하거나 콜 옵션을 가지고 있는 우선주를 상환하거나 저가 주식을 매입하는 데 사용해야 합니다. 할인이 몇 분기 동안 지속되면 경영진은 보통주 매입도 고려해야 합니다. 하지만 이러한 상환은 총부채를 늘리지 않고 수행할 수 있는 경우에만 실행 가능합니다.

> NAV보다 높은 주가 = 성장의 청신호
> NAV보다 낮은 주가 = 성장의 빨간불

추정 주당 NAV에 프리미엄이 붙어서 거래되는 주식이 있는 리츠의 경우 특별한 이유가 있을 수 있습니다. 예를 들어, 투자자들이 그들이 속한 부동산 부문이나 시장에 대해 호의적으로 평가할 경우입니다. 반대로, NAV 대비 주가에 프리미엄이 존재한다는 사실이 단지 주가가 과대평가되었음을 나타낼 수도 있습니다. 이와 달리 주식이 주당 NAV에 비해 크게 할인된 가격으로 거래되고 있다면 시장이 그들의 비즈니스 가치를 낮게 보고 있거나, 투자 커뮤니티가 리츠 운영진이 주주의 가치를 파괴하고 있다고 믿는 경우일 것입니다. 전자의 경우 투자자는 좋은 가격으로 주식을 살 수 있겠지만, 후자의 경우 주가가 싼 이유가 있을 것이므로 피해야 합니다.

역사적으로 리츠는 주당 NAV에 약간의 프리미엄을 더해서 거래되었습니다. 시장은 일반적으로 리츠가 유동성을 제공한다는 사실에 대해서 약간의 프리미엄을 붙여 왔으며 그에 더해 엄격한 자산관리, 자산배분 전술 및 신중한 자본 구조를 통해 지속적으로 가치를 더한 관리팀에 더해서는 훨씬 더 큰 프리미엄을 주었습니다. 그렇지만, 2019년 말 S&P Global Market Intelligence가 제공한 분석에 따르면 리츠는 NAV 대비 평균 2.8% 할인된 가격에 거래되었습니다(그림 11.6 참조). NAV는 투자자가 매수 및 매도 결정을 내리는 데 사용하는 두 가지 주요 평가 지표 중 하나(다른 하나는 FFO 또는 주당 AFFO 성장)입니다. 이 장의 나머지 부분에서 이의 계산 방법을 설명하겠습니다.

NAV 계산

리츠의 NAV 추정에는 몇 가지 계산이 필요하지만 기본 개념은 간단합니다. 리츠 포트폴리오의 현재 시장 청산 가치를 추정한 다음 다른 유형 자산을 추가하고 모든 부채를 뺀 다음 그 합계를 보통주와 OP 유닛으로 나누면 됩니다. 표 11.10의 간단한 예에서 NAV 계산 방법을 확인할 수 있으며, 그 후에 NAV의 5가지 주요 구성 요소를 세분화해서 더 자세히 설명할 것입니다. 투자자들이 주목해야 할 한 가지

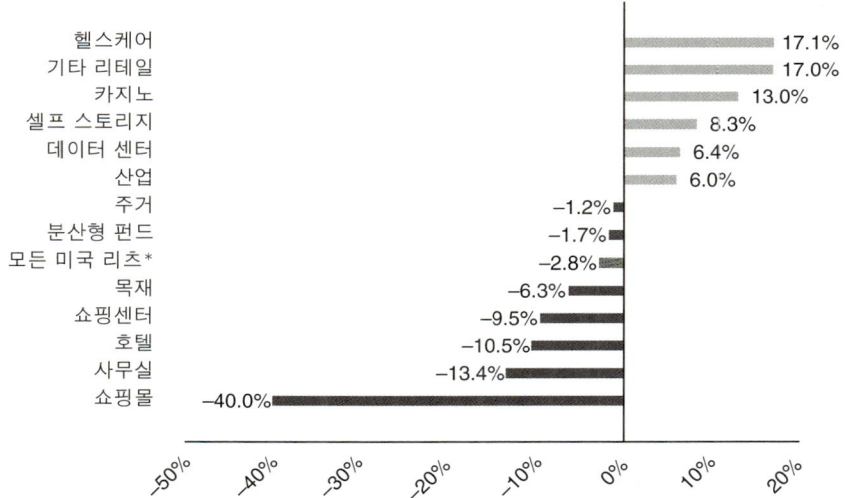

그림 11.6 2019년 12월 31일 기준 리츠의 평균 프리미엄(할인) NAV.
나스닥, 뉴욕증권거래소, NYSE American에서 거래되는 시가총액이 최소 $2억인 공개적으로 거래되는 미국 지분형 리츠 대상. 기타 소매에는 아웃렛 센터, 단일 임차인 및 기타 소매점을 포함; 주거에는 다가구, 단독 주택, 학생 주택 및 제작 주택이 포함됩니다.
* 부동산 유형 카테고리에 반영되지 않은 두 개의 추가 전문 리츠를 포함.
출처: S&P Global Market Intelligence; 2020년 1월 2일에 컴파일된 데이터.

중요한 점은 NAV를 계산할 때 시장의 캡레이트가 가장 영향력 있는 변수라는 것입니다. (캡레이트는 4단계의 일부로 논의됩니다.) 표 11.10에서 볼 수 있듯이 100bp의 캡레이트 범위(5.0%에서 6.0%)는 주당 NAV 가치에서 거의 $5.50 차이를 의미합니다. 투자자는 NAV에 대한 '올바른' 캡레이트가 무엇인지 결정하는 것도 중요하지만, 합리적인 가치의 폭(span)을 이해하기 위해 그 범위를 살펴보는 것도 중요합니다.

표 11.10 KKM REIT의 원금 상환 일정

최근 분기의 현금 NOI "추정치(run rate)" x 4로 연간화	$10,000 x4	$10,000 x4	$10,000 x4	$10,000 x4	$10,000 x4
연간화로 조정된 현금 NOI x (1+3% 연간 동일 매장 성장 가정)	$40,000 x 1.03	$40,000 x 1.03	$40,000 x 1.03	$40,000 x 1.03	$40,000 x 1.03
연간화로 조정된 현금 NOI	$41,200	$41,200	$41,200	$41,200	$41,200
÷ 캡레이트	5.00%	5.25%	5.50%	5.75%	6.00%
리츠가 운영 중인 부동산의 공정시장가치	$824,000	$784,762	$749,091	$716,522	$686,667
조정 요인:					
+ 당기순이익, 현금 및 기타 유형 자산, 당기 순부채	1,500	1,500	1,500	1,500	1,500
+ 매각 예정 부동산의 적정 가치[1]	NA	NA	NA	NA	NA
+ 지금까지 투자된 비용으로 개발 중인 부동산	20,000	20,000	20,000	20,000	20,000
− 총 부채	(250,000)	(250,000)	(250,000)	(250,000)	(250,000)
− 우선주 청산가치	(150,000)	(150,000)	(150,000)	(150,000)	(150,000)
NAV	$445,500	$406,262	$370,591	$338,022	$308,167
분기 말 기준 보통주 & OP 유닛	25,000	25,000	25,000	25,000	25,000
주당 NAV	$17.82	$16.25	$14.82	$13.52	$12.33

[1] 매각 예정 자산(HFS)의 NOI는 계속되는 운영에 포함되므로 장부가는 추가할 필요가 없습니다.

1단계: '현금' NOI 추정

NAV 계산의 첫 번째 단계는 가장 최근 SEC 제출 자료에 보고된 리츠의 GAAP NOI를 청구 가능한 NOI로 변환하는 것입니다. 청구 가능한 또는 계약적 NOI는 종종 '현금' NOI라고 합니다. 1단계의 목표는 현금 NOI를 서비스 중인 포트폴리오에서 분리하는 것입니다. 그런 다음 가장 최근 보고 기간(해당 분기) 동안 인수, 매각 또는 서비스에 배치된 모든 자산에 대해 현금 NOI를 조정해야 합니다. 서비스 중인 자산에 개발 중인 자산은 포함하지 않습니다. 다른 자산들, 비즈니스 서비스 TRS나 아직 건설 중인 부동산에서 나오는 수익 등은 이후 단계에서 평가됩니다.

현금 NOI 평가

가장 최근 분기의 현금 NOI 추정	첫 번째 접근법	두 번째 접근법	예상 출처
해당 분기의 총 임대 수익	$15,000	--	손익계산서
- 해당 분기의 부동산 운영 비용	(6,500)	--	손익계산서
해당 분기의 순영업이익(NOI)	8,500	--	
± 정액 임대료 조정	(1,000)	--	AFFO 계산(보충)
해당 분기의 현금 NOI	$7,500	$7,500	

첫 번째 접근법은 보충 정보 패키지에 현금 NOI를 공개하지 않는 리츠의 재무 결과를 나타내며, 이 경우 투자자는 손익계산서의 개별 항목과 FFO에서 AFFO로의 조정에 공개된 정액 임대료 조정을 사용하여 현금 NOI를 계산해야 합니다. (임대료의 정액 조정에 대한 논의는 5장 임대차 계약을 참조하십시오.) 두 번째 접근법은 리츠가 사용 가능한 보충 정보 패키지에서 현금 NOI를 보고할 때 투자자가 활용할 수 있는 방법을 보여줍니다. NAV 또한 서비스 중이지만 임대료를 징수하지 않는 부동산, 즉 공실에 직접적으로 가치를 부여할 수 없게 합니다. 리츠가 주당 NAV를 늘릴 수 있는 가장 빠른 방법 중 하나는 공간을 비워두지 않고 임대하는 것입니다.

2단계: 현금 NOI에 대한 '분기별 추정치(Quarterly Run Rate)' 산정

서비스 중인 자산에서 분기별 현금 NOI '추정치(run rate)'가 얼마인지 공개하는 리츠는 거의 없습니다. 현금 NOI 추정치는 1단계에서 계산된 현금 NOI에 대해 리츠의 투자 활동과 관련된 기간의 현금 NOI 예상 추정치를 추가하거나 삭제하여 조정해 구합니다. 다음 예는 리츠의 현금 NOI를 NAV 계산의 기초가 될 수 있는 추정치로 조정하는 방법을 보여줍니다.

서비스 중인 포트폴리오의 현금 NOI '추정치'를 산정하기 위한 조정

	추정치 조정	
해당 분기의 현금 NOI (1단계 산출 기준)		$7,500
± 반영되지 않은 NOI:		
・해당 분기 인수	(A)	17
・해당 분기 준공 개발	(B)	58
- 해당 분기 매각	(C), (D)	(20)
해당 분기 투자 활동에 따른 현금 NOI 순 조정치		55
해당 분기 현금 NOI "(기준)추정치"		$7,555

추정치 조정 - 제시된 숫자는 반올림

A. 회사는 분기 중반에 건물을 인수했습니다. 구매 가격은 $2,500이고 자산의 안정적인 수익률이나 이익률은 5.5%입니다. 따라서 자산 NOI의 절반만 직전 분기에 보고되었습니다.

B. 회사는 $5,000의 비용으로, 비용 대비 수익률 7%의 안정적인 건물을 개발했습니다. 건물은 90일 분기의 60일 째에 서비스를 시작했습니다. 따라서 30일 분량의 NOI만이 직전 분기의 NOI에 포함되어 있었습니다.

C. 90일로 이루어진 분기 중 30일째 되는 날, 회사는 저성장 자산을 $3,000에 매각했습니다. 자산의 현금 NOI를 기준으로 한 캡레이트(#4 단계에서 논의)는 8.0%였습니다. 이 자산의 1개월 NOI가 직전 분기의 NOI에 포함되어 있습니다.

아래 표는 추정치에 도달하기 위해 현금 NOI에 더하거나 빼야 하는 현금 NOI의 양을 계산합니다.

조정	총 비용	캡레이트	총 NOI*	분기 NOI	운영 월 수 조정 대상 NOI 비율	조정액 현금 NOI 반영액
A - 인수	$2,500	5.5%	$138	$34	+ 45/90 = 1/2	$17
B - 개발	$5,000	7.0%	$350	$88	+ 60/90 = 2/3	$58
C - 매각	($3,000)	8.0%	($240)	($60)	- 30/90 = (1/3)	($20)
해당 분기 투자 활동에 따른 현금 NOI 총 조정액						$55

D. 매각 예정(Held For Sale: HFS) 대비 중단 사업. 회사가 매각 예정 자산을 매각하거나 자산을 HFS로 분류하지 않고 신속하게 매각한 경우 자산의 NOI는 지속 사업에 보고되므로 NOI에서 빼내는 조정을 해야 합니다. 리츠가 중단 사업 회계로 분류되는 자산을 매각하는 경우 자산의 NOI는 리츠의 지속 사업에 포함되지 않으며 현금 NOI에서 조정할 필요가 없습니다. 그 소득은 손익계산서에 별도의 항목으로 나열될 것이며, 현금 수익금은 리츠의 부채 상환에 사용되며 리츠의 현금 잔고 증가로 나타날 것입니다. 다시 말하지만, 그러한 자산 매각에 대해서는 조정이 필요없습니다.

3단계: 현금 NOI의 분기별 추정치를 연간화하고 동일 매장 성장으로 조정

세 번째 단계는 2단계에서 계산된 현금 NOI 추정치를 연간으로 계산하고 향후 12개월 동안 이러한 수입이 어느 정도 증가 또는 축소할 것인지에 대해 적절한 가정을 하는 것입니다.

분기 현금 NOI 추정치(#2단계) × 4	$30,220
× 2% 동일 매장 성장 가정	× 1.02
= 연간 현금 NOI	$30,824

동일 매장 성장 가정. 표 11.11에서 볼 수 있듯이 각각의 자산 부문은 경제 확장 또는 쇠퇴 기간 서로 다른 성장 또는 수축을 합니다. 투자자는 회사가 보여준 과거의 동일 매장 성장을 기반으로 합리적인 가정을 해야 하며, 투자자의 더 광범위한 경제에 대한 전망에 따라 조정되어야 합니다. 개별 기업에서 수년 분량의 동일 매장 NOI 성장 데이터를 가져와 시가총액으로 가중치를 부여하는 방법 이외에 리츠의 동일 매장 성장을 알아내는 가장 빠른 방법은 S&P Global Market Intelligence에서 동일 매장 데이터를 다운로드하는 것입니다.

4단계: 서비스 중인 포트폴리오의 공정시장가치 계산

네 번째 단계는 3단계에서 계산된 연간 현금 NOI를 사용하여 리츠의 서비스 중인 자산의 공정시장가치를 추정합니다. 아래 예와 같이 3단계에서 계산한 연간 현금 NOI를 적절한 캡레이트로 나눕니다.

표 11.11 주요 부동산 유형별 역사적 동일 매장 NOI 성장률

	1999-2008	2009-10	2011-15	2016-3Q19
아파트	2.4%	-2.8%	6.0%	3.4%
산업	2.0%	-4.4%	3.2%	4.6%
쇼핑몰	3.3%	-0.6%	3.0%	2.1%
오피스	0.0%	-1.1%	1.5%	3.8%
셀프 스토리지	3.8%	-1.4%	8.3%	3.8%
쇼핑센터	2.3%	-2.3%	2.9%	2.2%

출처: S&P Global Market Intelligence

연간 현금 NOI(#3단계부터)	$30,824
÷ 캡레이트	6.00%
= 서비스 중인 부동산의 공정시장가치	$513,733

공정시장가치는 리츠가 보유하고 있는 부채, 우선주 및 기타 부채를 가정하지 않고 구매자가 리츠의 자산에 대해 오늘 당장 지불할 수 있는 가격입니다. 실제 거래에서 구매자는 각 부동산을 분석하고 5년 또는 10년 동안 포트폴리오에서 예상되는 현금 NOI의 현재 가치를 계산합니다. 이러한 결과를 간단하게 표현한 것이 바로 캡레이트입니다.

캡레이트는 포트폴리오의 연간 조정 현금 NOI를 구매자가 지불할 의사가 있는 구매 가격으로 나눈 값으로 표현됩니다. 애널리스트 세계에서는 리츠의 NAV를 계산하는 데 어떤 캡레이트가 적합한지에 대해 항상 많은 논쟁이 있습니다. 정답은 없지만 논쟁에 대한 지식은 투자자를 보호할 수 있는 방식을 채택하는 데 도움이 될 것입니다.

캡레이트. 즉 자본환원율은 레버리지를 없앤 자산의 예상 수익률입니다. 캡레이트를 이해하는 또 다른 방법은 P/E(Price/Earning) 비율의 역수입니다. 여기서 '가격(Price)'은 자산의 공정시장가치(일명, 구매 가격)이고 '이익(Earning)'은 부동산의 현금 NOI입니다. 동일한 유형의 부동산에 대한 캡레이트는 자산의 일반적인 품질뿐만 아니라 위치의 질(시장의 수요와 공급 펀더멘탈의 상대적 우위에 기반), 구매자 또는 판매자 중 어느 쪽이 거래를 완료하기 위해 얼마나 적극적인지에 따라 크게 달라집니다.

$$\text{캡레이트} = \frac{\text{이익}}{\text{가격}} = \frac{\text{부동산의 현금 NOI}}{\text{부동산의 시장가나 부동산에 대해 지불한 가격}}$$

이론적으로 캡레이트는 리츠의 자산이 직접 부동산 시장에서 매각될 수 있는 가격과 근사하게 나타나야 합니다. 투자자는 유사 자산 또는 자산 포트폴리오의 최근에 거래된 캡레이트를 알아봄으로써 NAV 계산에 사용할 캡레이트를 추정할 수 있습니다. 전국 평균 캡레이트는 6%일 수 있으며, 상위 시장의 클래스 A 부동산 포트폴리오는 5% 캡레이트로 거래될 수 있으며, 2차 시장의 클래스 A 부동산은 5.5% 캡레이트로 거래될 수 있습니다.

그럼에도 불구하고 궁극적으로 캡레이트는 주관적입니다. 판매자는 충분한 동기가 있다면 자산을 공정시장가격 이하로 매각할 수 있습니다. 가령, 만기가 도래하는 부채를 재융자할 수 없는 상황이 있을 수 있습니다. 가격이 낮을수록 캡레이트가 높아집니다. 한 구매자가 자산에 대해 지불할 의사가 있는 금액은 다른 구매자가 지불하는 금액과 크게 다를 수 있습니다. 서로 다른 구매자들의 입찰가 차이는 다양한 팩터에 의해 결정되는 함수입니다. 팩터로는 경제 전망에 대한 다양한 견해, 구매자가 이미 가지고 있는 임차인과의 관계, 시간이 지난 후에 자산을 재개발하려는 다른 계획 등이 있습니다. 캡레이트에 영향을 미칠 수 있는 '부실 매도자(distressed seller)' 상황을 인식하는 것은 중요합니다. 합리적인 캡레이트를 확보하는 것이 제대로 된 NAV 분석의 핵심이므로 평균 캡레이트를 왜곡할 수 있는 최근의 비정상적 거래를 배제하는 것이 중요합니다.

비교 가능한 자산 매각 거래를 Real Capital Analysis(rcanalytics.com)나 CoStar에서 조회하거나 상업용 부동산 중개인과 최근 캡레이트에 대해 이야기를 나누는 것 외에도 S&P Global Market Intelligence에서 캡레이트를 조회하는 것은 NAV 계산을 위한 적절한 캡레이트 범위를 결정하는 적절한 방법입니다. 그림 11.7에서 여러 부동산 유형에 대한 2019년 말의 캡레이트 중간값 추정치를 확인할 수 있습니다.

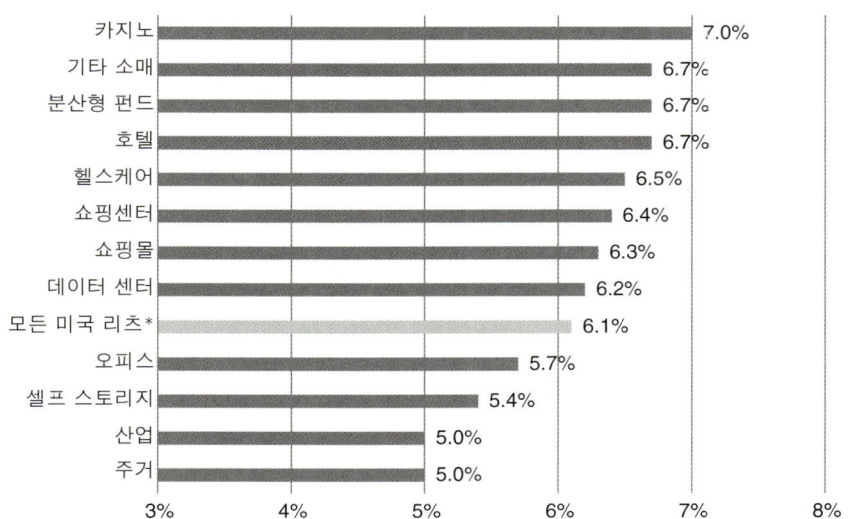

그림 11.7 다양한 부동산 유형별 캡레이트 중간값 추정치.
나스닥, NYSE, NYSE 아메리칸에서 거래되는 시가총액이 최소 2억 달러 이상인 미국 상장주식 리츠에 대상. 기타 소매에는 아웃렛 센터, 단일 임차인 및 기타 소매 포함; 주거에는 다가구, 단독 주택, 학생 주거 및 매뉴팩처드 홈 포함.
* 부동산 유형 카테고리에 반영되지 않은 세 가지 추가 전문 리츠 포함.
출처: S&P Global Market Intelligence 2020년 1월 2일에 작성된 데이터.

5단계: 다른 투자 및 자금 조달을 위한 공정시장가치 조정

NAV 계산의 마지막 단계는 4단계에서 계산된 공정시장가치를 조정하여 현재 NOI를 생성하지 않는 자산의 가치를 더하고, 리츠의 총부채 및 우선주를 빼는 것입니다.

	검토 항목	
운용 중 자산의 공정시장가치 (4단계 산출 기준)		$513,733
± 매출채권, 현금, 기타 유형자산 (유동부채 차감 후)	A	(15,000)
+ 개발 중인 자산 (현재까지 발생한 원가 기준)	B	100,000
+ 개발용 토지 (장부가 기준)	C	25,000
+ 건설관리사업 (연환산 기준 순이익의 5배 적용)	D	4,000
- 총 부채	E	(200,000)
- 우선주 (청산가치 기준)	E	(75,000)
순자산가치 (NAV)		$352,733
÷ 분기말 기준 발행 주식 및 OP 유닛		25,000
주당 NAV		$14.11
- 대비 -		
해당 거래일 종가		$15.00
주당 NAV 대비 프리미엄(또는 할인율)		6.3%

5단계에 대한 토론

A. 리츠의 대차대조표 정보를 사용하여 현금 및 제한된 현금, 미수금 및 선불 비용과 같이 서비스 자산으로 회계 처리되지 않은 유형 자산을 추가합니다. 유형 자산에는 이연된 리스 비용 및 금융 비용 또는 이연된 임대료 미수금 같은 이연 항목이 포함되지 않습니다. 또한 부동산 운영(또는 자금 조달) '사용권' 자산, 그리고 같은 맥락에서 부동산 운영 리스 부채는 각각 유동 자산 및 유동 부채에서 제외됩니다. 이러한 개별 항목은 5장에서 논의된 신규 리스 회계 기준(ASC 842)의 결과이며 NAV 계산 목적상 유형 자산이나 부채가 아닙니다.

B. 리츠에 개발 중인 부동산이 있는 경우 NOI에서 설명되지 않을 가능성이 큽니다. (일부 리츠는 전체 건물이 가동되기 전에 부분적으로 완료된 프로젝트를 가동하지만 대부분은 그렇지 않습니다.) 업계는 두 가지 방식으로 개발의 가치를 측정합니다. 첫째, 리츠의 공시가 적절하다면 투자자는 개발 프로젝트의 예상 현금흐름을 예측하고 순현재가치를 계산할 수 있습니다. 그러나 이 계산은 복잡하고, 일반적으로 개발에 사용되는 토지를 포함하여 모든 개발 또는 재개발 프로젝트에 대해 현재까지 발생한 비용을 모두 더하는 보다 단순화된 방법보다 실질적으로 낫지 않습니다. 개발 위험이 본질적으로 낮아 보이는 경우(예: 사전분양) 10% 또는 그 이상의 프리미엄이 추가될 수 있습니다.

C. 토지를 장부가로 더합니다. (일반적으로 대차대조표나 최근의 10-Q나 10-K의 재무제표 각주에 나옵니다.)

D. 비즈니스 서비스의 가치를 평가하기 위해 최근 4분기 순이익을 더하여 합계에 5를 곱하면 20% 캡레이트를 적용하는 것과 같습니다. 이러한 서비스는 가변적인 것으로 간주되므로 일반적으로 높은 캡레이트가 적절합니다.

E. 다음으로 미지급된 모든 부채와 OP 수준에서 우선주 또는 우선 유닛의 청산 가치를 뺍니다. (우선주에 대한 추가 정보는 4장과 9장을 참조하십시오.) 이 결과 합계가 리츠의 NAV입니다. NAV를 리츠의 총 보통주와 OP 유닛의 합계로 나누어 주당 NAV를 계산합니다.

내재 캡레이트

리츠의 내재 캡레이트(implied cap rate)는 투자자가 현재 가격으로 리츠를 매수할 경우 고정되는 무차입 수익률이라는 점에서 무차입 내부 수익률(Internal Rate of Return: IRR)과 유사합니다. 캡레이트는 회사의 수익 배수의 역수와 같기 때문에 내재 캡레이트가 더 높은 리츠는 일반적으로 더 낮은 내재 캡레이트로 거래되는 유사한 리츠보다 더 나은 상대 가치를 가진다고 간주됩니다. 특히 비슷한 질의 부동산이 비슷한 시장에서 최근에 더 낮은 캡레이트로 팔렸을 때 더욱더 그러합니다.

리츠를 분석할 때 내재 캡레이트를 적용하는 두 번째 방법은 이를 유사한 자산에 대해 지불된 캡레이트와 비교하는 것입니다. 예를 들어, 어떤 산업 리츠의 내재 캡레이트가 최근에 거래된 비교 가능한 산업 자산의 캡레이트보다 높으면 그 산업 리츠의 주식은 좋은 가치를 가지고 있다고 볼 수 있습니다. 만약에 리츠의 내재 캡레이트가 자산시장에서 거래되는 유사한 자산에 대한 캡레이트보다 크다면 그 리츠 주식은 가치 면에서 매력적일 가능성이 큽니다.

표 11.12 내재 캡레이트 계산

단계 #1:	리츠의 현재 주가		$15.00
	x 보통주 및 OP 유닛 수		25,000
	내재 NAV		$375,000
단계 #2:	수익을 창출하지 않는 항목 및 자금 조달 조정:		
	내재 순가치		$375,000
	+	우선주의 청산가치	75,000
	+	총 부채	200,000
	-	건설 관리 사업	(4,000)
	-	장부가치 기준 개발용 토지	(25,000)
	-	개발 중인 부동산	(100,000)
	±	매출채권, 현금 및 기타 유형 자산에서 유동 부채 상각	15,000
	내재 공정시장가치		$536,000
단계 #3:	내재 공정시장가치로 연간화된 현금 NOI로 나누기:		
	연간화된 조정된 현금 NOI		$30,824
	÷	내재 공정시장가치	$536,000
	내재 캡레이트		**5.8%**

현재 거래되는 리츠의 내재 캡레이트를 계산하려면 현재 주가를 리츠의 주당 NAV로 입력하고 캡레이트를 구하십시오. 표 11.12는 이 과정을 보여줍니다. 이것은 NAV 계산에 사용되는 주요 단계를 반대로 한 것입니다.

결론

리츠는 C-corporations이며 비리츠 C-corporations의 주식을 평가하는 데 사용되는 방법들을 사용하여 분석할 수도 있습니다. 그러나 리츠는 판매할 제품을 제조하는 것이 아니라 고정 자산을 소유하고 임대하여 수익을 창출하기 때문에 일반 회사와 다릅니다. 결과적으로 투자자는 이를 적절하게 평가하기 위해 고유한 지표들을 적용해야 합니다. 이 장에서 자세히 설명된 계산과 기법을 사용하여 투자자는 투자 목적에 대한 적합성을 평가하기 위해 리츠의 영업 능력, 수익성, 포트폴리오의 매력도, 대차대조표 유연성 및 가격을 결정할 수 있습니다.

마치는 글

　많은 투자자들이 건물이 마음에 든다거나 특정 리츠에서 일하는 사람을 알고 있다는 이유로 해당 리츠를 구매하는 실수를 범합니다. 이러한 손쉬운 감정적 이유가 효과가 낼 수 있지만 그렇지 않을 수도 있으며, 주식을 분석하고 다양한 포트폴리오를 구축하는 것보다 더 높은 위험을 수반합니다. 이 책을 통해 우수한 자산, 보수적인 재무 및 입증된 자본 투자 실적을 낸 관리팀을 보유한 리츠를 선택할 수 있는 수단을 제공하고자 했습니다. 저렴하다는 이유만으로 구매하면 위험이 높아지고 장기 수익이 낮아질 수 있습니다. 높은 품질과 미래의 수익 성장을 구매하는 것은 오랜 시간에 걸쳐 우수한 투자 전략으로 입증되었습니다.

> '건물이 마음에 든다'는 이유로 리츠를 사는 것은 실패할 수 있으며 주식을 분석하고 다양한 포트폴리오를 구축하는 것보다 더 높은 위험을 수반합니다.

　대부분의 투자자는 리츠 경영진의 성격을 직접 평가할 기회가 없습니다. 또한 미국 경제가 장기적으로 나아가고 있는 방향을 추정하는 데 능숙하지 않을 수 있습니다. 그러나 경제가 성장하면 부동산 수요는 항상 증가했습니다. 리츠 투자자는 다양한 리츠의 서로 다른 자산 유형, 서로 다른 임대 구조, 서로 다른 임차인, 그리고 경제 성장 또는 위축 시기에 달라지는 수요의 견실함 등으로부터 오는 위험과 보상을 이해해야 합니다.

임대 계약 기간이 길수록 일반적으로 안정적이고 예측 가능한 이익을 창출하는 반면, 짧은 임대 계약일수록 발생 수익의 변동성이 클 수 있습니다. 리츠 주가, 더 나아가 P/FFO 배수(11장 참고)는 이렇게 근본적으로 서로 다른 이익 변동성의 차이를 반영합니다. 표 C.1은 각 부동산 유형에서 사용되는 일반적인 임대 기간을 요약하고 각 부동산 부문의 베타에 기반해 순위별로 나열했습니다.

investopedia.com은 베타를 주식시장에 연동되는 주식의 변동성을 측정하는 지표로 정의합니다. 주식시장의 베타는 1.0입니다. '고베타 주식'은 시간이 지남에 따라 시장보다 더 큰 가격 변동을 보이고 베타가 1.0 이상인 주식입니다. 반대로, 변동성이 낮은 주식, 즉 '저베타 주식'의 베타는 1.0 미만입니다. 베타가 높은 주식은 더 많은 위험을 수반하지만 더 높은 수익을 제공할 수도 있습니다. 표 C.1은 리츠가

표 C.1 부동산 유형과 임대 기간에 따른 주식 베타

부동산 부문	전형적인 임대 기간	베타평균 1년 (2019)	3년 (2017-2019)
지역 쇼핑몰	3–7년	1.03	0.82
호텔	N/A	0.83	0.76
스페셜티	회사별로 다름	0.56	0.59
쇼핑센터	3–7년	0.50	0.58
산업	3–7년	0.57	0.56
사무실	3–7년	0.58	0.53
다각화	회사별로 다름	0.46	0.47
다가구	1년	0.38	0.44
헬스케어	10년 이상	0.36	0.44
기타 소매 (트리플 넷)	10년 이상	0.33	0.42
매뉴팩처드 홈	월별	0.32	0.37
셀프 스토리지	월별	0.16	0.28

출처: S&P Global Market Intelligence.

소유한 부동산 유형에 따라 리츠의 1년 및 3년 평균 베타를 보여줍니다. 3년 평균 베타를 기준으로 가장 높은 것부터 낮은 쪽으로 정렬해 보면 모든 리츠 섹터의 베타가 1.0 미만이라는 것을 알수 있습니다. 이는 리츠 산업이 전체 시장보다 변동성이 적다는 것을 의미합니다. 임대 계약이 없는 호텔 리츠는 장기 임대와 관련된 부동산을 소유한 리츠보다 변동성이 더 큽니다. 예상대로 수요가 상대적으로 비탄력적인, 보다 필수적인 부동산 유형을 소유한 리츠는 베타가 가장 낮습니다. 투자자는 위험에 대한 개인적인 허용 범위를 고려할 때 어떤 리츠가 적절한지 이해해야 합니다.

당신의 포트폴리오에는 어떤 리츠가 있습니까?

리츠 부동산 부문이 과거에 어떻게 거래되었는지 이해하면 미래에 유사한 거래 환경에서 어떤 성과를 가져올 수 있는지에 대한 기대치를 설정하는 데 도움이 됩니다. Nareit에 1994년부터 현재까지 부동산 부문별 총수익 데이터가 있습니다. 그러나 부동산 펀더멘탈은 경제에 후행해서 바뀌고, 리츠 주식은 미래에 대한 기대치를 반영하기 때문에 어떤 리츠를 언제 매수해야 하는지에 대한 감각을 익히기란 여간 어려운 일이 아닙니다.

> 리츠 수익률을 예측하는 것은 다른 산업보다 더 복잡합니다. 이러한 어려움은 상업용 부동산이 경제를 후행하는 방어적 지표라는 사실에서 비롯됩니다. 그러나 주가는 투자자의 미래 수익에 대한 현재 가치를 나타냅니다. 결론적으로 리츠 주가에는 투자자가 일하거나 쇼핑하거나 여가 활동을 즐기면서 물리적으로 보게 되는 것들이 거의 반영되지 않습니다.

부동산 펀더멘탈은 일반 경제를 후행합니다. 얼마나 많이 후행하는가는 부동산 유형(사무실, 산업, 소매 등), 기존 건물의 구조 및 평균 임대 기간, 상업 공간에 대한 수요가 공급과 얼마나 균형을 이루는지 등에 따라 달라집니다. 어떤 부동산 부문을 매매할 때가 언제인가를 결정할 수 있는 불변의 규칙은 없습니다. 각 경제 사이클은 길이와 규모가 다르며 언제 방향이 바뀔지는 신 외에 아무도 모릅니다. '시장의 타이밍을 잡을 수 있다고 말하는 사람들은 바보이거나 거짓말쟁이입니다'라는 투자 격언은 여전히 유효합니다.

요점은 리츠 주식을 포함하여 주식을 사거나 팔기에 가장 좋은 시기 같은 것은 없다는 겁니다. 투자자 여러분은 이 책의 가이드라인, 데이터, 과거 정보, 분석 도구들을 활용하여 투자자는 자신의 포트폴리오에 적합한 리츠를 선택하기 바랍니다. 기업 웹사이트에서 얻을 수 있는 정보로는 투자자와 자문역이 해당 리츠가 투자자의 위험 감내 한도 및 수익 목표에 적합한가를 결정할 수 있을 것입니다. 주가가 급등하는 것을 보고 싶지 않은 투자자는 호텔이나 사무실 리츠에 투자하는 것을 피하는 게 좋습니다. 배당소득을 위한 리츠 매수에 관심이 있는 투자자라면 독립형 소매 리츠, 대부분의 헬스케어 리츠, 많은 스페셜티 리츠와 같이 장기 트리플 넷 리스를 사용하는 리츠에 집중해야 합니다.

투자자라면 면허를 가지고 적절한 정보를 분석할 수 있는 재정 자문역을 만나 투자의 적절성에 대해 논의해야 합니다. 궁극적으로 리츠에 투자하기 위한 가장 건전한 투자 전략은 높은 품질을 추구하는 것입니다. 양질의 부동산, 양질의 대차대조표, 양질의 경영진 등이 그 예입니다. 고위 경영진이 적어도 한 번의 경기 침체를 넘어서 회사를 성공적으로 이끌었던 리츠를 선택하는 것도 좋은 선별 방법이지만 새로 형성된 리츠를 운영하는 숙련된 팀도 많이 있습니다. 4장과 11장에 설명된 간단한 방정식을 사용하여 대차대조표의 견실성과 배당금의 안전성을 평가하고 연구 보고서와 리츠의 공공 정보에서 보유 자산의 질을 찾아 읽어 보십시오. 이 책은 더 높은 품질의 리츠를 선택하고 위험을 피하거나 줄이는 데 필요한 도구와 지침을 제공합니다. 리츠는 복잡하지만 보람있는 투자 기회이며 개인투자자들에게 전문 경영진이 운용하는 대규모 부동산 자산에 투자할 수 있도록 기회를 줍니다.

추가 자료

이 책은 다음과 같이 활용하십시오. 재정 자문역과 리츠에 대해 더 많은 정보에 입각한 토론을 원하는 개인은 1-7장에 집중해야 합니다. 8-11장은 본질적으로 더 기술적이며 해당 부문에 다른 사람의 돈을 투자할 수 있는 전문 자금관리자 및 분석가를 대상으로 합니다. 재정 자문역이라면 여러분들이 근무하고 있는 회사에서 접근 가능한 자료의 질에 따라서, 회사에 리츠 분석을 위한 연구 팀이 있다 할지라도 이 책의 모든 장을 읽어보시기 바랍니다.

reit.com은 NAREIT의 웹사이트이며 리츠 및 업계에 대한 뉴스, 기사 및 데이터를 제공합니다. 투자자는 거의 모든 정보를 무료로 다운로드받을 수 있습니다. 부동산에 대한 리츠 투자의 기초, 리츠 펀드 목록, 상세한 회사별 정보 및 상세한 산업 리서치를 포함해서 많은 자료들이 있습니다. 또한 현재 리츠업계 뉴스가 정리된 무료 뉴스레터를 받아볼 수 있습니다.

spglobal.com은 기업, 정부, 개인이 최종 결정을 내리는 데 필수적인 정보를 제공하는 기관인 S&P Global Market Intelligence의 웹사이트입니다. SNL Financial로 알려졌던 S&P Global Market Intelligence는 1994년부터 리츠 산업에 대한 전문 데이터와 뉴스를 제공합니다.

greenstreetadvisors.com은 Green Street Advisors의 웹사이트입니다. 1985년에 설립된 Green Street Advisors는 북미와 유럽의 상업용 부동산 산업에 중점을 둔 독립적인 연구 및 컨설팅 기업으로, 주식시장과 비상장 리츠 시장에 대한 부동산 분석, 연구 보고서 및 데이터를 제공하는 선도적인 벤더입니다. 그린 스트리트는 또한 주식 투자자들에게 리츠에 대한 투자 보고서와 트레이딩 서비스를 제공하고 있습니다.

rastanger.com은 Robert A. Stanger & Co. (Stanger)의 웹사이트입니다. 이 회사는 직접 참여 프로그램 및 PNLR 투자에 중점을 둔 전국적으로 인정받는 뉴스레터인 The Stanger Report라는 주력 간행물로 잘 알려져 있습니다. Stanger는 또한 Stanger Market Pulse, Stanger Interval Fund Report, The Stanger Digest, The IPA/Stanger Monitor를 발행합니다.

리츠 시장의 진화와 역사적 설명에 대해 더 자세히 알고자 하신다면 다음 두 권의 책을 찾아 읽어보기 바랍니다. 두 책은 리츠 시장의 진화와 역사적 설명에 대해 더 자세히 알고 싶은 분들께 도움이 됩니다.

- Watch that Rat Hole: And Witness the REIT Revolution, Kenneth D. Campbell, 2016.
- Investing in REITs: Real Estate Investment Trusts (4th edition), Ralph L. Block, 2011.

부록

리츠 목록 - 회사명순

회사명	티커심볼	타입
Acadia Realty Trust	AKR	Equity
AG Mortgage Investment Trust	MITT	mREIT
AGNC Investment Corp.	AGNC	mREIT
Agree Realty Corp.	ADC	Equity
Aimco	AIV	Equity
Alexander & Baldwin Inc.	ALEX	Equity
Alexander's Inc.	ALX	Equity
Alexandria Real Estate	ARE	Equity
Alpine Income Property Trust	PINE	Equity
American Assets Trust Inc.	AAT	Equity
American Campus Communities	ACC	Equity
American Finance Trust	AFIN	Equity
American Homes 4 Rent	AMH	Equity
American Tower Corp. (REIT)	AMT.REIT	Equity
Americold Realty Trust	COLD	Equity
Annaly Capital Management	NLY	mREIT
Anworth Mortgage Asset Corporation	ANH	mREIT
Apollo Commercial Real Estate Finance	ARI	mREIT

회사명	티커심볼	타입
Apple Hospitality REIT Inc.	APLE	Equity
Arbor Realty Trust, Inc.	ABR	mREIT
Ares Commercial Real Estate Corp.	ACRE	mREIT
Arlington Asset Investment Corp.-Class A	AI	mREIT
Armada Hoffler Properties Inc.	AHH	Equity
ARMOUR Residential REIT	ARR	mREIT
Ashford Hospitality Trust	AHT	Equity
AvalonBay Communities Inc.	AVB	Equity
Blackstone Mortgage Trust, Inc. - Class A	BXMT	mREIT
Bluerock Residential Growth	BRG	Equity
Boston Properties Inc.	BXP	Equity
Braemar Hotels & Resorts	BHR	Equity
Brandywine Realty Trust	BDN	Equity
Brixmor Property Group Inc.	BRX	Equity
Brookfield Property REIT Inc.[1]	BPYU	Equity
BRT Apartments Corp.	BRT	Equity
Camden Property Trust	CPT	Equity
Capstead Mortgage Corp.	CMO	mREIT
CareTrust REIT Inc.	CTRE	Equity
CatchMark Timber Trust Inc.	CTT	Equity
CBL & Associates Properties	CBL	Equity
Cedar Realty Trust Inc.	CDR	Equity
Chatham Lodging Trust	CLDT	Equity
Cherry Hill Mortgage Investment Corp.	CHMI	mREIT
Chimera Investment Corp.	CIM	mREIT
CIM Commercial Trust Corp.	CMCT	Equity
City Office REIT Inc.	CIO	Equity
Clipper Realty Inc.	CLPR	Equity
Colony Capital, Inc.	CLNY	Equity
Colony Credit Real Estate, Inc. - Class A	CLNC	mREIT
Columbia Property Trust	CXP	Equity
Community Healthcare Trust Inc.	CHCT	Equity
Condor Hospitality Trust Inc.	CDOR	Equity
CoreCivic Inc.	CXW	Equity
CorEnergy Infrastructure Trust	CORR	Equity
CorePoint Lodging Inc.	CPLG	Equity
CoreSite Realty Corp.	COR	Equity

회사명	티커 심볼	타입
Corporate Office Properties Trust	OFC	Equity
Cousins Properties Inc.	CUZ	Equity
Crown Castle International	CCI.REIT	Equity
CubeSmart	CUBE	Equity
CyrusOne Inc.	CONE	Equity
DiamondRock Hospitality Co.	DRH	Equity
Digital Realty Trust Inc.	DLR	Equity
Diversified Healthcare Trust[2]	DHC	Equity
Douglas Emmett Inc.	DEI	Equity
Duke Realty Corp.	DRE	Equity
Dynex Capital, Inc.	DX	mREIT
Easterly Government Ppts Inc.	DEA	Equity
EastGroup Properties Inc.	EGP	Equity
Ellington Financial, Inc.	EFC	mREIT
Ellington Residential Mortgage REIT	EARN	mREIT
Empire State Realty Trust Inc.	ESRT	Equity
EPR Properties	EPR	Equity
Equinix Inc. (REIT)	EQIX.REIT	Equity
Equity Commonwealth	EQC	Equity
Equity Life Style Properties	ELS	Equity
Equity Residential	EQR	Equity
Essential Properties Realty Tr	EPRT	Equity
Essex Property Trust Inc.	ESS	Equity
Exantas Capital Corp.	XAN	mREIT
Extra Space Storage Inc.	EXR	Equity
Farmland Partners Inc.	FPI	Equity
Federal Realty Investment	FRT	Equity
First Industrial Realty Trust	FR	Equity
Four Corners Property Trust	FCPT	Equity
Franklin Street Properties	FSP	Equity
Front Yard Residential Corp.	RESI	Equity
Gaming and Leisure Properties	GLPI	Equity
GEO Group Inc.	GEO	Equity
Getty Realty Corp.	GTY	Equity
Gladstone Commercial Corp.	GOOD	Equity
Gladstone Land Corp.	LAND	Equity
Global Medical REIT	GMRE	Equity

회사명	티커심볼	타입
Global Net Lease	GNL	Equity
Global Self Storage	SELF	Equity
Granite Point Mortgage Trust	GPMT	mREIT
Great Ajax Corp.	AJX	mREIT
Hannon Armstrong Sustainable Infra. Cap'l	HASI	mREIT
Healthcare Realty Trust Inc.	HR	Equity
Healthcare Trust of America	HTA	Equity
Healthpeak Properties[3]	PEAK	Equity
Hersha Hospitality Trust	HT	Equity
Highwoods Properties Inc.	HIW	Equity
HMG/Courtland Properties Inc.	HMG	Equity
Host Hotels & Resorts	HST	Equity
Hudson Pacific Properties Inc.	HPP	Equity
Hunt Companies Finance Trust	HCFT	mREIT
Independence Realty Trust Inc.	IRT	Equity
Industrial Logistics Ppts	ILPT	Equity
Innovative Industrial Ppts Inc.	IIPR	Equity
InnSuites Hospitality Trust	IHT	Equity
Invesco Mortgage Capital	IVR	mREIT
Investors Real Estate Trust	IRET	Equity
Invitation Homes Inc.	INVH	Equity
Iron Mountain Inc.	IRM	Equity
iStar Inc.	STAR	mREIT
JBG SMITH Properties	JBGS	Equity
Jernigan Capital, Inc.	JCAP	mREIT
Kilroy Realty Corp.	KRC	Equity
Kimco Realty Corp.	KIM	Equity
Kite Realty Group Trust	KRG	Equity
KKR Real Estate Finance Trust	KREF	mREIT
Ladder Capital Corp. - Class A	LADR	mREIT
Lamar Advertising Co. (REIT)	LAMR.REIT	Equity
Lexington Realty Trust	LXP	Equity
Liberty Property Trust[4]	LPT	Equity
Life Storage Inc.	LSI	Equity
LTC Properties Inc.	LTC	Equity
MAA	MAA	Equity
Macerich Co.	MAC	Equity

회사명	티커심볼	타입
Mack-Cali Realty Corp.	CLI	Equity
Medalist Diversified REIT	MDRR	Equity
Medical Properties Trust Inc.	MPW	Equity
MFA Financial, Inc.	MFA	mREIT
Monmouth Real Estate	MNR	Equity
National Health Investors Inc.	NHI	Equity
National Retail Properties	NNN	Equity
National Storage Affiliates Trust	NSA	Equity
New Residential Investment Corp	NRZ	mREIT
New Senior Investment Group	SNR	Equity
New York Mortgage Trust	NYMT	mREIT
NexPoint Residential Trust Inc.	NXRT	Equity
Office Properties Income Trust	OPI	Equity
Omega Healthcare Investors	OHI	Equity
One Liberty Properties Inc.	OLP	Equity
Orchid Island Capital	ORC	mREIT
OUTFRONT Media Inc. (REIT)	OUT.REIT	Equity
Paramount Group Inc.	PGRE	Equity
Park Hotels & Resorts Inc.	PK	Equity
Pebblebrook Hotel Trust	PEB	Equity
Pennsylvania REIT	PEI	Equity
PennyMac Mortgage Investment Tr	PMT	mREIT
Physicians Realty Trust	DOC	Equity
Piedmont Office Realty Trust	PDM	Equity
Plymouth Industrial REIT Inc.	PLYM	Equity
Postal Realty Trust	PSTL	Equity
PotlatchDeltic Corp.	PCH	Equity
Power REIT	PW	Equity
Preferred Apartment Comm.	APTS	Equity
Prologis Inc.4	PLD	Equity
PS Business Parks Inc.	PSB	Equity
Public Storage	PSA	Equity
QTS Realty Trust Inc.	QTS	Equity
Rayonier Inc.	RYN	Equity
Ready Capital Corp	RC	mREIT
Realty Income Corp.	O	Equity
Redwood Trust	RWT	mREIT

회사명	티커심볼	타입
Regency Centers Corp.	REG	Equity
Retail Opportunity Investments	ROIC	Equity
Retail Properties of America	RPAI	Equity
Retail Value Inc.	RVI	Equity
Rexford Industrial Realty Inc.	REXR	Equity
RLJ Lodging Trust	RLJ	Equity
RPT Realty	RPT	Equity
Ryman Hospitality Properties	RHP	Equity
Sabra Health Care REIT	SBRA	Equity
Sachem Capital Corp.	SACH	mREIT
Safehold Inc.	SAFE	Equity
Saul Centers Inc.	BFS	Equity
SBA Communications - class A	SBAC.REIT	Equity
Seritage Growth Properties	SRG	Equity
Service Properties Trust[5]	SVC	Equity
Simon Property Group	SPG	Equity
SITE Centers Corp.	SITC	Equity
SL Green Realty Corp.	SLG	Equity
Sotherly Hotels Inc.	SOHO	Equity
Spirit Realty Capital Inc.	SRC	Equity
STAG Industrial Inc.	STAG	Equity
Starwood Property Trust	STWD	mREIT
STORE Capital Corp.	STOR	Equity
Summit Hotel Properties Inc.	INN	Equity
Sun Communities Inc.	SUI	Equity
Sunstone Hotel Investors Inc.	SHO	Equity
Tanger Factory Outlet Centers	SKT	Equity
Taubman Centers Inc.	TCO	Equity
Terreno Realty Corp.	TRNO	Equity
TPG RE Finance Trust	TRTX	mREIT
Tremont Mortgage Trust	TRMT	mREIT
Two Harbors Investment Corp.	TWO	mREIT
UDR Inc.	UDR	Equity
UMH Properties Inc.	UMH	Equity
Uniti Group Inc.	UNIT	Equity
Universal Health Realty Trust	UHT	Equity
Urban Edge Properties	UE	Equity

회사명	티커심볼	타입
Urstadt Biddle Properties - class A	UBA	Equity
Ventas Inc.	VTR	Equity
VEREIT Inc.[6]	VER	Equity
VICI Properties Inc.	VICI	Equity
Vornado Realty Trust	VNO	Equity
W. P. Carey Inc.	WPC	Equity
Washington Prime Group Inc.	WPG	Equity
Washington REIT	WRE	Equity
Weingarten Realty Investors	WRI	Equity
Welltower Inc.	WELL	Equity
Western Asset Mortage Cap'l Corp.	WMC	mREIT
Weyerhaeuser Co.	WY	Equity
Wheeler REIT Inc.	WHLR	Equity
Whitestone REIT	WSR	Equity
Xenia Hotels & Resorts Inc.	XHR	Equity

[1] 2020년 3월, Brookfield Property REIT는 티커 심볼을 BPR에서 BPYU로 변경.

[2] 2019년에 Senior Housing Properties Trust(NASDAQ: SNH)는 회사명과 티커 심볼을 Diversified Healthcare Trust(NASDAQ: DHC)로 변경.

[3] 2019년에 HCP, Inc.(NYSE: HCP)의 회사명과 티커 심볼을 Healthpeak Properties(NYSE: PEAK)로 변경.

[4] 2020년 1분기에 Prologis(PLD)가 Liberty Property Trust(LPT)를 인수.

[5] 2019년에 Hospitalities Properties Trust(NASDAQ: HPT)의 회사명과 티커 심볼을 Service Properties Trust(NASDAQ: SVC)로 변경.

[6] 구, American Realty Capital Properties(NYSE: ARCP)

용어집

다음은 리츠업계와 이 책 전체에서 언급한 용어에 대한 정의입니다. 일부는 Nareit에서 제공한 정보와 SEC에 제출된 회사별 문서를 기반으로 정의되었으며, 일부는 Barron's 부동산 용어 사전과 investopedia.com 및 leasingprofessionals.com 같은 온라인 자료를 참조했습니다.

경제 사이클(economic cycle) 경제 주기라고도 하며, 확장(expansion), 즉 성장(growth)과 수축(contraction), 즉 불황(recession) 사이에 자연스럽게 나타나는 현상입니다.

경제 지표(economic indicator) investopedia.com에 따르면 경제 지표는 주간 고용 보고서와 같은 경제 데이터의 하나로, 투자자들이 경제의 전반적인 건전성을 해석하는 데 사용합니다.

공용 구역 유지 관리(CAM) "공용 구역"은, 예를 들어 오피스 빌딩의 로비, 보도, 조경, 주차장 조명, 제설작업 서비스 같은, 부동산 내에 위치한 모든 임차인이 사용하는 구역을 말합니다. 5장에서 설명한 대로 특정 임대 구조에서는 임대인이 부동산의 공용 구역 유지에 필요한 추가 비용을 비례 분담하여 임차인에게 부과합니다. CAM은 모든 임차인에게 혜택을 주기 위한 유지 관리를 위해 임대료에 추가되는 비용을 발생시킵니다.

과세 대상 리츠 자회사(Taxable REIT Subsidiary: TRS) 과세 대상 리츠 자회사는 리츠가 세금 목적으로 직접적으로 또는 간접적으로 소유한 독립 법인입니다. 1999년 리츠현대화법으로 리츠는 TRS를 통해 임차인에게 비전통적인 편의를 위한 부가 서비스를 제공하거나 제3자에게 전통적인 부동산 관리 표준 서비스를 제공할 수 있습니다. 이러한 리츠는 다른 임대업자들에 비해 경쟁 면에서 훨씬 유리합니다. 리츠는 또한 TRS를 이용하여 제한적으로나마 비임대 부동산 자산(nonrental real estate assets)에 투자하여 수익을 창출할 수도 있습니다.

국세청(Internal Revenue Service: IRS) 세금의 징수 및 집행을 담당하는 미국 정부 기관입니다. 1862년 링컨 대통령에 의해 설립되어 미국 재무부(US Department of the Treasury) 산하에서 운영되고 있습니다.

글로벌 산업 분류 표준(Global Industry Classification Standard: GICS) 웹사이트 www.msci.com/gics에 따르면 MSCI와 스탠다드앤푸어스는 산업 부문들의 폭, 깊이, 발전을 파악할 수 있는 효율적인 투자 도구를 만들기 위해 1999년에 GICS를 개발했습니다. GICS는 4단계 산업 분류 체계(four-tiered industry classification system)로서, 10개 투자 부문(investment sectors), 24개 산업 그룹(industry groups), 67개 산업(industries), 156개 하위 산업(subindustries)으로 구성되어 있습니다. 2016년, 부동산(Real Estate)이 11번째 GICS 부문이 되었습니다.

기본 임대료(base rent) 임대차 계약에 정의된 임대인이 지불해야 하는 최소 임대료입니다. 5장의 임대료에 대한 설명을 참고하시기 바랍니다.

기준(비용) 연도(base(expense) year) 5장에서 설명한 대로 기준 연도는 통상적으로 임대차 계약의 첫해를 의미하며, 이 기간 임대인은 임차인이 공간을 점유하여 사용함으로써 발생하는 실제 세금 및 운영 비용을 결정합니다. 기준 연도가

지나면 임대인은 기준 연도 비용을 기준으로 한 비용 금액을 지불하는 데 동의하고, 임차인은 기준 금액을 초과하는 비용 증가분을 지불합니다.

넷 리스, 더블 넷 리스, 트리플 넷 리스(net lease, double-net lease, triple-net lease) 5장에서 설명했듯이 임차인이 비용을 임대료 전체의 일부로 지불하는 임대 구조를 말할 때 세 종류의 '넷' 임대료 수준이 있습니다.

1. 유틸리티, 수도, 청소, 쓰레기 수거, 조경 등의 항목이 포함된 유지 관리
2. 보험
3. 세금

- 넷 리스는 일반적으로 임차인이 임대료와 건물 유지 관리 비용을 지불하고 임대인이 보험료와 세금을 지불하는 것을 의미합니다.
- 더블 넷 리스에서는 임차인이 세금과 보험을 포함한 임대료를 지불하고 임대인이 유지 관리 비용을 지불합니다.
- 트리플 넷 리스에서는 임차인이 임대인에게 임대료를 지불하고 유지보수, 보험 및 세금과 관련된 모든 비용을 지불합니다. 집주인은 기본적으로 매월 "쿠폰"을 받습니다. 채권을 소유한 것처럼 매달 임대료를 받습니다.

다각화(diversification) 포트폴리오 다각화를 참조하십시오.

리스(lease) 리스란 임대인(landlord=lessor)과 임차인(tenant=lessee)이 서로 동의한 법적 계약으로, 임차인은 정해진 기간 매월 일정 금액(임대료)를 지불하는 대신 임대인의 공간을 점유할 수 있는 권리를 얻습니다. 자세한 내용은 5장에 있습니다.

물가연동국채(Treasury Inflation-Protected Securities: TIPS) 1997년에 미국 정부가 처음 발행한 팁스(TIPS)는 인플레이션에 연동되어 있는 국채입니다. 뱅가드 인베스트먼트 카운슬링 & 리서치에 따르면 팁스는 고정 이자율과 만기일

을 가지고 있다는 점에서 다른 대다수 채권과 같습니다. 그러나 팁스는 기존 채권과는 달리 재무부에서 매달 인플레이션에 맞춰 원금 가치를 인상 또는 인하합니다. 결과적으로 투자자들에게 지급되는 반기별 이자 지급액도 변하게 되는데, 인플레이션에 의해 조정된 원금에 고정 이자율을 적용하여 지급액이 산출되기 때문입니다.

반복적 카펙스(recurring capex) 자본 지출(capital expenses)을 보십시오.

베이시스 포인트(Basis Points: bps) 포트폴리오 내의 금융 상품, 예를 들어 채권의 수익률과 같이 매일 자주 발생하는 미세한 백분율 변화를 잘 나타내기 위해 사용됩니다. 베이시스 포인트는 백분율 포인트의 1/100에 해당하므로 1%는 100베이시스 포인트입니다.

부동산 사이클(property cycle) 위키피디아(wikipedia.com)에 따르면, 부동산 사이클은 반복적이고 예측 가능한 일련의 사건으로 인구 통계학적, 경제적, 정서적 요인들이 부동산 수요와 공급에 영향을 미쳐 나타납니다.

부동산투자신탁(Real Estate Investment Trust: REIT) 연방 소득세에 의거하여 리츠로 운영되고 과세되는 법인 또는 사업 신탁을 말합니다. 리츠는 많은 투자자들의 자본을 결합해서 다양한 부동산을 소유하거나 또는 소유를 위해 필요한 자금을 조달합니다. 주주에게 과세 대상 소득의 90% 이상을 매해 배당으로 분배하는 리츠는 법인 소득세(corporate income tax)를 납부할 필요가 없습니다.

분배 가능 현금(Cash Available for Distribution: CAD) 분배 가능 자금(Funds Available for Distribution: FAD)이라고도 부르는 분배 가능 현금은 리츠의 잉여 현금흐름에 대해 AFFO보다 근사치인 지표이며, 따라서 리츠의 배당 안전성 판단에 있어 훨씬 의미 있는 분모입니다. CAD는 AFFO에서 자본화된 이자 비용

(capitalized interest expense)과 담보 부채에 대한 월별 원금 및 이자(만기가 도래하는 부채의 원금은 제외) 등의 항목을 뺀 값으로 계산합니다. 자세한 내용은 11장에 있습니다.

비반복적 카펙스(non-recurring capex) 자본 지출(capital expenses)을 보십시오.

사용 가능한 객실당 매출(Revenue Per Available Room: RevPAR) 호텔의 하루 평균 객실 요금(ADR)과 일별 점유율의 곱입니다.

상장지수펀드(Exchange-Traded Fund: ETF) investopedia.com에 따르면, 상장지수펀드(ETF)는 지수(index), 상품(commodity), 채권(bonds), 또는 자산 바스켓(basket of assets)의 성과를 추적하도록 설계된 시장 거래가 가능한 증권입니다. 뮤추얼 펀드와는 달리 ETF는 증권거래소에서 보통주처럼 거래되어 하루 종일 매수와 매도가 이루어지면서 가격 변동성을 경험합니다. 자세한 내용은 1장과 10장을 참조하세요.

변형된 총액 리스(Modified Gross Lease) 임차인이 임대료에 더해 부동산 세금과 보험료, 이들 항목 관련 기준 연도 동안의 증가분을 지불하는 임대차 계약입니다. 자세한 내용이 5장에 있습니다.

순영업이익(Net Operating Income: NOI) 부동산 소유자가 해당 부동산에서 발생한 임대 수익에서 부동산 운영 비용(세금과 보험 포함)을 뺀 금액입니다. 부동산 자금 조달을 위한 대출 이자뿐 아니라 감가상각 및 고정비용 상각 비용도 제외됩니다. 11장을 참조하십시오.

순 임대증가(net absorption) 특정 임대 기간 종료 시 점유 중인 평방피트 수치에서 임대 시작 시점에 임대 중인 평방피트 수치를 뺀 값으로 계산됩니다. 순 임대증가는 해당 기간 어떤 지역의 공실을 고려하여 임대된 평방피트 면적을 측정하는 것입니다. (총 임대면적도 참고하십시오.)

순자산가치(Net Asset Value: NAV) 부동산에 한정되어 있지 않은 리츠의 유형 자산(REIT's tangible assets)이 가진 현 시장 가치에서 모든 채무의 합을 뺀 값입니다. 자세한 내용은 11장을 보십시오.

시장 임대료(Market Rent) 임대인이 경쟁 공간과 현재 시장 상황을 기반으로 공간을 점유할 임차인에게 부과하는 요금을 말합니다. 추가 정보는 5장을 참조하십시오.

업리츠(Umbrella partnership: UPREIT) 부동산투자신탁을 참조하세요. 자세한 내용은 8장에 있습니다.

에스컬레이션 조항(escalation clauses) 임대인이 첫해 또는 기준 연도 비용 수준에 따라 운영 비용의 증가를 임대인에게 전가할 수 있도록 하는 임대차 계약 조항입니다. 임대료의 인상은 보통 연간 기준으로 소비자 물가지수(Consumer Price Index) 상승률에 따르거나 정해진 고정 인상률(fixed periodic increases)로 이루어집니다. 자세한 내용은 5장을 참조하세요.

양의 스프레드 투자(positive spread investing) 부동산 투자로 얻을 수 있는 초기 수익보다 월등히 적은 비용으로 자본을 조달할 수 있는 능력입니다.

완전 소유권(fee simple interest) "절대 완전 소유권(fee simple absolute)" 또는 "무조건 세습상속부동산권(fee simple estate)"이라고도 하는 부동산에

대한 완전 소유권은 부동산에 대한 절대적인 소유권과 무조건적인 처분 권한을 가지고 있음을 나타냅니다. 예를 들어, 대부분의 주택 소유자는 자신의 주택에 대해 완전 소유권을 가지고 있고 편의대로 부동산을 처분하거나 사망 시 상속인에게 소유권을 이전할 수 있습니다.

운영 자금(Funds From Operations: FFO) 1991년 Nareit에 의해 만들어지고 2003년 SEC에 의해 인정된, 리츠 이익(REIT earnings) 측정을 위해 보다 광범위하게 사용되는 보조 측정 지표입니다. FFO는 수익에 상응하는 리츠 이익입니다. 자세한 내용은 11장에 있습니다.

운영 파트너십 유닛(OP 유닛)(Operating Partnership unit(OP Unit)) 리츠의 소유 지분 단위를 말하며 일반적으로는 리츠의 보통주와 일대일 교환이 가능하지만 공개적으로는 거래되지 않습니다. 자세한 내용은 8장을 보기 바랍니다.

유한책임 파트너십 이해관계(Limited Partnership(LP) interests) 이 파트너십은 최소 두 명의 파트너 간에 이루어집니다. 한 명은 수동적인(passive) 역할로 벤처에 대한 책임이 그가 투자한 금액으로 한정됩니다. 능동적인 파트너(active partner)의 벤처에 대한 책임은 금전 투자 금액 이상입니다. 자세한 내용은 8장을 참조하기 바랍니다.

일반적으로 수용되는 회계 원칙(Generally Accepted Accounting Principles: GAAP) 공인 회계사들에 의해 표준적이고 수용 가능한 것으로 간주되는 일련의 규칙 집합을 말합니다.

자본비용(cost of capital) 자본비용은 기업이 발행 및 유통 중인 주식과 부채 자본의 형태 보유를 위해 부담하는 비용을 말합니다. 보통주 비용은 일반적으로 주주에게 지급되는 배당률과 투자자들의 주가에 대한 기대 성장률을 포함하는 것으로 간주되며, 이 둘의 합은 대개 연간 8%-12%입니다. 우선주 비용은 각 우선주 및/또는 단위 관련 배당금 또는 "쿠폰" 지급액과 동일합니다. 부채 자본비용은 회사가 발행한 각 유형의 부채(예: 모기지 대출 또는 선순위 채권)와 관련된 이자율입니다. 추가 정보는 1장, 10장, 11장에 있습니다.

자본 지출(capital expenses) GAAP(일반적으로 수용되는 회계 원칙)에서는 일반적으로 특정 지출을 당기 운영 비용에 포함하지 않고 자본화할 것을 요구합니다. 자본 지출 또는 "카펙스(capex)"에는 크게 두 종류가 있습니다.

1. **반복(교체)적 카펙스(recurring(replacement) capex)**는 임대를 잘 되도록 하는 부동산 개선을 위한 자금과 기계 시스템 및 HVAC 장치와 같은 비구조적 요소 교체에 지출되는 자금입니다. 공간 임대를 위해 지불되는 임대 수수료와 임차인 개선 비용이 이러한 지출의 예이며, 이 두 가지 비용은 모두 부동산의 기초 자산으로 자본화되어 임대 기간 동안 상각됩니다.

2. **비반복적 카펙스(non-recurring capex)**는 자산의 경제적인 수용량을 늘리는 구조적 요소(예: 면적 확장), 새로운 수익원 추가(예: 주차 데크 추가), 원래의 유효 수명이 만료된 주요 요소 교체에 지출되는 자금입니다. 반복적 카펙스와 마찬가지로 비반복적인 카펙스도 부동산의 기초 자산으로 자본화됩니다. 예를 들어, 한 부동산의 가치가 2,500만 달러이고 임대인이 500만 달러의 주차 데크를 건설한 경우 다른 모든 요소가 동일하다면 부동산의 새로운 기준은 3,000만 달러가 됩니다.

11장의 표 11.2에서 설명한 대로, 반복적인 자본 지출만 AFFO를 계산 시 공제됩니다.

자본환원율(capitalization rate) 자본환원율, 즉 캡레이트는 레버리지 없이 자산으로 얻을 수 있는 예상 수익률을 측정합니다. 부동산의 자본환원율은 부동산의 현금 순운영이익(Net Operating Income: NOI)을 매입 가격(purchase price)으로 나누어 결정합니다. 다르게는, 수익을 부동산 수준의 현금 NOI로 보고 가격/수익 비율의 역수를 구해 자본환원율을 얻을 수 있습니다. 높은 자본환원율은 대체적으로 더 높은 예상 수익률 및/또는 더 큰 인지된 위험을 나타냅니다. 자세한 내용은 11장에 있습니다.

정액 임대료(straight-lined rent) GAAP 회계 원칙에 따라 리츠는 실제 받은 현금 대신 임대 기간 동안 받을 연 평균 임대료를 보고하여 임대 수익을 "직선화=정액화"합니다. 리츠가 보고하는 정액 임대료 조정분을 GAAP 임대료에서 더하거나 빼서 받았거나 받을 현금 임대료를 계산합니다. 5장을 살펴 보십시오.

조정된 운영 자금(Adjusted Fund From Operation: AFFO) 11장에서 자세히 설명한 대로, 비현금 항목은 조정하고 반복적인 자본 지출은 공제한, 리츠 FFO(즉, "수익")보다 반복적이고 정규화된 측정값을 말합니다. 11장을 참조하기 바랍니다.

주식 시가총액(Equity Market Capitalization: EMC) 기업의 주식 시가총액은 주식 가격을 발행된 보통주 수와 곱하여 계산합니다. 리츠가 업리츠이거나 다운리츠 구조인 경우, OP 유닛의 수를 보통주 수에 더한 후 주가를 곱해야 합니다. 자세한 내용은 11장을 참조하기 바랍니다.

증권거래위원회(Securities and Exchange Commission: SEC) 증권 시장 규제와 투자자 보호를 위해 1934년 미 의회에 의해 설립된 정부 위원회입니다. 규제와 보호 외에 미국 내 기업의 인수합병 모니터링 업무도 수행합니다. SEC는 상원의 인준을 거쳐 대통령이 임명하는 5명의 위원으로 구성됩니다.

총수익(total return) 주식의 배당 수익과 주가 상승분의 합에서 세금과 수수료를 제하여 구합니다.

총 시가총액(Total Market Capitalization) 리츠의 주식 시가총액에 미결제 우선주 청산 가치와 미상환 부채 원금을 합하여 계산합니다.

총 임대면적(gross absorption) CBRE(www.cbre.us)에 따르면 흡수율(absorption rate)은 임대 가능 공간이 채워지는 비율입니다. 총 임대면적은 특정 기간 동안 임대된 총 평방피트를 측정한 값으로 같은 시기에 같은 지역에서 비워진 공간은 고려하지 않습니다. (순 임대증가도 참고하기 바랍니다.)

총액 리스(gross lease) 임차인이 임대인에게 고정 월 임대료를 지불하고 임대인은 보험, 유틸리티, 수리비, 대개는 재산세까지 포함하여 부동산 비용을 지불하는 임대입니다. 자세한 내용은 5장을 참조하기 바랍니다.

투명성(transparency) 기업의 투명성은 외부인이 얼마나 기업의 행동을 잘 관찰할 수 있는가를 설명합니다.

퍼센트 임대료(percentage rents) 임차인이 해당 부동산에서 창출한 매출의 일정 비율에 따라 추가로 임대인에게 지불하는 임대료입니다. 이 비율은 보통 기준 연도 매출에 기반합니다. 예를 들어 소매업의 임대차 계약에서는 계약상의 임대료에 더하여 영업 첫해의 매출을 초과한 매상의 1%를 추가 임대료로 지불하는 조건이 있을 수 있습니다. 자세한 내용은 5장을 참고하십시오.

패니 매(Fannie Mae) 미국의 연방 모기지 협회(Federal National Mortgage Association: 보통 Fannie Mae라고 함)는 1938년 연방 기관(federal agency)으로 설립되어, 1968년 의회에 의해 주주 소유의 민간 회사(private shareholder-owned company)로 공인되었습니다. 소비자들을 위해 직접 주택 대출을 한다기보다는 미국의 제 2금융 모기지 시장에서 활동하는 정부 후원 기업(Government-Sponsored Enterprise: GSE)입니다.

포트폴리오 다각화(portfolio diversification) 투자 위험은 낮추고 투자 금액의 기대 수익은 높이기 위해 다양한 자산 클래스와 증권(예: 주식 및 채권)에 투자하는 행위를 말합니다.

풀 서비스 리스(full-service lease) 임차인이 기준 연도를 기준으로 계산된 비용 스탑을 포함하여 임대인에게 고정된 월 임대료를 지불하는 임대입니다. 임대인은 유틸리티, 수도, 세금, 청소, 쓰레기 수거, 조경 등 부동산 운영 관련 모든 월별 비용을 지불하고, 운영 비용이 비용 스탑을 초과하면 그 초과분에 대해 임차인에게 후속 연도에 비용 청구를 합니다. 임차인은 월 임대료를 지불함으로써 모든 서비스를 받을 수 있기에 서비스 제공업체와 직접 계약할 필요가 없습니다. 자세한 내용은 5장을 참조하기 바랍니다.

프레디 맥(Freddie Mac) 1970년에 설립된 연방 주택 대출 모기지 공사(Federal Home Loan Mortgage Corporation: 일반적으로 Freddie Mac이라고 함)는 Fannie Mae와 유사하게 2차 모기지 시장에 유동성을 공급하는 것을 미션으로 하는 정부 지원 기업(GSE)입니다.

현금 NOI(cash NOI) 현금 NOI는 리츠의 운영 명세서(손익계산서)에서 직선화 임대료의 영향을 제외하여 계산된 조정된 NOI입니다(5장에서 설명). 현금 NOI에 대한 자세한 내용은 11장을 참조하기 바랍니다.

헤지(hedging) investopedia.com에 따르면 헤지는 자산의 불리한 가격 변동 위험을 줄이기 위한 투자입니다. 헤지는 보험에 가입하는 것과 유사합니다. 홍수 위험이 있는 지역에 주택을 소유하고 있다면 홍수 피해의 위험으로부터 재정적으로 보호하기 위해 홍수 보험에 가입하여, 즉 헤지하고자 할 것입니다.

C-Corp(C-Corporation) C-Corp는 소유주와는 별개의 독립된 법인입니다. 법인은 계약 체결, 자금 대출 및 차용, 직원 고용, 자산 소유, 세금 납부 등 개인이 갖는 대부분의 권리와 책임을 누릴 수 있습니다. 법인의 가장 중요한 측면은 유한책임, 즉 법인의 주주는 배당금 및/또는 주식의 가치 상승을 통해 이익에 참여할 권리가 있지만 회사의 부채에 대해서는 개인적으로 책임을 지지 않습니다.

EBITDA Earnings Before Interest, Taxes, Depreciation and Amortization의 약자로, 이자, 세금, 감가상각비, 무형자산상각비 차감 전 순이익을 의미합니다.

FTSE Nareit 지수(FTSE Nareit indexes) 리츠 성과 추적을 위해 Nareit에서 발표하는 지수입니다. FTSE Nareit 지수는 공개적으로 거래되는 상장 지수가 아닙니다. 단순히 구성되어 있는 리츠의 성과 데이터를 종합 집계한 것입니다.

Garn–St. Germain Act of 1982 1982년의 가른-생제르맹법은 저축 및 대출 산업 규제를 완화한 연방법입니다.

MSCI® 미국 리츠 지수(MSCI® US REIT Index: RMZ 및 RMS) 실시간 가격만을 반영한 지수로, 티커 심볼은 RMZ입니다. 2019년 12월 31일 기준 RMZ는 지분형 리츠 151개의 가격 변동을 추적했습니다. 모기지 리츠(Mortgage REITs)와 하이브리드 리츠(Hybrid REITs)는 포함하지 않습니다. 포함하지 않습니다. MSCI®는 RMS도 발표합니다. RMS는 RMZ의 일일 총수익률 버전으로 기업의 배당 수익률을 포함합니다. RMS는 실시간 지수가 아닙니다. 구성된 리츠의 총수익률은 당일 장 마감 시 발표됩니다.

Nareit 이전 명칭이 전미 부동산투자신탁협회(National Association of Real Estate Investment Trusts) 였던 Nareit은 미국 부동산과 자본 시장에 관심을 둔 리츠 및 상장 부동산 회사들을 대표하고 있는 전 세계적인 단체입니다. 더 자세한 정보는 www.reit.com에 있습니다.

RMZ, RMS MSCI® 미국 리츠 지수를 참조하십시오.

R&D 부동산(R&D property) 연구 및 개발 프로세스가 이루어지는 산업용 건물과 이를 지원하기 위한 조립, 제조, 사무 공간을 포함한 공간을 말합니다. R&D 건물은 일반적으로 1,000평방피트당 최소 3개의 주차 공간을 제공하고, 높이가 1~2층이며, 내부 여유 높이(clear heights)는 18피트 미만이라는 특징을 갖습니다.

1960년 부동산투자신탁법(Real Estate Investment Trust Act of 1960) 리츠를 승인한 연방법입니다. 이 법의 목적은 소액 투자자들이 그들의 투자금을 모아 부동산에 투자했을 때 부동산 소유를 통해 얻을 수 있는 것과 동일한 혜택을 누리면서도 투자 위험을 분산하고 전문적인 관리를 받을 수 있도록 하는 데 있었습니다.

1986년 세제개혁법(Tax Reform Act of 1986) 이 연방법은 부동산 투자 환경을 근본적으로 변화시켰습니다. 리츠가 수익 창출이 가능한 상업용 부동산 대부분을 단지 보유하고 있는 것만이 아닌, 운영과 관리까지 할 수 있도록 허용했습니다. 투자자들이 발생할 수 있는 손실에 기반하여 자본을 유치하도록 했던 부동산 세액 공제(real estate tax shelters)도 폐지되었습니다.

1994년 리츠간소화법(REIT Simplification Act of 1994) 리츠현대화법(REIT Modernization Act)의 전신인 리츠간소화법은 리츠 구조를 간소화하여 경영진이 회사를 보다 완전히 통합된 사업체로 운영할 수 있도록 한 연방법입니다.

1999년 리츠현대화법(REIT Modernization Act of 1999: RMA) 이 연방법은 리츠가 보다 완전히 통합된 운영 회사로 운영될 수 있도록 힘을 더해 주었습니다. 리츠는 과세 대상 리츠 자회사(taxable REIT subsidiaries (TRSs))를 통해 임차인 서비스를 제공할 수 있습니다. RMA의 시행은 2001년부터 이루어졌습니다.

찾아보기

ㄱ

가중평균자본비용 41, 155, 230, 252
가치평가 지표 263
개발 42
경상소득 51, 75
경쟁 우위 231
경제 사이클 63, 299
경제 주기 299
경제 지표 299
고령화 121
고용 데이터 63
고정금리 부채 254
고정된 코어 팩터 102
고정소득증권 192
고정 수익 투자 56
공급 과잉 67
공모 리츠 183
공모 부동산 부채 197
공모 비상장 리츠 183
공실률 64
공용 구역 유지 관리 131, 299
공정시장가치 279
과거 총수익 206
과세 기준 173

과세 대상 리츠 자회사 300
과세대상 소득 60
과세 불능 자산 176
과세소득 85
과잉공급 67
과잉 담보 156
구매 가격 77
구조조정 154
국세청 300
국제인터넷주소관리기구 45
국채 수익률 217
그라운드 리스 117
그린 스트리트 어드바이저 209
글로벌 금융위기 79
글로벌 산업 분류 표준 11, 300
금리 변동 232
금융시장 사이클 62, 71
금융위기 157
기본 임대료 300
기업 거버넌스 184
기업공개 60
기업 구조 59
기업 부채 197
기준 연도 97, 300

ㄴ

나스닥 26
내부 수익률 283
내용년수 175
내재 캡레이트 283
넷 리스 106, 301
뉴욕증권거래소 26

ㄷ

다각화 52, 301
다각화 리츠 114
다각화 분석 259
다운리츠 178
단기 부채 금융 154
단기 예상 수익 성장 81
단기 임대 228
단독 주택 리츠 137
담보 부채 254
닷리츠 45
당기순이익 81
대도시 통계 지역 63
대리상환 194
대변 86
대차대조표 248
대출 한도 195
대침체 44, 79
더블 넷 리스 301
데이터센터 리츠 115
독립형 소매 리츠 142
동일 매장 NOI 240

ㄹ

락아웃 조항 193
래칫 기능 200

레버리지 44, 84, 248
로드 팩터 102
리스 96, 301
리스 회계 규칙 110
리츠간소화법 215
리츠 과세 85
리츠 배당 85
리츠 배당금 75
리츠 배당금 과세 89
리츠 배당 요건 180
리츠 배분 54
리츠 분기별 투자 요건 181
리츠 분석 237
리츠 산업 26
리츠 수익 41
리츠 수익률 76, 79, 206
리츠 연간 소득 요건 181
리츠 자격 요건 180
리츠 주식 209
리츠 투자 50, 167
리츠현대화법 215

ㅁ

매각/재임대 거래 142
매뉴팩처드 하우징 리츠 136
매출원가 58
메자닌 파이낸싱 200
모기지 리츠 28, 129, 147
모기지 부동산투자신탁 147
목재 리츠 118
무담보 부채 254
무담보 채권 199
무상 임대 101
무위험 자산 수익 55

물가연동국채 301
뮤엘러 65
뮤추얼 펀드 48
미국증권거래소 26
미실현소득 75

ㅂ

반복적 카펙스 302, 306
발생주의 방법 108
배당 50
배당금 45, 49, 81, 268, 269
배당금/FFO 지급률 81
배당금 삭감 80
배당금 세금 92
배당수익률 50, 267
배당 안전성 81, 269
배당 지급 비율 270
배당 할인 모델 270
버니마도프 60
법인소득세 85
베이비 리츠 178
베이시스 89
베이시스 포인트 302
벤치마킹 35
변동금리 부채 254
변동성 52, 183
변형된 총액 리스 107, 303
보통주 34, 41
보통주 배당 76, 87, 90
본연적 NOI 240
부동산 모기지 193
부동산 사이클 63, 302
부동산 상속 175
부동산 수요 225

부동산 유형 27, 29, 113
부동산 자본 흐름 72
부동산 중개인 260
부동산 채무 192
부동산 투자 54
부동산투자신탁 25, 302
부동산 펀더멘탈 62
부동산 합자 회사 207
부시감세법 87
부채 41, 201, 230
부채 만기 257
부채비율 44
분배 가능한 현금 243, 247, 302
분산 투자 52
비경상소득 75
비리츠 법인 86
비반복적 카펙스 303, 306
비에이전시 MBS 162
비에이전시 mREITs 151
비용 대비 수익률 77
비용 상한 98
비용 수익률 268
비용 스탑 98
비용 연도 300

ㅅ

사모 리츠 183
사모 부동산 채무 192
사모사채 192
사용 가능 객실당 최대 매출 127
사용 가능 면적 101
사용 가능 평방피트 101
사용 가능한 객실당 매출 303
사용권 27

산업 리츠 123
상업용 mREITs 150, 153
상업용모기지 담보부증권 153, 198
상업용 부동산 62
상업용 부동산 가격 73
상업용 부동산 가격 지수 72
상장 유동주식 206
상장지수펀드 48, 303
상한 155
생활권 27
샤프비율 55
샤프지수 55
선순위 무담보채권 199
선트러스트 로빈슨 험프리 110
성장 전략 42
세금 납부 49
세금 면책 조항 177
세금 배상 177
세금 회피 177
셀프 스토리지 리츠 145
소득 창출 62
소매 리츠 138
소유권 27
소유권 제한 35
손익계산서 86
쇼핑몰 리츠 141
쇼핑센터 리츠 139
수요 탄력성 80
수익 대비 주가 배수 263
수익률 선지급 194
수익률 유지 조항 193
수익률 투자자 217
수익 투자 76
숙박/리조트 리츠 125

순운영이익 45, 303
순 임대료 99
순 임대증가 304
순자산가치 304
스왑션 155
스페셜티 리츠 114
스프레드 119
시장가 반영 58
시장 임대료 101, 304
시장 자본금 가중치 45
신용 위험 155
실적 감시 60
실효 세율 90

ㅇ

아메리칸리얼티캐피털프로퍼티즈 61
아파트 리츠 134
아파트 시장 주기 예측 68
안정성 218
앵커 테넌트 141
양도소득세 173
양의 레버리지 41, 44
양의 스프레드 투자 304
업리츠 170, 304
에스컬레이션 조항 98, 304
에스컬레이터 98
에이전시 MBS 158
에이전시 MBS 시장 재자본화 158
에이전시 mREITs 151, 163
에쿼티 대비 수익 44
에쿼티 리츠 27
에쿼티 마켓 캡 34
엔론코퍼레이션 60
연기금 211

영업이익 대비 부채 82
오피스 리츠 130
오피스 시장 주기 예측 68
완전 소유권 27, 304
우선주 41, 199, 201
우선주 배당 76
우선주 배당금 94
운영 리스 108
운영 비용 99
운영 수익 41
운영 자금 81, 243, 305
운영 파트너십 유닛 170, 305
워크아웃 154
월별 배당금 78
위험 52
위험 공식 42
위험조정수익 55
위험-조정수익률 55
위험 프리미엄 95
윌리엄 F. 샤프 55
유가증권화 154
유동성 57, 156, 183
유동성 위기 80
유보이익 60
유한책임 파트너십 이해관계 305
유형 장부가치 83
유형 장부가치 대비 부채비율 83, 250
유효 임대료 101
은행기간대출 197
이익 성장 241
이익성 지표 243
이자율 155
이자율 스왑 155
이자율 칼라 155

이중 과세 87
이해권 27
인구 증가 데이터 63
인수 118
인프라 리츠 117
인플레이션 50, 59
인플레이션율 64
인플레이션 헤지 50, 58
일반 배당소득 91
일반적으로 수용되는 회계 원칙 305
임대 가능 평방피트 102
임대 공간 감소 64
임대 기간 226
임대료 64, 99
임대료 스파이크 66
임대료 정액화 109
임대 만료 262
임대 성장 66
임대 성장률 65
임대 수수료 99
임대차 계약 85
임대차 계약서 96
임차권 27
임차인 개선 지원금 103
임차인 마감 96
임차인 파산 108
임차인 품질 260
입주율 45
잉여금 최적화 53
잉여 현금흐름 88

ㅈ

자금 조달 43, 156
자금흐름추적 209

자본비용 41, 231, 305
자본 시장 62
자본이득 93
자본 지출 302, 306
자본환급 91, 93
자본환원율 279, 307
자산배분 52
자산 유형 57
장기국채금리 대비 스프레드 95
장기 임대 228
장기 점유율 평균 65, 66
장부 자산 가중치 45
재무 레버리지 82
재무제표 83
재무제표 레버리지 측정 81
재무회계기준위원회 110
재자본화 158
저축 및 대출 위기 80
적정 주가 270
전액 대출 상업용 모기지 153
점유 사이클 65
점유율 64
점유율 평균 65
정액 임대료 307
정액 임대료 조정 108
제너럴리스트 액티브 매니저 210
제너럴리스트 패시브 펀드 210
조건부 소유권 27
조정 과세 기준 93
조정된 FFO 243
조정된 운영 자금 109, 246, 307
조정조항 200
주거용 mREIT 151
주거용 리츠 133

주거용 부동산 62
주당 당기순이익 81
주당 순이익 81
주식 54
주식 시가총액 307
중도 상환 156
중도 상환 위약금 193
증권거래위원회 45, 307
지급률 81
지리적 집중 259
지분형 리츠 27
지역적 집중 40

ㅊ

차변 86
찰스 다우 46
채권 54
채권 시장 203
총 건물 면적 101
총수익 51, 308
총 시가총액 308
총 시가총액 대비 부채비율 82, 249
총액 리스 104, 308
총이익 58
총 임대면적 308
총자본 대비 부채 45
총자산가치 182
총장부가치 44
총장부가치 대비 부채비율 44
총 평방피트 101
취득 42
취득가 77
침체 67

ㅋ

캘빈 슈누어 29
캡레이트 279
코로나 바이러스 팬데믹 80

ㅌ

토지 임대권 28
토지 임차권 117
투명성 63, 184, 308
투자용 부동산 54
트럼프감세법 88
트리플 넷 리스 117, 301
트리플 넷 임대 58
특별 배당금 76
팁스 59

ㅍ

파산법원 85, 108
패니 매 308
패스쓰루 메커니즘 172
퍼센트 임대료 308
평균분산최적화 52
평균 일일 객실 요금 127
평균자본비용 44, 155
평균투자수익률 155
평방피트 101
포트폴리오 다각화 52, 309
포트폴리오 분석 259
폰지 사기 60
풀 서비스 리스 107, 309
프레디 맥 309

ㅎ

하이브리드 리츠 29
하한 155
한도대출 전환 196
핵심 FFO 245
헤지 309
헬스케어 리츠 120
현금 54
현금 NOI 275, 309
현금 환원 수익률 44
현물시장 사이클 62, 63
현재 수익률 51, 268
호텔 리츠 128, 228
확장 66
환매조건부채권 156
회계 부정 61
회계 스캔들 60, 218
회복 66
회사채 28

A

accrual method 108
accrued income 75
acquisitions 118
Adjusted Fund From Operation 109, 307
adjusted tax basis 93
ADR 127
AFFO 109, 243, 246, 269, 307
agency MBS market 151
allocation 52
American Realty Capital Properties 61
AMEX 26
Apartment REITs 134
ASC 842 108, 110, 111
ASU 2016-02 110
average cost of capital 155

Average Daily room Rate 127
average investment yield 155

B
baby REIT 178
base rent 300
base year 97, 300
basis 89
Basis Points 302
BOMA 102

C
CAD 243, 302
Calvin Schnure 29
CAM 97, 131, 299
cap 155
capital expenses 302, 306
capital gains 91
capital gain tax 173
capitalization rate 307
capped expense 98
Cash Available for Distribution 243, 302
cash NOI 309
C-Corp 310
C-Corporation 87
CEM 벤치마킹 52
Charles Dow 46
CMBS 153, 198
CNS 47
Cohen & Steers 지수 47
Common Area Maintenance 97, 131
CoStar Group 71
cost basis 77
cost of capital 41, 305

COVID-19 팬데믹 122
CPPI 72
credit 86
credits cash 86
current income 75
current yield 51, 76

D
debits equity 86
debt-to-EBITDA 82
defeasance 194
diversification 52, 301
diversified REITs 114
Dodd-Frank Act 29
double-net lease 301
DOWNREITs 178

E
Earnings Growth 241
Earnings Per Share 81
easement 27
EBITDA 310
EBITDA 대비 부채 84
EBITDA 대비 부채비율 251
economic cycle 299
economic indicator 299
effective rent 101
EMC 34, 307
EPS 81
Equity Market Capitalization 307
escalation clause 98, 304
escalator 98
ETF 303
Exchange-Traded Fund 303

expense stop 98
expense year 300

F
FAD 243
Fannie Mae 308
FASB 110
fee simple defeasible 27
fee simple interest 27, 304
FFO 41, 81, 237, 243, 305
FFO Growth 241
FFO 성장 대비 FFO 배수 266
FFO 지급률 81
Financial Market Cycle 62
FINRA 183
fixed core factor 102
fixed income investments 56
floor 155
FlowTracker 209
Form 10-K 237
Form 10-Q 237
Freddie Mac 309
free rent 101
FTSE Nareit All REITs 26
FTSE Nareit 지수 45, 310
full-service lease 107, 309
Fund Available for Distribution 243
Funds From Operations 81, 237, 305

G
GAAP 305
GAAP 회계 108
Garn-St. Germain Act of 1982 310
Generally Accepted Accounting Principles 305
GFC 79
GICS 11, 46, 300
Global Industry Classification Standard 300
Great Financial Crisis 119
Great Recession 79
Green Street Advisors 209
GRM 48
gross absorption 308
gross building area 101
gross lease 104, 308
gross margin 58
gross square feet 101
ground lease 117

H
Health-Care REITs 120
hedging 309
Historical Total Returns 206
hypersupply 67

I
ICANN 45
implied cap rate 283
income investment 76
Industrial REITs 123
Initial Public Offering 60
interest rate collar 155
interest rate swap 155
Internal Rate of Return 283
Internal Revenue Service 300
IPO 60
IRR 283
IRS 300

IRS 세금 보고 규정 85
IXRE 46

L
land lease 117
landlord 27
LCs 99
lease 96, 301
lease agreement 96
leasehold interest 27
LIBOR 195
life estate 27
Limited Partnership interests 305
limited retained earnings 60
liquidity 57
load factor 102
lock-out clause 193
London Inter-Bank Offered Rate 195
long-term occupancy average 66
LP interests 305

M
Manufactured Housing REITs 136
marketing-to-market 58
Market Rent 101, 304
Mean Variance Optimization 52
Metropolitan Statistical Area 63
mezzanine financing 200
Modified Gross Lease 107, 303
Mortgage REITs 129
mREITs 28, 129
MSA 63
MSCI 11, 47, 310
Mueller 65

MVO 52

N
Nareit 13, 45, 311
NASDAQ 26
NAV 189, 273, 304
near-term expected earnings growth 81
net absorption 304
Net Asset Value 304
net income 81
net income per share 81
net lease 106, 301
Net Operating Income 303
net rent 99
NOI 45, 238, 303
non-recurring capex 303, 306
non-REIT C-corporations 86
NYSE 26
NYSE MKT 26

O
occupancy rate 64
operating expenses 99
Operating Partnership 26
Operating Partnership Unit 170, 305
OP Unit 26, 170, 173, 305
ordinary dividends 91
Organic NOI 240
over-collateralization 156
oversupply 70

P
payout ratio 81
PEG 비율 264

Pension Funds 211
percentage rents 308
Physical Market Cycle 62
PNLR 183
portfolio diversification 309
positive leverage 41
positive spread investing 304
prepayment penalty 193
private issuances of debt 192
Profitability Metrics 243
property cycle 302
public float 206

R
rachet feature 200
R&D property 311
Real Capital Analytics 71
Real Estate Investment Trust 25, 302
Real Estate Investment Trust Act of 1960 25, 311
Real Estate Limited Partnerships 207
recurring capex 302, 306
REET 49
REIT Modernization Act of 1999 215, 312
REIT Simplification Act of 1994 215, 312
RELP 207
rent 99
rentable square feet 102
rental growth 66
rental rate 64
Residential REITs 133
Retail REITs 138
return of capital 91
Revenue Per Available Room 127, 303

RevPAR 127, 303
risk 52
RMA 312
RMP 48
RMS 310
RMZ 47, 310

S
sale/lease-back transaction 142
Same Store NOI 240
Savings and Lending crisis 80
SCHH 49
S-Corporation 87
SEC 45, 307
Secured Overnight Financing Rate 196
Securities and Exchange Commission 307
Senior Unsecured Notes 199
Sharpe Ratio 55
short-term debt financing 154
Single-Family Home REITs 137
S&L 213
S&L 위기 80
SO 53
SOFR 196
S&P 11
S&P 400 미드캡(중형주) 지수의 리츠 37
S&P 500 지수 편입 리츠 36
S&P 600 스몰캡(소형주) 지수의 리츠 38
space absorption 64
specialty REITs 114
spread 119
S&P 다우존스 지수 46
square feet 101
straight-lined rent 307

straight-line rent adjustment 108
Surplus Optimization 53
swaption 155

T

Taxable REIT Subsidiary 300
tax basis 173
tax indemnification 177
Tax Reform Act of 1986 311
tenant finish 96
Tenant Improvement allowance 103
terming out the line 196
TI allowance 103
TIPS 59, 301
total asset value 182
Total Market Capitalization 308
total return 308
transparency 308
Treasury Inflation Protected Securities 59, 301
triple-net lease 58, 301
TRS 300
T-Tracker 13, 45

U

Umbrella partnership 304
Umbrella Partnership REIT 170
UPREIT 170, 304
useable area 101
useable square feet 101
useful life 175
usufruct 27

V

vacancy rate 64
VNQ 49
volatility 52

W

WACC 41, 44, 155, 252
Weighted Average Cost of Capital 155
whole-loan commercial mortgage 153

Y

yield maintenance clause 193
yield prepayment 194
yield trader 217

번호

10년 만기 미국 국채 수익률 55
721 exchange 171
1031 교환 175
1960년 부동산투자신탁법 25, 311
1986년 세제개혁법 311
1994년 리츠간소화법 312
1999년 리츠현대화법 312
2016 Wilshire Report 56
2019 Wilshire Analysis 52, 58